ニューリテール進化論

THE FUTURE OF GLOBAL RETAIL

LEARNING FROM CHINA'S RETAIL REVOLUTION

中国デジタル小売革命の軌跡に学ぶ
新たな価値のつくり方

ウィンター・ニー
マーク・J・グリーヴェン
ユンフェイ・フェン
ジェームズ・ワン
［監訳］高津尚志
［訳］前田真砂子

Winter Nie
Mark J. Greeven
Yunfei Feng
James Wang
Translation supervised by
Naoshi Takatsu
Translated by
Masako Maeda

英治出版

THE FUTURE OF GLOBAL RETAIL
Learning from China's Retail Revolution
by Winter Nie, Mark J. Greeven, Yunfei Feng and James Wang

監訳者による序文

高津 尚志（IMD 北東アジア代表）

「なぜ、中国の小売革命の本なんて読まなくちゃいけないのだろう？」

　この問いは、
「なぜ、私は、この本を日本の読者に届けたいと思ったのか？」
　という問いに隣接している。
　そして、その答えは、三つの考えと一つの願いから成り立つ。
　私は、日本の読者にとって、この本が「必要で」「面白く」「役に立つ」と考えた。
　そして私は、あなたやあなたの組織に、変革を起こしてほしい、と願っている。この本の「物語」や「枠組み」を生かして。

　では、これからその考えと願いについて、記していこう。

　まずは「必要性」について、である。
　小売の世界で大きな変化が続いていることを、あなたは知っている。

　あなたが、日本に暮らす市民・消費者なら、個人的にモノやサービスを購買しようとしたときのあらゆる段階において、新たな機能や便利な選択肢が生まれ、よりパーソナルになったことを感じているはずだ。
　あなたが送り手側、すなわち提供するモノやサービスをどう市民・消費者・利用者に届けるかを考える民間企業や行政組織などの一員であれば、別の角度からこの機能や選択肢を活用しているに違いない。時にそれらと「格闘している」かもしれない。

私たちの多くは受け手であると同時に送り手でもある。まさに私たちはデジタル小売革命の渦中に生きているのだ。

　「ニューリテール」という概念は、2016年に、中国・アリババ創業者の馬雲（ジャック・マー）が提唱した。この概念は、世界的なパンデミックとそこからの脱出にともなう行動変容と、技術的革新や人々の経験の蓄積などが加わり、日々発展し、その実践は加速している。

　著者たちは、本書のねらいを「中国が推進するニューリテール革命の秘密を解き明かし、（中略）他国にとっての教訓を見つける」こととしている。では、日本にとって、たとえばどんな教訓があるのだろう。

　「初音ミク」は2007年に日本で生まれた、世界初のバーチャルアイドルで、永遠に16歳だ。さまざまなクリエイターが関与し、音楽・イラスト・動画・CGなどさまざまなジャンルで活躍している。その人気は世界的で、各地でのライブコンサートには数千・数万人が集う。
　一方、中国には「洛天依（ルォ・テンイ）」がいる。こちらは2012年生まれで、永遠の15歳。彼女の人気は、「すぐに商業的価値へと変わった。ネスレや百雀羚（Pechoin）、ピザハット、ミリンダなど、多くの有名ブランドが彼女を宣伝に起用した」（本文より）。それだけでなく、「ライブコマースに挑戦した最初のバーチャルアイドル」となり、「配信枠に関しては、バーチャルセレブが本物のセレブよりも高い金額を要求しているよう」だという。

　バーチャルアイドルに限らず、強いコンテンツ力を持つ日本の企業やクリエイターは、本書の示唆を受け止め、選択的に活用することで、より優れた「究極の小売体験」を実現したり、ビジネスの価値を高めたりできるかもしれない。

また本書では、ライブコマースの担い手に「役人」と呼ばれるタイプがあることを紹介している。「地方政府の役人で、ライブ配信を利用して地元の農産物を宣伝し、地域経済のテコ入れをしている人々」である。日本の「役人」も、自分のまちの観光地や移住先としての魅力や特産品のアピールなどに、どんどん応用できそうだ。

　歴史的背景や政治的体系の違いなどもあり、日本の私たちは中国から学ぶことに消極的になりがちだ。実際、デジタル変革領域では、個人のプライバシーの取り扱いなど、日本との文化・思想的文脈の違いが強調されることも多い。闇雲に他国のやり方を取り入れるのは、教訓を得る対象が中国であれ、別の国であれ、賢いことではない。

　一方で、ある部分で中国が日本を含めた諸国よりも進んでいる部分は確かにある。だからこそ「他国にとっての教訓を見つける」ことをねらいとする本書が生まれるわけだ。

　本書の主著者2名と私が所属するIMDビジネススクール（本拠：スイス）は、「IMD世界競争力センター」という調査研究組織を持ち、毎年さまざまなランキングを発表している。
　このうち、「世界デジタル競争力ランキング」2023年版では、中国が19位、日本が32位となった。これは、「行政の慣行、ビジネスモデル、社会全般の変革につながる形で、どの程度デジタル技術の活用や展開ができているか」を測るものだ。このランキングの主要因子三つ（知識、技術、未来への準備度）のすべてで、中国は日本に先行している。今後も、デジタル変革の先進事例が中国から生まれてくることは、間違いないだろう。

　では、次の二つの考え、「面白い」と「役に立つ」について記そう。そのためには、著者たちについて触れる必要がある。

本書は、ウィンター・ニー（Winter Nie）とマーク・グリーヴェン（Mark J. Greeven）という2人のIMD教授が、中国人リサーチャー2人の手を借りてまとめたものだ。ウィンターは中国出身の黒髪の女性、マークはオランダ出身の金髪碧眼の男性だ。これだけ見かけの異なる2人もそういるわけではなく、世界の多様性を象徴するようだ。

　この本が「面白い」のはウィンターの個性、幅広い知識と経験に、「役に立つ」のはマークの知性と高い構造化能力によるところが大きい、と私は思う。

　ウィンターは長年米国で学び、もともとはサービス・マネジメントの研究や教育を行っていた。18年前にIMDに移籍後は、その礎の上に新たな塔を築き上げていった。タビストック人間関係研究所（英）、ユング派分析家協会（スイス）で訓練を受け、戦略と事業に関する洞察をリーダーシップに統合し、「リーダーシップと組織変革」の教授になった。成熟市場と成長市場の両方をよく知る彼女は、IMDに集う欧州やアジアの経験豊富な経営幹部に対し、鋭く、深い問いを重ね、彼らの規定概念に挑戦していく。彼女のセッションはダイナミックで、洞察に富み、かつ、ドライなユーモアの混じったもので、参加者は彼女にぐいぐいと引っ張られて、新しい発想をその場で生み出す。私は、彼女自身がひとつの「物語（ストーリー）」であり、そのことがこの本のいくつもの物語に人間味を与え、「面白さ」を作り出していると感じている。

　この本には、さまざまな中国の男女の物語が記されている。Part 1で詳説される「ニューリテールの4つの基盤」を築き上げた馬雲（アリババ）、馬化騰（テンセント）、李彦宏（バイドゥ）を含む、開拓者たちの英雄譚。『三国志』を読むような迫力だな、と思っていたらPart 3の「3つの王国」という章では「三国志の歴史ドラマ」という言葉を用い、さらに「かつての三大王国」と「新たな三大王国」という物語を持ち込み、時の流れの中での変遷を印象付ける。

Part 2「ニューリテールの5つの段階」でも、魅力的な男女が登場する。あいにくその後、脱税などの容疑で表舞台から退くことになるような人物も登場するわけだが、それでも薇婭や「口紅王子」、李子柒といった起業家たちは、とんがっていて、どこか危うくて、読者も思わず彼らの動画を探してみたくなるだろう。

これらの「物語」が、「面白い」のだ。

マークはオランダ人で、名門ロッテルダム大学で経営学の修士号と博士号を取得した。中国に魅了され、言葉を覚え、10年にわたり現地で研究、教育、コンサルティングに従事した。彼は、革新的な中国企業（平安、アリババ、ピンドゥオドゥオ、ハイアールなど）と、起業家精神あふれる多国籍企業（バイエル、エボニック、ジョンソン・エンド・ジョンソン、ダイムラー、ネスレ、リシュモン、スイス再保険など）、その両方との仕事を重ねてきた。企業イノベーションを加速させ、デジタル・ビジネスの変革を可能にし、不確実性の中で成功するビジネス・エコシステムをどう築き上げていくか、が彼のテーマである。

経営学やリーダーシップにおいて世界的影響力を持つ思想家やビジネスリーダーを2年ごとに50名選ぶ「Thinkers 50」でも、「エコシステム専門家で、中国のイノベーションの権威」としてランク入りしている。

マークは、高度な知的興奮を与えつつ、すっきりと腑に落ちる教え方をする。その技量は天下一品だ、と思う。

2022年6月に、スイスIMDでの経営幹部向け公開短期プログラム「OWP」で彼が担ったデジタル・エコシステムとデジタル・プラットフォームに関する選択科目でのセッションは、強烈だった。20名の世界の経営幹部を相手に、東南アジアのスーパーアプリ・Grabに関して、90分の大激論を巻き起こしたのだ。しかも、使ったのは、パワーポイント1枚だけだった。欧州・中東・日本など各国から集った参加者は、Grabの何が革新的で、どう機能していて、かつ、なぜ自分たちの国や地域では同じものが生まれにくいのか、を深く省察することとなった。

また、2023年のセッションでは、既存の自動車大手（トヨタやBMWなど）、テスラ、そして中国の電気自動車メーカー（BYDやNIOなど）を比較し、エコシステムという視点から、なぜ既存大手にとってこの戦いが極めて不利なのかを語りつくした。それは、日本人である私にとって、鮮烈であり、戦慄であった。

　この本は、Part 2で「ニューリテールの5つの段階」を定義し、Part 3で「ニューリテールの6つの教訓」を語る、といった「枠組み（フレームワーク）」で、極めて明確に整理されている。だからこそ、あなたやあなたの組織に、具体的に役立つ。ぜひ、展開可能性、応用可能性を、具体的に考えてみていただきたい。

　最後に、私の「願い」ついて、記したい。

　私は、あなたやあなたの組織に、変革を起こしてほしい、と願っている。この本の「物語」や「枠組み」を生かして。

　コロナ禍の2年間を経て、2022年の初夏から私は再び世界各地へ出かけるようになった。その時に、世界が「変化（Changes）」の時代から「移行（Transition）」の時代にシフトしたことに気づいた。外部環境が変化したので対応しないと、という水準ではない。人・組織・社会の根本的な意識変容や行動変革をともなう「移行」の時代に入ったのだ、と。背景には、さまざまな要素、たとえばグローバル化の変質、AIを含めた新技術の台頭、持続可能性の危機と、それらの要素の収斂（convergence）が挙げられよう。しかもこの移行は、一つの、あるいは一方向のものというより、さまざまな動きが錯綜し、せめぎ合い、矛盾を孕んでいるという性質のものだ。

　一方、前述の「IMD世界競争力センター」が発表するものの中で最も総合的な「世界競争力ランキング」で、日本の順位は長期低落傾向にある。ビジネスでの姿勢、価値観、経営慣行に関する因子での順位の低さと低下が目立つ。企業の俊敏性、起業家精神、上級管理職の有能さや

国際経験といった項目では、日本の企業経営幹部層の強いペシミズム
が感じられる。この傾向は 2014 年頃から加速していて、これは、中国
を含めた北東アジア諸国の企業群に「日本が負けている感」が増してき
た時期と符合する。しかし、移行の時代ならなおさら、悲観に陥るより、
学び、考え、行動したほうがいい。この本を手にしているあなたは、そ
れを知っているだろう。

　ひと昔前なら、中国からビジネスのイノベーションが起こることは想
定外だった。現在の中国は、世界のビジネスのイノベーションの中心の
ひとつだ。この本では、ウィンターやマークなど、中国と欧州にまたが
る著者チームが、中国の小売の世界で起こった「革命」について詳説し、
それを世界のビジネスパーソンへの示唆として提供している。

　あなたは、小売企業の経営幹部かもしれないし、若手かもしれない。
それ以外の業界で DX を企てているのかもしれない。また、起業家か
もしれないし、それを目指しているかもしれない。この本の「物語」と
「枠組み」から、あなたは何を感じ、考えるのだろう。「あてはまる」
「使える」と感じるもの、感じないものは何で、それはなぜだろう。そ
れらはあなたやあなたの組織の現状をどう揺さぶり、そのありりる形・
なりりる姿をどう触発するのだろう。そしてそこからどのような持続的
な価値創造の機会を、見つけ出すのだろう。
　私は、それが楽しみでならない。

　ウィンター・ニーは、IMD のウェブサイトでの自分のプロフィール
で、こう語っている。
「世の中の絶え間ない変化のスピードに対応する唯一の方法は、常に
オープンに、勇気と謙虚さをもって、学び、学びほぐし、学び直すこと
だと信じている」
　さあ、勇気を持って、この本を開こう。謙虚さを持って、学ぼう。そ
して、それぞれの変革を、起こそう。

ニューリテール進化論
目次

第3章 第三者決済 74
キャッシュレス社会への移行

第4章 ソーシャルメディア・プラットフォーム 88
ニューリテールの加速要因

第8章 ネットセレブのライブコマース 182
小売業界に旋風を起こす

第9章 「究極の体験」の小売 214
手仕事とテクノロジーで心を満たす

＊ 原注は番号を振り巻末に掲載、訳注は＊印と番号を振りページ下余白に記した。

＊ 中国の地名・人名は漢字表記を原則とし、適宜（ ）内に現地読みや通称をカタカナで記した。企業名は国内でより一般的と思われる表記を使用、適宜（ ）内に他の表記を記した。

＊ 文中の金額は原則として原書記載の米ドル換算額（1元＝0.143ドル）のままとしたが、一部は商品価格等の比較・理解のしやすさの観点から元額に円換算額を併記。換算には2023年9月1日のレート、1元＝20.04円（みずほ銀行公表、TTM）を使用した。

IMD と J-F. マンツォーニの協力に感謝する

破壊がもたらす新たな世界

　欧州の小売最大手カルフールは、外資小売業としてはいち早く中国に進出した。1995 年、カルフールは人口世界一（当時）の中国にワンストップショッピング[*1]のコンセプトを持ち込み、続いて参入した米ウォルマートとともに急速に拡大。「先行者」利益を享受して、中国で最も成長著しい外資小売業の座を長年譲らなかった。その攻めの事業展開は、おおむね成功とみなされている。2019 年の時点で、カルフールは中国で233 店舗、3 万人の従業員を擁し、年間売上 45 億ドルを達成している[1]。実店舗型の小売業界で、労働力に乏しいライバル企業が同じ業績を上げるのはまず無理だと思われた。ましてや、一個人が巨大グローバル企業を相手に戦うことなど想像もできなかった。だが、「ニューリテール（新小売）」の時代に入った今、ゲームのルールは変わっている。そして1 人の女性と、彼女を支える 500 人のチーム——カルフール従業員のわずか 2％——が、それをやってのけた。彼女の名を薇婭（ウェイヤ／Viya）という。

　薇婭は、1985 年安徽省生まれ、商売人一家の出身の元歌手・モデルである[*2]。17 歳のときに北京に出て、卸売市場で小さなアパレルショップを始めた。物を売る才能に長けていた薇婭の店は大繁盛し、彼女はさ

＊1　消費者が必要なすべての商品を 1 カ所でまとめて購入すること。
＊2　20 歳で歌手デビューするも数年で引退し、アパレルビジネスに戻った。後にタオバオのモデルとして活動。

らに十数店舗を開く。事業は順調だった。だが、ある出来事をきっかけに、ビジネスモデルを見直して再出発を図ることになる。あるとき彼女の店に立ち寄った客が、服を何点か試着した。ところが、その女性はレジに向かわなかった。手元のスマートフォンでタオバオ（Taobao ／淘宝網）——中国を代表するテクノロジー企業アリババが所有する EC プラットフォーム——のアプリを立ち上げ、値札より安い商品を見つけてオンラインで注文したのだ。薇娅はカッとなった。まさに青天の霹靂だった。2012 年、彼女はオフラインの実店舗をすべて閉じ、オンライン取引に完全に移行することを決める。

だが、オンラインビジネスはそう簡単ではなかった。初期の頃は、彼女いわく「人生で最も暗い日々」が続き、在庫過剰で数十万ドルを失ったという。サイトへのアクセスは徐々に増え始め、売上も緩やかに伸びている。それでも品質管理の甘さから返品率が高く、赤字が続く。借金返済のために家を手放す羽目になったが、それでも彼女はやめなかった。

2016 年、タオバオは新しいライブ配信サービス「タオバオライブ」を開始。薇娅はタオバオから電話で、ライブ配信への参加を誘われる[3]。2017 年のあるライブ配信イベントで、彼女は海寧毛皮[4]のコートをたった 5 時間で 1100 万ドルも売り上げ、タオバオのトップセラーとなった[2]。それから長い間、薇娅はタオバオのナンバー 1 ライブ配信者の座を守り続けた。彼女に売れないものはないようだった。1 分で米 430 トン、20 分で住宅 814 軒を売りさばき、さらに驚いたことに 570 万ドル相当のロケット発射サービスまで売ってしまった。（しかし本書執筆後の 2021 年末、薇娅が虚偽の税務申告により約 1 億ドルの所得を隠していたことが発覚。薇娅は約 2 億 1000 万ドルの追徴課税と罰金の支払いを命じられ、彼女の EC サイトとソーシャルメディアのアカウントは閉鎖、ライブストリーミング活動も停止された[5]。）

---

*3　タオバオのショップオーナーで、モデルとしても活躍していた薇娅に声がかかった。
*4　海寧市は上海から列車で約 1 時間の地方都市で、革製品の製造・販売で有名
*5　Viya, China's Most Popular Influencer, Fined $210 Million for Tax Evasion," *TIME*, December 21, 2021. https://time.com/6130595/viya-china-fined/

米国にはブラックフライデー*1がある。それに負けじと中国が作り出したのが、「光棍節（独身の日）」だ。11月11日がその日に選ばれたのは、数字の「1」が「棍棒」（中国語のスラングで「未婚男性」の意）に似ており、「11月11日」は4人の独身者が並んでいるように見えるからだという。「W11（ダブルイレブン）」セールとしても知られるこのイベントは、今や世界最大のオンラインショッピングの祭典になっている。もとは独身者の記念日として始まったが、やがてお買い得品を手に入れたいすべての人に値引きが適用されるようになった。その日は各店が強気の値引き競争を繰り広げ、国全体が熱狂的な買い物モードに入る。

2019年の独身の日、薇姫は4億3500万ドル相当以上の商品を販売した[3]。これは当時のタオバオの総売上380億ドルの1%を上回る。2019年の終わりまでに、彼女の年間売上は43億ドルに達した[4]。カルフールとほぼ肩を並べる数字だ。このときにはカルフールの勢いに陰りが見えていたとはいえ、一個人による年間売上43億ドルの達成は驚異的である。2020年にはアリババが独身の日のセール期間を11日間に延長し、薇姫の売上は10億ドルにのぼった[5]。

その秘密はどこに？　魔法の杖があるのだろうか？

三只松鼠（サンジーソンシュー／Three Squirrels）は、薇姫がオンラインビジネスに切り替えたのと同じ2012年に創業したドライフードメーカーだ。同社は2019年の独身の日、1億5000万ドル分のスナック製品を販売した[6]。これには、ドライフルーツとナッツの詰め合わせをわずか20分で1400万ドル売り上げるという、あぜんとするような記録も含まれる。三只松鼠は2020年、Tmall（天猫）、JD（京東）、唯品会（VIP.com）をはじめとする9つの主要なEコマース（EC）プラットフォームで、スナック製品部門1位にランク付けされた。

---

*1　11月の第4木曜日（感謝祭）翌日の金曜日から行われる年に一度の大セール。

三只松鼠は、創業時からインターネットを基盤に事業を展開している。ターゲットとするのは、オンラインショッピングを日頃から利用している健康志向のミレニアル世代だ。質の高い商品、手頃な価格、ユーザーエクスペリエンスというシンプルな顧客価値を提案し、2019年には年間14億ドル超の売上を報告[7]。同年7月に上場し、2020年11月の評価額は34億ドルに達した[8]。製造施設を1つも持たない小売企業が、なぜここまで急速に成長できたのか？　質の高い商品と手頃な価格が重要なことは誰にでもわかる。しかし、185グラムのナッツ1袋に27元（約540円）を払おうと思わせるユーザーエクスペリエンスとはいったいどのようなものなのか？　その秘密を探ろうと、三只松鼠のカリフォルニア・ピスタチオを1袋購入してみた。うれしい驚きだったのが、別の商品の試供品と（食前・食後の手拭き用と思われる）ウェットティッシュ、袋止めクリップ、ごみ袋、開封カッターがついていたことだ。では、「うれしい驚き」を提供すれば、満足な数のリピートにつながるのだろうか？　それよりもっと重要な疑問として、1つのカテゴリーの商品しか取り扱っていないネット小売企業に成長の限界はないのだろうか？

　便利蜂（ビエンリーフォン／Bianlifeng）は、2017年に北京に1号店を開いた。当時、中国の大都市にあるコンビニエンスストアのほとんどが、ローソンかセブンイレブン、ファミリーマート、永輝超市（ヨンフイ・スーパーストア）で、各社の経営は長年安定していた。ウォルマートとカルフールもそれぞれ、独自のコンビニを展開している。新参者の便利蜂は、二番煎じが通用しないことを理解していた。

　従来型のコンビニでは、店長が毎日、商品の選択から価格設定、値引き、店内のレイアウトに関する何百もの意思決定を行わなければならない。そこで便利蜂は、データに基づく意思決定（価格に敏感な消費者に価格変更を瞬時に通知するなど）ができるような、顧客重視のスマートアルゴリズムとAIを駆使した「中枢」システムの開発に賭けた。こうして売上を最大化し、店長の直感に頼らなくても済むようにしたのだ。AIを活用したコンビニの完全自動化は可能なのか？　果たしてAIは人間

と張り合えるのか？　2020年5月時点で便利蜂の店舗数は1500を超えたが、その闘いは終わっていない。

小売業の未来をのぞく

　しかし、ファッション、化粧品、スナック製品、データ主導のコンビニエンスストア、ライブ配信だけが、中国のニューリテールではない。美団（メイトゥアン／Meituan、第5章参照）は、共同購入ビジネスとしてスタートしたが、多種多様な位置情報サービス（LBS：Location Based Services）を提供するスーパープラットフォームへと進化した。2016年に上海に1号店を出したフーマーフレッシュ（Hema Fresh／盒馬鮮生、第6章参照）は、実店舗、オンラインアプリ、イートインのフードコート、生鮮食品の宅配を組み合わせた新しい小売形態を提供している。ピンドゥオドゥオ（Pinduoduo／拼多多、第7章参照）は、ソーシャルECプラットフォームを開発し、7億人を超えるアクティブユーザーを5年足らずで獲得した。生鮮食品のサプライチェーンを築いたのがフーマーなら、十分なサービスが届かない低所得層と多くの中小規模メーカーとの関係に革命をもたらしたのがピンドゥオドゥオだった。

　そして、ライブコマースの恩恵を受けたのは薇婭だけではない。ほかにも、あちこちで中国小売業のシーンを変えているライブ配信の天才がいる（第8章参照）。李子柒（リー・ズーチー、第9章参照）は、ユーチューブのアーティスティックな短編動画が欧米を中心に人気を集めている。彼女のTmallオンラインストアの年間売上は、1億4000万ドル以上にのぼる。

　新しい小売形態が次々と生まれ、古いパラダイムの破壊が当たり前になっている。

　中国のニューリテール業界では、イノベーションがすべてだ。2019年、ネスレはフルーツ風味のネスカフェを新発売した。ピーチ、パイナップル、グリーンアップルの3種のフレーバーがあり、氷水や炭酸水で

いれられる。ネスカフェのフルーツアイスラテは、若い消費者にターゲットを絞り、ネスレと Tmall イノベーションセンターの協力によって誕生した。その研究開発プロセスでは、コンセプトの初期段階からオンライン消費者に参加を呼びかけている。研究所ではリアルなオンラインショッピングの環境をシミュレーションし、実際の消費シナリオを模倣した実験を行った。ネスレの Tmall 旗艦店によれば、新製品は圧倒的な反響を呼び、初日に 10 万箱が売れたという[9]。

　本書は、中国内外の企業の取り組みを述べただけのものではない。新たな消費者トレンド、中国のニューリテールが相まってトレンドを生んでいる状況、トレンドに乗った企業の生き残り・成長戦略を明らかにする。さらに、ビジネスモデルの革新、中国のデジタル E コマース空間の力関係、既存の巨大企業と新興企業の勢力争いについて、またビッグデータとスマートアルゴリズムに支えられた製品や多様なサービス、価格、サプライチェーン、物流について論じ、古いパラダイムを破壊する新しい小売業と、6 兆ドル規模の中国小売市場の未来を語る。

中国の新たな夜明け──中国ニューリテールからの教訓

　アリババ創業者の馬雲（ジャック・マー）が 2016 年にニューリテールという概念を提唱してから、およそ 4 年。この短い間に、私たちはデジタル小売空間の急速な発展、大きな変化、数々のイノベーションを目の当たりにした。これらの新しいイノベーションは、今や世界中で定着しつつある。『フォーチュン』、『フォーブス』、『エコノミスト』、『ウォール・ストリート・ジャーナル』などのビジネス誌は、中国発の新しい小売形態にスポットライトを当て始めている。ネスレの CEO マーク・シュナイダーは 2021 年、『エコノミスト』誌の取材に、「未来を見たいなら、中国を見るといい」と語った[10]。

　また 2016 年には、ノキアの CEO スティーブン・エロップが、マイクロソフトによるノキア買収を発表した際に、「間違ったことは何もして

いなかったが、どういうわけか負けてしまった」と複雑な心情を吐露している[11]。従来のビジネスから新しいビジネスへと移行する際、意義ある存在であり続けるために知っておいたほうがよいこと、なすべきことは何だろうか？　情報通の中国の「ネット民」でさえ、絶え間なく変わる小売形態を理解するのは難しい。そうした環境にない人々にとってはなおさらだ。本書では、中国が推進するニューリテール革命の秘密を解き明かし、これまでの進化を説明して、他国にとっての教訓を見つけることをねらいとする。特に、核となる次の3つの目的を念頭に、ニューリテールが生まれた理由とその形態、手段、今後に焦点を当てる。

目的1. 中国の小売革命を解読する

- 中国のニューリテールの進化——これはすでに多くの書籍で取り上げられている——の説明で終わりにしない。私たちの10年におよぶ研究と個人的体験に裏打ちされた視点を提示する。

- 中国ニューリテールのイノベーターたちを戦略・組織の面から解読する体系的なアプローチが、私たちの視点を作っている。具体的に

図表 0.1　顧客の問題から解決策へ

顧客

プラットフォームA

プラットフォームB

1、2社が
顧客の問題に
取り組み始める。

プラットフォームC

プラットフォームA

プラットフォームD

プラットフォームB

模倣者が現れ市場拡大。
VCが投資し、
競合が多数になる。

プラットフォームA

プラットフォームQ

資金が尽きて多くが撤退、
生き残るのは1、2社のみ。
スーパーアプリ＊になることも。

＊生活に関わるさまざまなサービスの機能を一つに集約したアプリのこと。

は、各章でまず消費者が抱える問題に着目し、それに対してイノ
ベーターがニューリテールの概念をどのように発展させたかを深掘
りする（**図表 0.1**、分析対象とした企業の概要は**図表 0.2** を参照のこと）。

・ 私たちの分析では、中国小売イノベーターがとった組織・戦略上の
具体的な選択について理解を深めることに重きを置く。既存企業と
新興企業、外資系企業と国内企業、デジタル企業と非デジタル企
業の一連の競争を精査し、比較対照している（分析した競争の概要は、
図表 0.3 を参照のこと）。それぞれの競争の分析を通して、勝者と競
合企業の違い、また勝者が勝者になりえた理由を突き止める。

図表 0.2　分析対象とした企業

企業	分野	章
アリババ	E コマース	第 1 章
JD	E コマース	第 1 章
SF エクスプレス	高速配送	第 2 章
テンセント	ソーシャルメディア	第 4 章
美団	生活総合 E コマース	第 5 章
フーマー	オンラインとオフラインの融合	第 6 章
ピンドゥオドゥオ	ソーシャル E コマース	第 7 章
バイトダンス	ショート動画	第 8 章

図表 0.3　分析対象とした競争

競争	分野	章
タオバオ対 eBay	C2C E コマース	第 1 章
JD 対ダンダン	B2C E コマース	第 1 章
SF エクスプレス対桐廬の宅配企業	高速配送	第 2 章
QQ 対 MSN	インスタントメッセージング	第 4 章
WeChat 対ミーリャオ	インスタントメッセージング	第 4 章
ウェイボー対その他のミニブログ	ソーシャルメディア	第 4 章
美団対ウーラマ	フードデリバリー	第 5 章
美団対シートリップ	オンライン旅行業（OTA）	第 5 章
美団対 DiDi	配車サービス	第 5 章
ドウイン対クアイショウ	ショート動画	第 8 章

本書では、中国のニューリテール業界が、オンライン小売企業といえばタオバオと JD の 2 強だった状況から、多様な形態からなる現在の状況へと進化した過程を明らかにする。

　本書はどのような読者の役に立つだろうか？

目的２．グローバル経営者の参考となるヒントを見つける

　本書の主な想定読者は、グローバルに小売業を展開する経営者である。中国市場に特別な関心がある読者も、世界を舞台にこれからの小売業を作っていきたいと考えている読者もいるだろう。ケーススタディと分析、そしてグローバル経営者との一連の議論を通じて、私たちは全世界でニューリテールの未来を築くことができるような、6 本の柱からなる「Beyond（超える）」バリューチェーンモデルを開発した。本書の各章では、これまでとは違った視点で顧客やサービス、ビジネスモデル、イノベーション、サプライチェーン、エコシステムを見られるような洞察を提供する。そして最終章で、すべての洞察を 1 つにしたニューリテールの「Beyond モデル」を提示する。

　特に次の 5 つの分類に当てはまる経営者には、私たちの洞察がきっと役に立つはずだ。

1.　売上全体に占める中国の比重が大きい多国籍企業（MNC）の経営者。中国のニューリテールに今後の成長が左右されるため、その発展と競争環境を知っておくことは有益だろう。

　中国は今や、多くの欧米企業にとって最も重要な市場の 1 つである。たとえば 2019 年、ネスレは売上の 8.2％、ユニリーバは 16％を中国で上げている[12]。ロレアルに関しては、中国は米国に次ぎ 2 番目に大きな市場となり、中国での売上の半分がオンライン経由だ[13]。

　2020 年の初めに、米ナスダック上場の中国企業ラッキンコーヒー（瑞幸咖啡）が悪名をとどろかせた。3 億 1000 万ドルの売上

データを捏造したとして、デューデリジェンスに基づく米投資会社、マディ・ウォーターズから非難されたのだ。その後、ラッキンの株価は急落。このスキャンダルは、米国ですべての中国株の評価に鮮烈な打撃を与えた。

　ラッキンコーヒーは、ニューリテールを代表する存在で、スターバックスの強力なライバルと目されていた。クーポンの仕組みを使って、破格の値段で消費者に高品質の挽きたてコーヒーを提供。もとの値段が1杯約4ドルのカプチーノを1ドルほどで飲めて、味もスターバックスと変わらない。テイクアウトの商品を店舗で受け取ってもいいし、店内で友人とおしゃべりしながら飲んでもいい。ネットで注文して、最寄りの店舗からオフィスまでコーヒーを配達してもらうこともできる。

　ラッキンコーヒーに対する消費者の評価は高かった。スターバックスを高すぎると感じていた人々は、ラッキンなら手頃な価格で飲めると喜んだ。ラッキンのサービスのおかげで、多くの人がインスタントコーヒーをやめて挽きたてのコーヒーを飲むようになり、昔に戻ろうとは思わなかった。ラッキンは割引クーポンを使って、おいしいコーヒーの良さがわかる顧客の開拓に成功したのだ。しかし、定価の4ドルを支払わなければならなくなると、ほとんどの人が利用をやめてしまった。喜んで出せる金額ではなかったからだ。

　ラッキンの失敗により、外資系ライバル企業にチャンスが残される。実際のところ、チャンスは以前からあった。全世界のコーヒー消費量の年平均成長率が2%なのに対し、中国では平均15%だ[14]。ケンタッキー・フライド・チキン（KFC）とコスタコーヒーが、2020年にそろって最高級のインスタントコーヒーを発売したのも驚くにあたらない。外資系か国内企業かにかかわらず、新規に参入する企業が成功を望むなら、部門の力関係や、中国の消費者の考え方と行動、消費者の変わりやすい好みを理解する必要がある。

　本書の読者は、中国のニューリテール業界だけでなく、中国の消費者の特徴や購買傾向も知ることができる。中国で成功を収める

ためには、どちらも非常に重要だ。

2.　小売部門の経営者にも本書は役立つだろう。中国小売業の進化、つまり革命に目を向けることで、世界の小売業のトレンドが垣間見えるからだ。

　特に、中国の小売企業がとった新型コロナウイルス感染症への対応は、パンデミックの影響から必死に立ち上がろうとする小売企業に価値ある重要な教訓を教えてくれる。最も大きな問題の1つが、実店舗ビジネスの停滞だ。電子プラットフォームに移行したいと考える小売企業が増えているのも当然である。

　2019年は小売企業にとって試練の年となった。米国のファッションブランド、フォーエバー21や高級百貨店バーニーズ・ニューヨークなど、数多くの有名企業が破産を宣言。米調査会社CBインサイトのデータを見ると、破産を申請した小売企業の数は、2018年の17社から、2019年の1年間で23社に増えている[15]。新型コロナによって状況は悪化し、オンラインのニーズが加速した。

　ピースバード（太平鳥）は地元中国のアパレル小売企業で、2019年には10億ドルの売上があった。しかし、2020年1月末までに、コロナ禍の影響で全4600店舗を閉店[16]。同社会長は苦肉の策として、オンラインビジネスを全速力で開発することを決断した。中国でいう全速力とは「一夜」を意味する。何千ものオフライン販売がオンラインに切り替えられ、ピースバードの多くの販売員がライブ配信を始めた。ただ、この一夜の変身劇には必要な前提条件があった。ピースバードは、2008年に早くもアリババのプラットフォームを利用してタオバオのオンラインショップを開き、オンラインとオフラインの事業を融合する流れを作っていたのである。そして、先見の明で築いていたこの基盤が、コロナ禍での急転換のカギになる。

　中国の小売企業は、デジタル化のプロセスをリードするとともに、ニューリテールのさまざまなモデルを開発し始めた。本書では、

共同購入、ソーシャルメディア（SNS）プラットフォーム、有名人（ネットセレブ）による販売などのニューリテールが小売企業にとってどのような意味を持つのか、またオンラインビジネスを開発する際に各種プラットフォームをどのように活用すべきかについて説明する。

3. イノベーション全般、特にデジタルイノベーションに関心がある経営者は、一部の中国企業がデジタル空間で起こしているイノベーションから洞察を得られるだろう。

現在、最も革新的とされる小売企業は、10年前には存在すらしていなかった。こうした企業は、デジタル技術とプラットフォームを駆使して、たちまちトップに躍り出た。従来の小売企業とは異なるその考え方、思考法を明らかにする。

たとえば、スーパーアプリのWeChat（ウィーチャット／微信）は驚くべき革新だ。簡単に言うと、インスタントメッセージング、ソーシャルメディア、Eコマース、オンラインゲーム、ミニプログラム（このプログラムを使ってユーザーは独自のミニアプリを作成できる）、オンライン決済などをすべて1つにまとめたものである。今のところ、WeChatほど包括的で使いやすく作られた単一アプリは存在しない。ほかにも、美団、ピンドゥオドゥオ、フーマーフレッシュ、TikTokなどの素晴らしいイノベーターがいる。そして、どの企業にもそれぞれの成功物語がある。

4. 顧客第一の戦略に乗り出そうとしている企業にとっては、デジタル空間で顧客中心主義を実現する方法について学ぶことはメリットがあるだろう。中国のニューリテール業界で勝者となった企業に共通するのは、ビジネスモデルの革新や製品化を通じて、顧客中心主義を徹底して追求している点である。

激しい競争を勝ち抜く企業は、顧客の問題に集中して取り組んでいる。すべてのサービスが、問題の解決策を見つけることを目的と

して作られているのだ。まさにビジネスモデルの中心に顧客を据えているのである。

　顧客中心主義を形にする1つの方法が、製品化だ。製品化とは、物理的なモノを作ることだけではない。自社の価値提案を有形無形の具体的な体験に変えることをいう。製品化のプロセスでは、検索、販売者とのやり取り、支払い、配送からアフターサービスにいたるすべての顧客体験を考慮する。そして、見込み客の注文の妨げとなるような物理的な不便さを取り除くことで、最適な製品化ができる。あまりにシームレスで、顧客が無意識のうちにとっさの衝動で動いてしまうようなもの——つまり、すべてを指先で実行できて、いろいろなアプリの切り替えが不要で、注文に余計な手間がかからないものを作るのである。成功しているニューリテール企業は、ほとんどが包括的なスーパーアプリを使って事業を行っている。勝ち組企業が顧客中心主義を体現しているもう1つの方法が、ビッグデータの活用だ。ピンドゥオドゥオでは、顧客本人が必要と気づかないような商品をおすすめしている。しかし、それを見た顧客はお買い得商品を逃したくないと感じ、買いたくなってしまう。TikTokはユーザーの画面に、何時間でも見ていられるような面白いショート動画を流す。ウケそうなものを占っているわけではない。これらの企業が持っているのは水晶玉ではなく、ビッグデータとスマートアルゴリズムだ。ユーザーが利用すればするほど、おすすめ商品の精度が高くなる。

　消費者のデータを利用して依存を生むことは倫理的といえるだろうか？　これは議論が必要な問題である。

5.　新興国・途上国の政策立案者やリーダーも、本書からヒントを得られるはずだ。中国小売業の軌跡は、小売部門の全体像を理解して、自国市場を成長——できれば洗練された市場へと飛躍——させることができるような間違いのない政策とインセンティブを定める参考になるだろう。

中国は、ニューリテールが発展する過程の1つの例を示している。東南アジアやアフリカなどの途上国の政策立案者は、中国がたどった道筋を見ることで、自国のデジタル小売業をどうすれば成長に導けるかを学ぶことができる。本書では、ニューリテールを軌道に乗せるためのインフラ構築に必要な4つの基盤を明らかにした。Eコマースの活動を本格的に発展させたい国では、政府や民間企業による適切なインフラ投資が必須となる。

　コロナ禍の中国では、ピンドゥオドゥオやタオバオ、ドウイン（抖音）で政府関係者もライブ配信を積極的に行い、へき地の農村の地元農産物の販売を支援した。広東省徐聞県の知事は徐聞産パイナップルを、安化県の知事は地元でとれた紅茶を販売した。政府関係者がライブ配信というコンセプトを取り入れて地場産品を宣伝し、さらに地元経済を支援しているのである。

　最後に、本書はニューリテールの最先端の取り組みに関心があるすべての経営者とMBA・EMBA（Executive MBA）の学生が、最新のトレンドを把握するのに役立つだろう。

目的3．ニューリテールの将来予測を立てる

　ニューリテールはこれからも進化し、新たなモデルや形態が登場するだろう。最終章では、小売業界の将来動向を分析し、それが企業にとってどのような意味を持つのかを考える。

多角的な視点

　著者の4人は、これまでに多国籍企業と中国企業の両方で働いた経験がある。その経験をもとに、欧米諸国に関連することがらへの言及や適切な比較を行い、中国のニューリテールを理解するための多角的な

視点を提供したいと考えている。中国企業はどのように競合し、中国の消費者はどのように進化していったのか。私たちの延べ50年におよぶ中国企業の研究成果をたどることで、深い理解が得られる。実地調査では、中国の起業家やビジネスリーダーに1000時間以上にわたる直接インタビューを重ね、これまで明かされることのなかった洞察を得た。入手した膨大な英語資料のほか、とりわけ中国語で書かれた各社の一次情報が全貌を知るための貴重な追加材料となった。また、これらの資料は、内容の正確を期すための相互参照や引用にも役立った。IMDを訪れる世界中の経験豊富な経営者と調査結果について話し合う機会が何度もあった。彼らの一連の質問と批判的なフィードバックのおかげで、私たちは思考を研ぎ澄ますことができた。本書はある意味、彼らが抱える難題や疑問、挑戦が投影されたものといえる。

　内容の信用性はもちろんのこと、何より重要なのが、ニューリテールという概念にかける私たちの情熱だ。消費者、評者、研究者、思想家として、私たちはこの新たな領域を歓迎し、積極的に関わっていくつもりである。

本書の読み方

　本書では、ニューリテールの発展とその主要企業を進化論的な視点で見ていく。インタビューや二次資料のほか、消費者としての中国での実体験ももちろん含めた膨大な数の事例を集めた。そのうえで、比較・対照・分析を行っている。事例の紹介にとどまらず、出来事の背景にある「理由」や重要な教訓に対する私たちの洞察を伝え、調査結果と経験から導いた提言を行っている。

　本書は12の章で構成され、次章以降3つのパートに分かれている。パート1（第1章〜第4章）では、中国でニューリテールが出現し、発展するきっかけとなった4つの基盤を紹介する。パート2（第5章〜第9章）では、ニューリテールの5つの段階（ステージ）について説明する。

パート 3（第 10 章と第 11 章）では重要な学びを整理して要約している。

　本書はまとめて読むことも、章ごとに読むこともできる。最初の章から最後まで通して読んでもいいし、ネットセレブによる販売やピンドゥオドゥオなど、一番関心のあるトピックに飛んでもいい。各章は独立した形で書かれており、個別のケーススタディとしても利用できる。

　本書は、学びを得られるだけでなく、読み物としても楽しめるものになるよう配慮した。中国ニューリテールの中心にいる企業の成長や、起業家たちの物語を楽しんでいただければ幸いである。

　追加資料は、デジタルプラットフォーム（chinanewretail.org）を確認されたい。

本書の構成。木の根をなすのは「E コマース」「高速配送」「第三者決済」「ソーシャルプラットフォーム」、枝をなすのは「オンライン＆オフライン」「ネットセレブのライブコマース」「究極の小売」「ソーシャル E コマース」「生活総合 E コマース」。（イラスト：アスペン・ワン）

PART 1

FOUR PILLARS OF NEW RETAIL

ニューリテールの4つの基盤

中国 E コマースの台頭
爆発的成長の 20 年

2 千年紀がまもなく終わりを迎える 1999 年。世界の大半の地域が、脅威とみなしていた 2000 年問題への対応に躍起になっていた。しかし、中国の十二支では「卯年」だったこの年。おとなしく無害なウサギは、少なくとも劇的な事件や大変動を予感させる生き物ではなかった。

1999 年は実のところ、中国 E コマースの歴史において極めて重要な 1 年となる。この年、数々の主要なインターネット企業が誕生した。それがやがて、オンライン戦争の様相を呈し、以後数十年にわたり国民のライフスタイルに影響を与えることになる。

1999 年 3 月、馬雲（ジャック・マー）は、浙江省杭州市にアリババ（Alibaba ／阿里巴巴）という名の B2B（企業間取引）EC プラットフォームを立ち上げた。その年の 8 月、ハーバード・ビジネススクール卒業生の邵亦波（シャオ・イボ）が、米 eBay（イーベイ）の C2C（消費者間取引）モデルを中国に持ち込み、上海で独自のオンライン取引コミュニティ、イーチネット（EachNet ／易趣）を構築する。11 月には、北京大学の卒業生である李国慶が、アマゾンの B2C（企業・消費者間取引）モデルにならい E コマース企業ダンダン（Dangdang ／当当網）を設立。本のネット販売を開始した。視野を広げれば 1999 年当時、eBay は創業 4 年で上場からわずか 1 年。アマゾンも創業 4 年で、2 年前に上場したところだった。また 1998 年に劉強東（リチャード・リュウ）が、また別の重要な中国企業 JD（ジンドン／京東）を電子機器の卸売企業としてスタートさ

せている。JD がオンライン小売事業に参入したのは 2003 年のことだが、ダンダンと激しい争いを繰り広げた後に「中国のアマゾン」と呼ばれるようになる。

　当時は、中国のインターネット空間がまさに爆発的な成長を遂げようとしていた最高の時代だった。一方、最悪の時代でもあった。どの企業が前途に横たわる熾烈な競争を勝ち抜き幸運をつかむのか、誰にも予想がつかなかったからだ。今になってみれば、1999 年前後に設立されたこの 4 社がたどった道程には、多くの企業にとって示唆に富む教訓が詰まっている。まずは、私たちを魅了してやまないこの人物から始めよう。自称・中国 E コマースの革命児、馬雲だ。

英語教師ジャック・マー

　馬雲は 1964 年、中国東海岸にある風光明媚で文化が薫る人気の観光都市・杭州に生まれる。後にそののどかな町は、主に馬雲の功績によって中国 E コマースの中心地となる。馬雲は 10 代の頃、学校での成績にかなりむらがあった。英語の成績は素晴らしかったが、数学がまったくできなかった。そのため、大学受験を 2 度失敗している。数学の成績が合格点に届かなかったのだ。1 度目の挑戦では、120 点満点中、とれたのはたったの 1 点[1]だった（試験を受けていた 2 時間、彼はいったい何を考えていたのだろう）。2 年目は得点がかなり上がり、19 点[2]になる――少なくとも前回よりは進歩した。そして幸いにも三度目の正直で大躍進し、89 点[3]という立派な得点で杭州師範大学（旧・杭州師範学校）に合格する。飛び抜けた英語の成績にきっと助けられたのだろう。

　1970 年代後半から 1980 年代初頭にかけて、中国は外国人観光客に門戸を開き始める。世界中からの旅行客が、有名な北京の万里の長城や杭州などの景勝地を訪れていた。英語がうまくなりたかった馬雲は、よく自転車で西湖に行った。人気の観光スポットである西湖を訪れた外国人に話しかけ、無償でツアーガイドをしていたのだ。そして 1988 年に

大学を卒業すると、杭州電子科技大学（旧・杭州電子工業学院）の英語教師になった。そのときの教え子の何人かは、後にアリババの共同創業者となる。

1992年、馬雲は数人の友人と「海博翻訳社」という翻訳会社を立ち上げた。その仕事を通じて、海外と取引する多くの地元企業との出会いがあった。1995年の初め、杭州市人民政府は米国に連絡役として派遣する人材を探しており、馬雲に白羽の矢が立った。その米国滞在中に、馬雲はインターネットの存在を知る。彼はさっそく、アメリカ人の友人の助けを借りて海博翻訳社の宣伝用ウェブサイトを立ち上げ、そこにメールアドレスを載せてみた。すると数時間後に5通のメールが届く。馬雲が中国でインターネットビジネスを始めようと決意したのは、まさにその瞬間だった。その年、（かなり思い切った行動ではあったが）彼は大学での名誉ある職を辞して、インターネット起業家になる。

馬雲が最初にやったのは「中国黄頁（イエローページ）」という事業で、中国企業を紹介する英語のホームページを作成するというものだった。だが、すべてがトントン拍子に進んだわけではない。1997年、彼は国の対外貿易経済合作部（MOFTEC）から誘いを受け、政府機関である中国国際電子商務中心（CIECC）に参画する。そこで過ごした1年ほどの間に、馬雲のチームは「中国インターネット商品取引市場」や「中国インターネット技術輸出見本市」、「中国招商局」など、いくつものウェブサイトを開発した。だが、政府の仕事はあまりに制約が多く、馬雲の野心が満たされることはなかった。

B2B——アリババ創業

1999年1月、馬雲のチームは杭州に戻り、6万ドル[4]を調達して、中小企業へのサービス提供を目的とするB2B（企業間）Eコマース企業アリババを設立。その使命は、中国の小規模な輸出業者やメーカー、起業家を世界中の買い手とつなぐことだった。

同年3月にアリババのウェブサイトを開設すると、5月までに登録会員数が2万を突破した。10月にゴールドマン・サックスから500万ドル[5]、2000年1月にはソフトバンクから2000万ドル[6]の投資を受け、馬雲は世界に事業を広げ始める。アリババのウェブサイトは、中国語と英語のほかに、韓国語と日本語のバージョンも開設した。ところが2000年3月、ネットバブルがはじけ始める。馬雲はギリギリのところで作戦変更し、グローバル展開の前にまずは中国での成功を目指すことにした。

　2001年12月までに、アリババの登録会員数は100万人を突破。事業が黒字に転じ始める[7]。2002年2月には、インターネット部門全体が苦境にある中、日本アジア投資（JAIC）から500万ドル[8]の出資を受けた。アリババの初期の投資家のうち、2社が日本企業というのは興味深い。こうした企業の支援を受けて中国Eコマース部門の初期の輪郭が形作られ、やがては日本のEコマースを超えることになるのである。

C2C——eBayとアリババの競争

　重症急性呼吸器症候群（SARS）が大流行した2003年、中国のEコマース業界は波乱含みの1年となる運命にあった。この年、JDがオンライン事業に進出（これについては後述する）。3月、馬雲はアリババの社員から10人を選び、秘密裡に自宅に集めた。そして5月、「タオバオ（Taobao／淘宝網）」が始動した。

　当初、タオバオがアリババの一部であることは、アリババ内部の社員にさえ知らされていなかった。B2Bビジネスが急成長を続けるアリババが、C2Cの領域に突如参入したのはなぜなのか。一説によると、2003年の初めに、馬雲は日本でソフトバンクの孫正義と会っている。馬雲とその著名な投資家は、C2CやeBayについて語り合った。2人は、eBayとアリババには似た点が多すぎるという点で意見が一致。馬雲は孫の助言に従ってC2Cの道を進むことを決意し、タオバオが生まれた

のではないかと言われている。

　タオバオは、中国で先駆けとなったC2Cサイトとは趣がまったく異なる。タオバオができたとき、邵亦波のイーチネットは創業からすでに4年が経っていた。馬雲とは対照的に、邵はちょっとした数学の天才だった。11歳のときに、第1回華羅庚[*1]ゴールデンカップ全国ジュニア数学コンテストで金メダルを獲得。高校時代には、17歳でハーバード大学から全額給付の奨学金を受けた。そして、イーチネットの設立時にベンチャーキャピタルから650万ドル[9]の出資を引き出し、2000年にはさらに2050万ドル[10]を受け取っている。イーチネットの躍進は中国進出を目論むeBayの目に留まった。2002年と2003年、eBayは総額1億8000万ドルにのぼるイーチネットの株式を100%取得[11]。イーチネットは、eBayの中国完全子会社となる。

　当時のイーチネットはすでに中国C2C市場のシェアが7割を超えていたが、タオバオは1割にも満たなかった[12]。eBayを後ろ盾に、イーチネットはタオバオとは比べものにならないほどの資金とリソース、人材を持ち、1年半で中国のC2C取引戦争に終止符を打つと吹聴していた。これほど強力な組織を相手に、新参者のタオバオが戦えたのはなぜだろうか？

　タオバオはeBay傘下のイーチネットのことを徹底的に調べ上げ、その仕組みが基本的に米国のeBayのモデルを踏襲したものだと知る。イーチネットでは、取引ごとに売り手に手数料を課して利益を上げており、システム全体が売り手の観点で設計されていた。また、買い手と売り手がプラットフォームの外で直接取引するのを防ぐため、eBayイーチネットでは相手との直接のやり取りを禁じていた。

　eBayイーチネットを打ち負かすには、タオバオは自由な発想で考える必要があると感じていた。その1つの選択肢が、eBayとは逆の路線を行くことだった。タオバオは報復作戦を開始する（**図表1.1**）。

　eBayイーチネットとは反対に、タオバオは売り手ではなく買い手の

＊1　華羅庚は中国の数学者。中国科学院数学研究所初代所長を務めた。

図表 1.1 タオバオの戦略

	eBay イーチネット	タオバオ	備考
課金 モデル	売り手に課金	無料	中国の C2C 取引市場はまだ初期段階にあり、より多くの業者や顧客を引き込む必要があった。そのため手数料をとるのは得策ではなかった
システムの設計	ショッピングモールのように、わかりやすくスッキリしている	露天市場のように、カラフルでごちゃごちゃしている	欧米人は大きなショッピングモールを好み、中国人は露天市場を好む
コミュニケーション	手数料を取り逃さないようにするため、買い手と売り手の直接のやり取りを禁止した	買い手と売り手の直接のやり取りや価格交渉を促すために「アリワンワン」というチャットソフトを開発し、知らない者同士の距離を縮めた	当時、中国のビジネス環境では信頼の仕組みが十分に育っておらず、特にタオバオの売り手はブランド力に頼ることができなかった。信頼関係はネット通販最大の問題であり、知らない人から物を直接購入するのは危険と思われていた
支払い	買い手から売り手への直接送金	アリペイ〔訳注：アリババが展開するネット決済サービス〕を開発し、買い手が売り手ではなくアリペイに代金を支払うようにした。売り手への送金は、買い手が商品を受領し、問題がないことを確認した後に行われる	同上
検索	買い手が欲しいものを検索機能でピンポイントに表示	さまざまな種類の製品をバラエティ豊かに繰り返し表示	欧米人ははっきりとした目的のもとに買い物をし、直接注文する。中国人はウィンドウショッピングを好み、そこで気に入った物を購入する
評価システム	パーセンテージで評価	ピラミッド型の階層（星、ダイヤモンド、王冠など）、多次元での評価、買い手は写真をアップロードできる	買い手は、評価スコアが高いだけでなく販売実績の高い売り手を好む。タオバオの評価システムは後に業界標準となる

視点でシステムを設計した。昔から中国では、買い物の場所は2種類しかなかった。1つが露天市場（バザールやホーカーセンターと呼ぶ国もある。欧米のファーマーズマーケットに似ている）で、人々はここで新鮮な野菜や肉、魚を買い求める。もう1つが、あらゆる日用品を販売するスーパーマーケットだ。露天市場が騒々しく散らかっているのに対し、スーパーはきれいで整然としている。それでも、人々は露天市場の地に足がついた感じや、値引き交渉の面白さを楽しんでいた。そこでタオバオは、インターネット上に露天市場を再現しようと試みる。ページを真っ赤にデザインして、写真をふんだんに使い、手あたり次第に商品を表示した。人々が本物の露天市場にいる気分を味わえるような、活気あふれるウェブサイトを作ったのである。

　さらにタオバオは、多くの買い手がサイトをただ冷やかしにきていることを知っていた。そこで、さまざまな商品を見てもらえるよう、検索結果を常時更新して表示した。買い手が売り手を信用しないものだという点も理解していた。そのため、両者に直接やり取りするよう促し、売り手への送金は商品の受け取り完了後に行うことにした。最後に、買い手は評判が良いブランドの売り手を選ぶことに気づいていたタオバオは、売り手の評価システムを作った。こうした一見地味な一つひとつの戦略が功を奏し、タオバオはeBayイーチネットの市場シェアをじわじわと奪っていく。

　さらに2004年、eBayイーチネットはeBayグローバルの技術基盤と統合するため、サーバーを中国から米国に移転させた。その結果、システムのパフォーマンスが不安定になり、多くのユーザーがタオバオに乗り換えることになる。eBayイーチネットは、シンラン（Sina／新浪）、ソウフ（Sohu／捜狐）、ネットイース（NetEase／網易）などの中国最大手ポータル数社と契約を結んでタオバオの阻止を図ったが、新たなライバルの勢いを止めることはできなかった。

　3年後の2006年、タオバオは登録ユーザー数がeBayイーチネットを上回る2250万人に達し、中国最大のC2Cサイトとなる[13]。その年の12月にeBayは中国から撤退し、香港企業のTOMがイーチネットを買

収した。

　eBay はタオバオよりもはるかに規模が大きく、財政基盤もしっかりしていた。その点をふまえて、タオバオの成功要因について考えてみよう。基本的にタオバオは、中国市場の実態に根差した意思決定を行い、次の3つのジレンマを解消した。

1.　ローカルへの適合か、グローバルな統合か

　タオバオが採用した一連の戦略は、地元・中国市場の需要に合わせたものだった。タオバオへの出店手数料の無料化や、インスタントメッセージのシステム「ワンワン（Want Want ／旺旺）」とオンライン決済システム「アリペイ（Alipay ／支付宝）」の立ち上げなどがその例だ。イーチネットが eBay に買収されると、現地の実情に即した事業展開（ローカルへの適合）を犠牲にした、その全世界共通の事業戦略（グローバル統合）に注目が集まった。2005 年には eBay イーチネットの株価が下がり始めたが、そのときにはすでに手遅れだった。

　ローカルへの適合は重要だが、実行に移すのは極めて難しい。eBay はインドでも同じ過ちを犯している。インドの大手 E コマース企業 Baazee を買収して、米国で大成功したモデルを統合しようとしたのだ。だが数年のうちに、Baazee はインド市場の主要企業の座から脱落した。

　一方のアリババは、グローバル展開には非常に慎重だった。海外の市場はどちらかと言うと、中国と状況が似ていて、自分たちの経験を最もうまく移転できそうなところを選んでいる。通常それは欧米ではなく、他の新興市場だ。2つ目に、自社の直接子会社を作る代わりに、強力な地元企業と手を組む道を選ぶことが多い。そして3つ目が、現地の組織やパートナーに自社のモデルを押し付けようとしていない。むしろアリババは、パートナー各社の現地での経験を尊重し、新たな能力開発を支援できそうな分野を厳選している。

たとえばアント・フィナンシャル[*1]（螞蟻金融服務集団）は、中国で大きな成功を収めた後に、アリペイのシステムを海外市場で再現することに成功した。最初の挑戦はインドだった。人口が10億人を超えるインドでは、スマートフォンを使用する人が急増しており、その決済市場は未開拓で大きな可能性を秘めていた。そこでアント・フィナンシャルは、2015年2月、モバイル決済を専門とするインドの「ユニコーン」企業ペイティーエム（Paytm）と戦略的提携を結ぶ。ペイティーエムには、資金だけでなくQRコードに関するノウハウも提供した。この国には、携帯電話はあるが銀行口座はないという人が何億人もいる。そうした環境での支払い処理の問題解決に、QRコードが決定的な役割を果たした。ペイティーエムが自社のモバイル決済アプリにQRコードを導入すると、2017年4月までに同社のユーザー数は3000万人から2億2000万人に膨れ上がった。米決済大手ペイパル（PayPal）を超え、アリペイとテンペイ（Tenpay／財付通）[*2]に次ぐ世界第3位のウォレット（電子財布）となったのである[14]。

2. 先行者利益か、ライバルのスピードか

　中国で先駆けとなったC2C取引プラットフォームのeBayイーチネットには、明らかに「先行者」利益があった。業界のリーダーとして、ブランド認知、人気、顧客資源、実績の点で、同社は優位に立っていた。問題は、ライバルの動きが極めて速かったことだ。eBayイーチネットは、過去の成功戦略を見直す必要があった（タオバオが突如登場するまで、同社は中国でかなり成功していた）。タオバオが現実的なローカル適合戦略を次々と打ち出すようになっても、eBayイーチネットはかつての勝利の方程式がもはや通用しないことをすぐに認めようとしなかった。そして米国での成功モデルを貫

＊1　2020年6月に社名変更し、現在は「アントグループ」。
＊2　アリババと並ぶ中国ネット大手テンセント（騰訊）が提供する決済サービス。

くことを決定し、賽は投げられた。

　2003 年、中国のインターネットユーザーの数は 8000 万人未満、オンラインショッピングを利用したことのある人は 3000 万人にも満たなかった[15]。ほとんどの人が、メールやニュースの確認のためだけにインターネットを使っていた。eBay イーチネットには数百万人の登録ユーザーがいたが、それも中国の人口規模からすれば大海の一滴のようなもの。eBay イーチネットの市場開拓はまだ始まったばかりで、利益を回収できるような段階にはほど遠い――タオバオはそう読んだ。タオバオは、eBay イーチネットからユーザーを奪うためだけに無料化戦略をとったのではない。それよりはるかに高い目標をも見据えていた。タオバオの野心は明快だったが、対する eBay は新たな競争環境を古い戦略と照らして見直すことに失敗した。

3.　鶏か、卵か

　E コマースのプラットフォームは、「鶏が先か、卵が先か」という典型的な問題をはらむ 2 者間市場である。買い手が多いほど、たくさんの売り手が集まる。また、売り手が多いほど、買い手も増える。このように、一方の存在が他方に左右されるような場合は、その鶏と卵の問題を解決し、プラットフォームにどちらを先に引き込むかを決めなければならない。タオバオは、手数料の無料化戦略で売り手を呼び込み、中国の消費者行動に合わせた一連のツール（ワンワンやアリペイなど）を使って買い手をプラットフォームに囲い込んでいった。こうしてプラットフォームに、鶏と卵の両方を徐々に増やしたのだ。eBay イーチネットの課金戦略を売り手が喜んでいなかったのは明らかで、システムも中国の消費者向けに作られたものではなかった。どちらの側にも不満があったのである。

　同じく鶏が先か卵が先かの問題は、カーシェアリングの分野にも見られる。乗客が望むのは、いつでもどこでも乗れること。プラットフォーム上に十分な数の車があれば、乗客は増えていく。乗客の

需要を満たすという問題への対応として、アプリを使った配車サービスのDiDi（ディディ／滴滴出行）は、紹介手数料などのインセンティブを提供することで多くのドライバーを集めていた。その結果、乗客数が急増した。

B2C──ダンダンの台頭

3つ目の重要なインターネット企業は、1999年に登場し、中国初のB2C取引プラットフォームを立ち上げたダンダン（Dangdang／当当網）だ。ダンダンは基本的に、アマゾンのビジネスモデルのコピーである。本のネット販売で、初期には投資機関からの支持を集めた。ダンダンは、2000年にベンチャーキャピタルからの最初の投資、2004年にタイガー・ファンド[*1]からの投資、2006年に第3ラウンドの投資2700万ドルを受けている[16]。そして2010年、ダンダンはニューヨーク証券取引所に上場を果たした。

ダンダンの最初の10年は、表向きは出来過ぎと言えるほど順調だった。平穏に見えるその裏で嵐が吹き荒れることを誰が想像しただろう。結果的に、2010年がダンダンの絶頂期となる。

ダンダンがベンチマークとするアマゾンは本の売上が順調に伸びていたが、事業を広げて、衣料品や美容製品、電気製品、宝飾品など多様な商品を取り扱うようになる。アマゾンはオンラインの書店から、オンラインのスーパーマーケットへと変身したのである。だが、ダンダンが本の販売から手を広げることはなかった。

ダンダンよりずっと遅れてアマゾンの領域に進出したもう1つの企業JD（ジンドン／京東）は、電子機器のEコマースから総合プラットフォームへと成長する。そしてやがて、アリババとしのぎを削るEコ

＊1　伝説のヘッジファンドマネジャー、ジュリアン・ロバートソンが設立したファンド。2000年に解散し、その後は後進の育成と新たなヘッジファンド（タイガーシード）の創設などを支援している。

マースの巨大企業になった。

　JDとはいったいどんな企業なのか？　なぜダンダンと競うことになったのだろうか？

中国のアマゾン、電子機器販売のJD

　劉強東は1974年、杭州から北へ500キロの宿遷市に生まれた。中国の貧しい地域で育ったが、優秀な成績で名門・中国人民大学に入学し、社会学を専攻する。1998年、劉は勤めていた日本企業を退職し、北京の中関村*²でCD-Rの販売を始めた。会社名はジンドン（Jingdong／京東）、すなわちJD。事業は急速に成長し、2001年までにJDは中国CD-R市場のほぼ6割を独占する[17]。しかし、卸売企業であるがゆえの制約を、劉は感じていた。上流には大きな交渉力を持つブランドが存在し、もう一方の下流にいるエンドユーザーとは接点がない。彼には最終顧客がいなかったのである。

　2001年、JDは卸売企業から小売企業に転身し、IT業界の蘇寧（スニン／Suning）や国美（グオメイ／Gome）（家電小売の巨大企業）になると決意。2003年には12店舗を持つまでになったが、インターネットとは無縁だった[18]。

　2003年、SARSが大流行し、劉のビジネスはおそらく最悪の時期を迎えていた。客は姿を消し、電子機器の価格が急落。それでも、家賃と賃金を支払わなければならない。生き残りをかけて、商品のオンライン販売を始めるしか道はなかった。そうして社員とともに、主なウェブサイトに自社製品の宣伝情報を投稿するようになる。すると思いがけなく、始めたその日に6件の取引が成立した。

　SARS危機が収束するとJDの実店舗ビジネスは回復し、その後も成長が続いた。おそらくほとんどの普通の事業主は、勝手知ったる実店舗

＊2　多くのIT企業や研究所が集積する地域で、中国のシリコンバレーとも呼ばれる。

ビジネスが回復すれば、そちらに戻って商売を続けるだろう。だが、劉は普通の人とは違う。中国の古いことわざに、「自分で自分を食らわなければ、他の者に食われる」という言葉がある。だが「言うは易し、行うは難し」とはこのことで、臆せず新しいことに挑戦する人はごくわずかだ。現在の事業が順調ならなおさらだろう。

Eコマースのうまみを知った劉は、実店舗を閉鎖して全事業をオンラインに移行することを即決。2004年、JDのオンライン・プラットフォームを立ち上げる。その前年にタオバオが動き出していたが、偽造品が出回ったことでかなりの批判を浴びていた。そこでJDは、純正のライセンス製品のみを販売すると発表する。2005年、JDは圧倒的な品揃えでデジタル製品の販売を開始。2007年に投資ファンドの今日資本（キャピタル・トゥデイ）から1000万ドルの最初の出資を受け、2008年にはさらに2100万ドル相当の資金を調達した[19]。

デジタル製品で終わらない──ネット書籍販売が重要な理由

十分な資金援助を受けたJDは、取扱商品を増やしていく。2010年のネット書店市場への参入は、その重要な一歩だった。消費者がデジタル製品を購入するのは、せいぜい年に1回程度。だが、本なら年に数回購入される傾向がある。JDが本の販売を開始すると、当時その業界でトップを走っていたダンダンとの真っ向勝負になった。こうして、書籍販売戦争の種がまかれる。

JDは書籍事業を小さく始めた。ダンダンは、JDへの供給を絶って同社を市場から完全に締め出そうと考え、ダンダンかJDのどちらかを選ぶよう出版社に迫った。ダンダンとの取引を望む出版社は、JDに本を卸すのをやめなければならない。JDは反撃に出る。ダンダンのニューヨーク証券取引所への上場を受け、2010年11月、劉は中国版ツイッターのウェイボー（Weibo／微博）で、ダンダンのCEO李国慶に公然と戦いを挑んだ。「JDが売る本はすべて、ライバル（ダンダン）よりも

20%お安くします！」[20]

　実際にEコマースの競争では、JDのネット書店市場進出を阻むためにダンダンがとった戦法が使われることが珍しくない。2021年4月10日、中国国家市場監督管理総局は、中国のオンライン小売プラットフォームサービスでのアリババの独占的行為に対し、約28億ドルの行政処罰を課している。

　「裸足の農民はブランド靴を履く人々を恐れない」——JDとダンダンの戦いは、後年そんな風に語られることになる。農民役がJDだ。JDの主力事業と主な収益源はデジタル製品で、本が占める割合はごくわずかだった。同社は本の販売で出た損失を、デジタル製品からの利益で補填した。一方、書籍販売に大きく依存するダンダンは、JDとの争いを警戒していた。JDの戦略は直球勝負で、「200人が自滅しても1000人の敵を殺す」と言ってはばからなかった。

　JDは2011年4月、PE（プライベートエクイティ）ファンドの第5ラウンドで15億ドル[21]を調達。一方、ダンダンは2010年に新規株式公開（IPO）で2億7200万ドル[22]を調達した。「（JDは）今後5年間、書籍販売で利益を出そうと思っていません」と劉は豪語している[23]。だが、対する李は長期におよぶ価格競争を望んでおらず、2012年にはJDが明らかに競争で一歩前に出る。本の売上の3～4割は、新規顧客から得たものだった[24]。JDは本の販売によって（損をすることがあっても）サイトの敷居を下げて新規ユーザーが入りやすくし、あらゆるジャンルの商品を取り扱う総合プラットフォームの開発に向けた重要な一歩を踏み出していたのである。

「家電」という新たなカテゴリーに挑むJD

　ダンダンは市場シェアを減らし、中国ECプラットフォームのトップ層から徐々に転落していった。2016年、ダンダンは株式市場から上場廃止となる。

劉は価格競争を楽しんでいるかに見えた。彼の次なるターゲットは、中国の家電チェーン店を複占する蘇寧と国美だった。書籍販売の仕事は比較的やりやすい。たいてい商品は低価格で規格化されているため、人々はオンラインでの購入に慣れている。だが、家電販売ではまったく事情が異なる。また、中国の家電チェーン市場は、蘇寧と国美に牛耳られていた。消費者のそばには彼らの店舗があったし、高額商品の家電は実物を見てから購入したいと考える人が多い。それでも劉は次の戦いを恐れず、家電分野への進出を決めた。

　彼はウェイボーで、「JDは次の3年間、家電部門からの利益はゼロで構いません」とつぶやき、さらに「国美と蘇寧よりも10%値下げします」と宣戦布告[25]。その後、JDは売上を伸ばし、事業が急成長した。

　JDがダンダン、国美、蘇寧を相手に大胆な価格競争をしかけることができた背景には、同社の物流システムという大きな理由があった。

未来の成功のカギとなった「自社開発の物流」

　劉が下した最も戦略的な決断の1つが、2007年の自社内物流システムの構築だろう。倉庫、配送施設、完全自社運営の配送チームをはじめとする自社開発のシステムだ。この決定はほとんど支持されなかったが、後に魔法の武器となる。2007年当時、JDの取引の多くは代金引換で行われており、顧客からの苦情の7割以上がサービスと配送に関するものだった[26]。第三者の物流会社を利用していては、解決できない問題もある。そこでJDは独自の物流ススステムを構築。その結果、サービスの質が大幅に改善され、配送スピードも向上した。JDは自社システムの対象地域では翌日配送を完全保証し、全配送のうち半分が同日中に行われるようになる。返品（Eコマースでは最も痛みをともなう要素の1つ）も簡単になり、購入者は不要な商品を翌日――あるいは同日にも――返品できた。

　自社構築の物流システムを持つもう1つのメリット、特に価格競争

において有利になったのが、コストの安さである。効率のよい物流システムは、JDに対するロイヤルティの向上にも役立った。人々は買った商品を待たされるのを嫌う。そのため多くの顧客が、優れた配送サービスを理由にJDを選んだ。

2017年4月、JDロジスティクス（京東物流）はスピンオフされ、JDの完全子会社となる。同社はJDへのサービスに加え、他の顧客にもサービスを提供できるようになった。

2019年の終わりまでに、JDロジスティクスは、中国国内の配送インフラとして700以上の倉庫と約1万の配送拠点を持ち、国内のほぼ全域をカバー。中国の全人口の99％にサービスを提供した[27]。物流については、第2章で詳述する。

JDの拡大と価格競争に学ぶ重要なポイントは、次の3つである。

1. プラットフォームのカテゴリーか、消費者のスティッキネス[*1]か

JDが提供する商品の幅を広げたときに劉が想像したのは、消費者はダンダンで本を、JDで電子機器を、タオバオで服を買うのではなく、1つのプラットフォームで複数のものを購入したいのではないかということだった。単一カテゴリーのプラットフォームは、総合的なカテゴリーや複数のカテゴリーを持つプラットフォームに最後は負ける。アマゾンの成長を見れば、この点は明らかだ。

中国Eコマース企業トップ3のタオバオ、JD、ピンドゥオドゥオ（拼多多）は、いずれも複数のカテゴリーを扱うプラットフォームである。ダンダンや唯品会（VIP.com）などのプラットフォームは、初期の頃は短期的な成功を享受していた。だが、製品のカテゴリーを広げられず、最終的には伸び悩んで取り残されている。2016年、JDは米小売最大手のウォルマートと緊密な戦略的提携契約を結び、総合プラットフォームとしての地位を確かなものにした。

---

*1 顧客の囲い込みとエンゲージメント

2. 競争か、「堀」（コアコンピタンス）か

　JD の「堀」（競合企業を締め出すもの）は、表面的には物流システムのように見える。だが本質的には、彼らの堀はユーザーエクスペリエンスである。タオバオが成功したのは、オンラインショッピングにともなう信頼性の問題を解決したからだ。一方、JD はサプライチェーンに注目し、配送スピードや品質、アフターサービスを改善した。タオバオと JD はどちらも消費者の問題を取り除いたのだ。そして JD は間違いなく、中国の消費者のオンラインショッピング体験を再解釈した。自社の物流システムを持つことで、買い物前の在庫確認から買い物後の配送、アフターセールスの返品や交換までの消費者体験を追跡・管理できるようになり、EC サービス全体の質を新たな水準へと引き上げたのである。また、E コマースが盛んになるほど、規模の経済と範囲の経済[*1]によって全体コストはさらに下がる。タオバオも消費者体験における物流の重要性に気づき、2013 年にはアリババグループの物流関連会社 Cainiao（ツァイニャオ／菜鳥網絡）の設立に大きな役割を果たしている。JD の自社構築モデルと形は違うが、Cainiao が目指したのも消費者体験の向上だった。

　堀がないまま競争にさらされた企業は無防備だ。ダンダンは中国で最も初期に設立された B2C 取引企業だったが、独自の堀を築くことができず、サプライヤーとの関係が安定しなかった。JD が価格競争をしかけたときのダンダンの対応は場当たり的で、熟慮されたものではなかった。低価格、効率の良い物流、より良いサービスを提供する JD で本などの商品を買えるとしたら、消費者がダンダンで買い物をする理由があるだろうか？

3. 価格競争か、ビジネスモデルの改善か

　価格競争は、トラフィック（アクセス数）と顧客の獲得という明

＊1　事業規模の拡大によって生産や販売の単位あたりのコストが下がり、収益性が高まること。

確な目的のもとに行われるマーケティング戦争である。企業にとって価格競争は過酷になる可能性があるため、すぐに決着がつく見込みがないならやらないほうがいい。短期間の価格競争でライバルをつぶせなければ、結果はかならず共倒れの状況になる。劉の価格競争では、まずソーシャルメディアを利用して世間の注目を集め、それから自社にとって重要性の低い商品ラインで相手の主力事業を攻撃している。価格競争をしかけるたびに、JD のオンライントラフィックは増加した。しかし、なぜ彼にはそこまでの自信があったのだろうか？　ダンダンとの戦いは、単一カテゴリーに対する複数カテゴリーモデルの勝利であった。そして、国美と蘇寧との戦いは、オンラインとオフラインの対決だった。劉は家電の未来はオンラインにあると確信していたが、それを消費者にも納得してもらわなければならない。そこで、2 強の既存企業との戦いの後ろ盾として、補助金を利用した。これは中国ではよく使われる戦法だ。DiDi がタクシーのオンライン配車サービスを始めたときも、乗客とドライバーの両方に補助金を投入して事業を築いている。劉は（補助金を戦略的に使い）新たに開発したモデルが、自らが壊した実店舗型の旧モデルよりも効率的ではるかに優れているとわかっていた。また、複数カテゴリーのモデルは、単一カテゴリーのモデルよりも有効だと信じていた。だから、価格競争を戦う自信があったのだ。

B2C──JD とアリババの小売対決第 1 ラウンド

　JD が B2C で好調の波に乗っていた頃、誰もが認める C2C のリーダーであるアリババも、ただじっとしていたわけではなかった。タオバオが B2C 参入を決めた本当の理由は誰も知らない。タオバオは好調だったが、C2C ではそこまでの利益が出ていなかったのかもしれない。だが B2C の領域なら、人気のブランド商品を取り込むことで利益を増やせる可能性がある。いずれにせよ、アリババのプラットフォームには

すでに十分な数の顧客がいた。その顧客を企業とつながない手はない。

2008年、馬雲はタオバオモールの設立を発表し、予想どおりB2Cに正式に参入する。だが、タオバオの立ち位置が低価格指向だったことから、当初は多くの有名ブランドがタオバオモールでの商品の販売を躊躇していた。ブレイクスルーが起きたのは、馬雲が杭州から上海に出張し、ユニクロの柳井正社長に会ったときだ。2009年4月、ユニクロはタオバオモールに出店した初の海外アパレルブランドとなり、ほどなく月間150万ドルの販売実績を達成する[28]。これに続き、レノボ、ジャック＆ジョーンズ、李寧（リーニン／Li-Ning）などのブランドが参加。2012年、タオバオモールは「Tmall（天猫）」へと名前を正式に変更した。

活発な競争と巨大インターネット企業の興亡の結果、中国のEコマース部門は急速に発展する。2007年から2013年の間の年間成長率は、平均50％だった（100％を上回った年もある）。2013年、中国のオンライン小売市場の取引高は3120億ドルに達し、米国をしのぐ世界最大の単一市場となる[29]。

2014年9月、アリババは米国で上場。米国史上最大のIPOとなり、アリババの市場価値は2000億ドル[30]を超えた。2014年5月22日にはJDもナスダック上場に成功し、市場価値がおよそ300億ドル[31]に達している。2019年、Tmallは中国B2C取引市場の53.5％を占め、片やJDは27.8％を占有した。この巨大企業2社を合わせて、世界最大のEコマース市場の80％以上を獲得している[32]。

現時点では、参加者がひしめく市場を2大企業が独占しており、中国市場はもはや完成していると見るのが当然の帰結だろう。だが中国には、見かけどおりのものなどない。長期にわたる安定も、もちろん存在しない。たとえば、唯品会（VIP.com）や小紅書（RED）、ネットイースなど多くの企業が、特定の分野に特化した垂直型プラットフォームへの参入を始めている。

もう1つのネット大手テンセント（Tencent／騰訊）も、アリババとJDが戦利品を分け合っているのを黙って見ているはずがない。2005年9月にテンセントはC2Cプラットフォーム、パイパイ（PaiPai／拍拍）

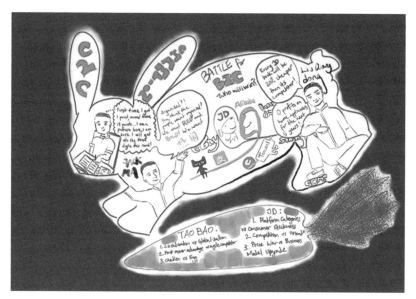

中国のEコマース（イラスト：アスペン・ワン）

を立ち上げたが、これは成功しなかった。そのときにはすでに、ゲームや社交なら QQ、買い物ならタオバオといった習慣が、中国のインターネットユーザーの間にできあがっていたのだ。その後、アリペイが WeChat（微信）と相手の土俵で張り合おうとするも失敗している。2014 年、テンセントは自ら EC プラットフォームを立ち上げることをあきらめ、代わりに上場を控えた JD との戦略的提携に合意。同年 3 月、JD に対し、自社の E コマース事業であるパイパイ、QQ ワンゴウ（QQ 網購）、イーシン（Yixun ／易迅）の株式の譲渡と現金の支払いを済ませ、JD の株式 15％を取得した。JD はこの頃から、他社に持ち株を大きく分配し始めている。2016 年 6 月には、ウォルマートが同社の中国 E コマース事業イーハオディアン（Yihaodian ／ 1 号店）を JD に売却。対価として 15 億ドル相当の JD 株 5.9％を取得し、その後さらに持ち分を12％以上に増やした[33]。

本章のまとめ

　本章では、中国ニューリテールの基礎をなす1つ目の柱である、1990年代後半に始まったEコマースの目覚ましい発展について説明した。ここでいくつかの重要なポイントを要約し、グローバル経営者や意思決定者の判断材料につなげたい。

1. 中国Eコマースの台頭を促したのは、馬雲や劉強東などの一握りのインターネット起業家だった。彼らは自らが所有する企業の創業者であり、そのビジネスを完全に掌握している。どこまでのリスクを引き受けるかを決めるのに、取締役会の承認を必要としない。だからこそ馬雲は、最初の10年はタオバオから利益が出なくてもいいという決断ができた。劉強東は蘇寧や国美と戦うために、消費者と家電メーカーの両方に補助金を使うことをためらわなかった。立ち上げ段階のアクセス数を増やすために、インセンティブとして補助金を使うことの重要性を2人とも理解している。こうした決断をするためには、グローバル企業の経営者はいくつものハードルを越える必要があり、キャリアに傷がつく可能性もある。馬雲と劉強東は長い時間軸で戦っている。ジェフ・ベゾス[*1]もそうだ。

　　私たちはよく損益を問題にする。だが、おそらくそれ以上に重要なのは、自社のリスク許容度と覚悟できる損失の大きさを問うことである。

2. 多くの評者の中国に対する評価とは異なり、中国内外の企業にとってEコマースの競争条件はかなり平等だ。eBay対タオバオ、ダンダン対JDの対決からも、競争が非常に活発な市場であることがはっきりと見てとれる。

　　そこで次の疑問が生まれる。「この極めて競争が激しい市場で、

＊1　米アマゾン・ドット・コムの創業者。2021年7月に最高経営責任者（CEO）を退任した。

どのように差別化を図るのか？」

3. 中国のEコマースは非常にダイナミックだ。新たな企業が登場し、旧来の企業に取って代わる。古い企業が自己改革を試みることもある。さらにEコマースは、書籍のような従来からある商品カテゴリーを超えて急速に発展した。

　実際に問題となるのは、Eコマースのどの業界あるいは部門に参戦するのかということである。著者の考えでは、経営者はこう問うべきだ。「Eコマースの空間にいわゆる業界の境界のようなものは存在するのか？」。この問いへの答えいかんで、自社のビジネスの長期的なとらえ方が変わってくる。

　Eコマースは、まぎれもなくニューリテールの基盤である。無数の手段で買い手と売り手をつなぐプラットフォームが、ニューリテールの概念を活かせるようなタッチポイントを生んでいる。また、Eコマースのブームは、高速配送という革命をもたらした。高速配送は物流の一部として、Eコマースの成功に不可欠な存在となっている。中国で進む物流の変化と相まって、高速配送がニューリテールの基盤を築いている。

高速配送の広がり
小売業界の陰の立役者

　中国の十二支にまつわる言い伝えの１つに、玉皇大帝[*1]が動物を選ぶ際に、人の役に立つかどうかを基準にしたという話がある。牛は土地を耕すのに向いている、犬は門番をしてくれる、龍は雨を降らせることができる、といった具合だ。しかし、ケンカ好きの雄鶏には、これといった取り柄もない。そこで干支に選ばれるよう、雄鶏の王はその美しい声で朝方に人々を目覚めさせようと思い立つ。雄鶏の王は、毎日明け方きっかり同じ時間に早起きし、人々に新しい一日の始まりを告げた。雄鶏は仕事ぶりを認められ、十二支の動物の仲間入りを果たしたが、それでも敬意を払われているとは言い難い。雄鶏を引き合いに出している中国語の成句のほとんどが、賛辞とは言えないものだ。たとえば、とるに足らないもののことを、「鶏の毛とにんにくの皮（鶏毛蒜皮）」と呼んだりする。

　1993 年は、図らずも酉年（とり）だった。この年、これまでにない仕事、新しい職業が出現する。日の当たらない仕事ではあるが、中国全土で盛んになった。2019 年までに約 500 万人がこの仕事に就き[1]、中国の生産年齢人口（16 〜 59 歳）の 0.6％ほどを占めている[2]。毎日、雄鶏のように早起きし、町から町へと荷物を運ぶ。いささか単純作業にも見えるその仕事を、ちょっと「鶏の毛とにんにくの皮」のようだと思う人もいる

[*1] 天界を支配する道教の最高神。

かもしれない。だが、E コマースが生活のあらゆる側面に浸透する中国社会において、配達員はなくてはならない存在だ。2020 年のコロナ禍にも、彼らは仕事を止めなかった。在宅を余儀なくされた人々に食品と日用品を届け、ライフラインとなった。中国の人々は親しみを込めて、配達員のことを「快逓小哥」(「宅配少年」、「宅配兄弟」の意) と呼ぶ。

宅配業界の進化

1993 年、日本での留学を終えて帰国後間もない陳平 (チェン・ピン) が、北京に ZJS エクスプレス (宅急送) を設立した。浙江省桐廬県出身の聶騰飛 (ニエ・タンフェイ) は杭州で STO エクスプレス (申通快逓) を、そして香港人の王衛 (ワン・ウェイ) は広東省で SF エクスプレス (順豊速運) を創業した。

なぜ、1993 年なのだろうか。これは偶然ではない。1992 年、当時の最高指導者だった鄧小平は、中国南部の大規模な視察を行い、中国「改革開放」政策*2 の推進を訴えた。1989 年の天安門事件から 3 年、これが重要なメッセージとなった。鄧小平という後ろ盾を得て、民間の中国企業が続々と立ち上がり、さまざまな契約書や書類、請求書といった小口貨物の宅配便に対する需要が急増したのである。

1980 年代には、世界 4 大物流企業の UPS (ユナイテッド・パーセル・サービス)、フェデックス (FedEx)、DHL、TNT エクスプレスが中国市場に進出。しかし、同国の政策上の制約から、提供できるのは国際業務に限られていた。2010 年、DHL、フェデックス、UPS の各社は、ようやく中国国内での事業許可を取得し、手紙を除く荷物の取り扱いが認められる [3]。だがそのときには、地元中国の宅配企業の間で高まりつつあった競争が激化しており、外国企業はそのまま国際ビジネスに軸足を

＊2　1978 年に鄧小平政権が打ち出した経済政策。経済特別区の設置や人民公社の解体、海外資本の導入などにより、市場経済への移行が図られた。

置くことになった。2019年、中国の宅配市場における外資物流企業の
シェアは0.4%ほどで、事業収益に占める割合は4.9%だった[4]。

　国有企業の中国郵政（チャイナポスト）も、1980年に速達サービスを
扱う子会社、速逓物流（EMS）を立ち上げている。だが、国有の機関で
あることが足かせとなり、破竹の勢いで成長する市場の需要になかなか
追いつけなかった。これが民間部門の起業家にチャンスをもたらす。

王衛とSFエクスプレス

　SFエクスプレスの創業者である王衛は、1971年に上海で生まれ、7
歳のときに両親とともに香港に移住した。高校卒業後は大学に進学せず、
叔父の工場で下働きをする道を選ぶ。広東省の順徳で国境を越える仕事
をしたとき、王は香港の顧客に見本を届けるのがどれほど面倒かを知る。
1980年代には多くの香港企業が、香港への輸出品を製造する工場を広
東省に立ち上げ、その結果、この2地点の間で商品輸送の需要が高まっ
た。人々は国境をはさんで向かいの深セン市から香港まで商品となる荷
物を運び、手っ取り早くお金を稼いだ。確かなことは不明だが、王もそ
の1人だったのかもしれない。何はともあれ1993年、22歳の若者は
このチャンスに飛びつき、約1.7億ドル[5]で順徳にSFエクスプレスを
設立する。

　SFが初期の頃にやっていたビジネスの流れは比較的単純だった。注
文を受けたら配達員が送り主から荷物を回収し、直接香港に運ぶ。政府
の監視の目が行き届かず、規制されていないグレーゾーンでの取引だっ
たため、始めるのはさほど難しくなかった。競争が激しく、SFと他の
宅配企業との間に特段違いもなかったが、事業は順調だった。だが、王
は悩んだ末に、迅速配送の約束を守りつつ、料金を3割引き下げるこ
とを決断する[6]。この戦略が中小企業の新たなグループを引き寄せ、事
業は軌道に乗った。同時に、王は配送プロセスの合理化にも着手し、商
品をまとめて配送するよう要求。SFをミドルエンドからハイエンドの

宅配業者と位置付け、小包の迅速配送に注力した。結果として低価格作戦が大成功し、1997年には順徳から香港行きの荷物の7割をSFが運ぶようになる[7]。

　1996年、SFエクスプレスは、そのビジネスモデルを広東省から中国全土に広げ始める。中国で初期にできた宅配企業は、どの会社もフランチャイズを事業拡大の手段に選んだ。わずかなコストで宅配ネットワークを築いて迅速に拡大できるからだ。SFもフランチャイズの利用を試みたが、明らかなデメリットがあった。フランチャイズ加盟店が顧客基盤を管理していたため、サービスの質にばらつきが出たのだ。王はサービスの質の追求とビジネスの専門化を強く望んでいたが、加盟店側は儲けを出せればそれでよかった。特定の会社に尽くそうという忠誠心は、そこにはなかったのである。この問題を解決しようと、王はトップダウン型の直営モデルの採用を決める。だが、当然ながら加盟店には受け入れられなかった。強い抵抗にあいながらも、1999年、王は計画を断行する。事態は険悪となり、一時は王が殺されそうになっているという噂が流れた。以来、彼には数人のボディーガードがついている[8]。

　その後3年間で、王はSFをフランチャイズから直営モデルに転換し、ネットワーク全体のすべての支配権を握る。標準化された経営、ブランド構築、プロセス全体の管理を実行するには、完全な統制が不可欠だった。2002年、同社は深セン市福田区に本社を構え、そこから北上して、上海、北京、はるか北東部へとエリアを拡大。こうして少しずつ、中国全土に宅配ネットワークを広げていった。

　SFエクスプレスは、市場区分ではミドルエンドからハイエンドの位置にいた。主力事業は、手紙や書類などの価値の高い小口貨物だ。顧客の大半が法人で、彼らは概して料金よりもスピード重視であることに王は気づく。2003年、中国大陸にSARSがまん延し、投資家は慎重姿勢を強めていた。そのさなか、SFエクスプレスは航空運賃の下落に乗じて、揚子江快運航空（現・金鵬航空）と航空機のリース契約を結び、航空貨物サービスを提供する中国初の民間宅配会社となる。裏では、同業他社が依然として価格競争に陥っていた。2010年に、SFエクスプレスは

最初の自家用機を購入。2019年には、合計71機の貨物輸送機を擁する中国最大の貨物航空会社になった。今では空輸による配送が、SFエクスプレスの取扱実績全体の18%を占める[9]。

　ミドルエンドからハイエンドの市場をターゲットとし、荷物をリアルタイムで追跡できる最先端の携帯情報端末を購入し、自家用機を保有し、高学歴のスタッフを採用し、ライバル企業よりも高い給与を支払い、業務を完全に掌握する——その一つひとつが、最速の配達と最低の苦情率というSFエクスプレスの長年の実績を維持する力になった。市場で独占的な地位を手にしたSFは、中国で最も高い料金を設定するようになる。SFエクスプレスの「迅速、正確、安全」という約束は業界標準になった。注文あたりの平均利益は約3.15ドル[10]で、全国平均の約1.7ドル[11]をはるかに上回る。

桐廬の宅配企業とEコマース

　中国の宅配業界について語るときに、触れないわけにはいかない特別な場所が1つある。浙江省の桐廬県だ。「宅配のふるさと」として知られ、中国の民間宅配企業の上位10社のうち5社——STOエクスプレス、ZTOエクスプレス、YTOエクスプレス、HTOエクスプレス（後のベストエクスプレス）、ユンダーエクスプレス——の創業者が桐廬の出身である。これら5社の主要な従業員にも桐廬出身者が多い。

　ある業界の企業群がすべて同じ地域に存在するというのは、おそらく中国特有の興味深い現象だ。同様に、ある業界の企業の創業者がみんな同郷というのも珍しい。桐廬の宅配企業のほかにも、湖南省の新化県に注目すべきグループがいる。中国国内の印刷・コピー店のオーナーは、ほとんどが新化県出身である。革靴についても、同じく浙江省の温州市の出身者がその7割を生産している[12]。医療部門では、民間病院の8割を福建省莆田市出身の人々が所有・経営し[13]、湖南省益陽市は「バドミントンのふるさと」として、少なくとも5人の世界チャンピオンを輩

出している[14]。

　この好奇心をそそる現象の背後には何があるのだろうか？　1980年代の初頭、中国「改革開放」政策の初期の頃には、業界のノウハウについて情報を広めたり、市場にアクセスしたりする際は、友人や家族などの少数のグループで行うよう制限されることが多かった。また同じ地域の住民同士で、情報だけでなく資金調達の機会を分け合ったり、同じ中心人物が関わったりする傾向があった。誰かがあるビジネスモデルを実践して成功すると、同じ地域に暮らす他の人々もそれを真似ることはよくある。これは特に、労働集約的で参入の敷居が低い製造業やサービス業に多かった。

　SFエクスプレスの創業当時、長江デルタ地域（上海市、江蘇省、浙江省を含む）では国際貿易が盛んだった。ただ、1つ問題があった。杭州から輸出する商品については上海で関税の申告が必要で、その税関申告を所定の時間（通常は24時間）内に終えなければならなかったのだ。国営のEMSが税関申告サービスを提供していたが、早くても3日はかかる。しかし、杭州を夜の9時頃に出発し、翌朝4時に上海に到着する列車のダイヤがちょうど1つあった。各駅停車で時間のかかる列車だったが運賃は安く、往復で約30元（約600円）。クライアントが税関申告サービスに100元（約2000円）を支払った場合、人件費などの諸経費を差し引く前の粗利は12.1ドルになる。この利益を元手に、1993年、聶騰飛は杭州でSTOエクスプレスを立ち上げた。

　STOエクスプレスは急速に成長し、聶の妻の陳小英（チェン・シャオイン）、弟の聶騰雲（ニエ・タンユン）、義兄の陳徳軍（チェン・デジュン）がそろって同社に加わった。悲しいことに、聶騰飛は1998年に交通事故で亡くなり、陳小英と陳徳軍がSTOエクスプレスの後継となる。1999年には聶騰飛の弟の聶騰雲が、ユンダーエクスプレスを創業した。STOエクスプレスで会計の仕事をしていた張小娟（ジャン・シャオジュエン）も、陳徳軍の同級生だった。彼女は材木業をしていた夫の喩渭蛟（ユー・ウェイジアオ）を説得し、宅配業界に転向させて、2000年にYTOエクスプレスを設立する。喩渭蛟の同級生だった頼梅松

（ライ・メイソン）は、多くの知人が宅配業を始めるのを見て、2002 年に ZTO エクスプレスの創業を決意する。2005 年には、やはり桐盧出身の徐建栄（シュー・ジェンロン）も、食肉加工業をたたんで HTO エクスプレスを買収。正式に宅配業界に参入した。

　人々は STO（申通快逓）、ZTO（中通快逓）、YTO（円通速逓）、HTO（彙通快運、ベストエクスプレス）、ユンダー（韻達快逓）を、「四通一達（スートンイーダー）」と呼ぶ。親戚は親戚の後を追い、友人は友人の後を追い、同級生は同級生の後を追って、多くの桐盧出身者が宅配企業を興したというわけだ。大半の者はあまり教育を受けていなかったが、中国大陸を席巻する E コマースブームの時流に乗り、5 社で市場の半分を奪っている（**図表 2.1**）。

図表 2.1　桐盧 5 大宅配企業の関係

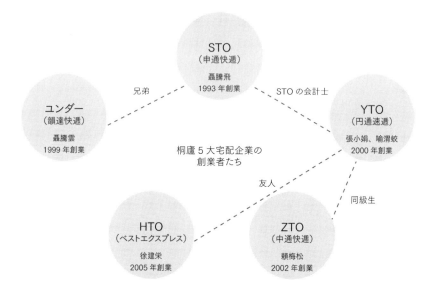

桐廬5大宅配企業とSF──異なるビジネスモデル

「四通一達」の経営は、SFエクスプレスとは異なる。彼らは低価格を売りに、フランチャイズ加盟店を利用して急速に拡大した。多くの加盟店が1社以上の宅配企業にサービスを提供していたため、これらの企業の間で激しい争いがあった。配達が遅いと多くの苦情が寄せられ、紛失する荷物や破損する荷物が他と比べて多かった。スピードと信頼性を重視するハイエンドの法人市場では、SFほど競争力がない。それでも桐廬宅配5社は、上げ潮のEコマースから流れる拡大の波にうまく乗った。歯磨き粉やシャンプーなどの数百円で買える日用品や10ドルほどの服をネットで購入する人々にとっては、スピードよりも送料のほうが重要だったのである。

2003年に始まったアリババのタオバオ（Taobao／淘宝網）事業が飛躍的な成長を続ける中、馬雲は宅配企業との協業関係を模索し始める。最初に打診した国営の中国郵政は、タオバオには価格設定が高すぎた。そこでチャンスをつかんだのが、YTOエクスプレス創業者の喩渭蛟だ。喩はタオバオに協力するため、価格をさらに引き下げた。YTOの省間配送料は18元（約360円）ほどだったが、最終的に12元（約240円）にした。省内の料金も、15元（約300円）から8元（約160円）に値下げした[15]。2006年、馬雲が喩との提携契約に署名すると、他の「四通一達」企業もすぐ後に続いた。Eコマースの爆発的成長とともに、宅配業界は急ピッチの成長期に突入する。2008年には中国の宅配ビジネスの3分の1がオンラインショッピングから生まれ、2018年にはこれが78%に跳ね上がった[16]。

Eコマース市場が活況に沸く中、SFエクスプレスは桐廬5大宅配企業との厳しい競争にさらされる。2013年、SFはプライスマッチ[*1]による普通荷物の4割引でこれに応戦。翌年、Eコマースから

＊1　他店が同じ商品をさらに安値で売っていると客が申請した場合に、同額かそれ以下への値引きに応じること。

の SF の収益は増加したが、全体として粗利率が犠牲になった。SF エクスプレスは 2018 年、フランチャイズモデルの新ブランド「SXJD フリート」を立ち上げている。

2016 年は、中国の宅配企業にとって IPO の 1 年となる。2016 年 10 月、YTO エクスプレスが、時価総額 140 億ドルで上場 [17]。同月、ZTO エクスプレスはニューヨーク証券取引所に上場し、時価総額が 134 億ドルを超えた [18]。12 月末には STO エクスプレスが時価総額 43.2 億ドルで [19]、2017 年 1 月にはユンダーが時価総額 70.9 億ドルで上場した [20]。そして 2017 年 2 月、SF が時価総額 334 億ドルで上場する（**図表 2.2**）[21]。

ZJS エクスプレスは、宅配ビジネスの先駆けとなった 3 社のうちの 1 社で、幸先の良いスタートを切ったものの、後年勢いを失った。ガバナンスの構造に問題があったとみられる。やがて ZJS エクスプレスは、同部門のトップ層から転落する [22]。

E コマースに引っ張られ、中国の宅配業界は発展の一途をたどった。2014 年の取扱実績は合計 140 億個にのぼり、米国を超えて世界最大になる [23]。2018 年には、中国が世界の小口宅配市場の半分以上を占めた [24]。また、その規模によってコストが下がり、宅配便の平均単価が 2007 年の 1 個 28.5 元（約 570 円）から、2019 年には 1 個 11.8 元（約 236 円）まで落ちた。SF エクスプレスの料金は 21.93 元（約 438 円）と現在も高めだが、同社も値下げを始めている [25]。

図表 2.2　宅配企業の IPO

IPO の年	2016	2016	2016	2017	2017
企業	YTO	ZTO	STO	ユンダー	SF
時価総額（億ドル）	140	134	43.2	70.9	334

自社内の物流

　一部の EC プラットフォームは、外部の企業に頼らず、独自の物流システムを構築している。これが多くの利点をもたらした。

　第1章で述べたように、JD がそのうちの1社だ。JD で顧客が買い物をすると、システムが注文を自動的に処理して、該当する在庫のある倉庫を特定する。そして、注文内容と商品に間違いがないことを梱包スタッフが確認できるように、バーコードと出荷ラベルを自動生成する。ピッキング、梱包、仕分けが完了した注文品は、顧客の町の配送拠点か集荷拠点に送られる。別の倉庫からの商品が注文に含まれる場合は、商品をそろえて1つの荷物にして配送する。注文品が発送されると、システムが各商品の在庫量を自動更新し、必要に応じて追加の在庫品を発注する仕組みになっている。該当する地域のフルフィルメント・センターやフロント・ディストリビューション・センター（FDC）[*1] に在庫がある商品については、午前11時までに受けた注文は当日中、午後11時までに受けた注文は翌日の午後3時までに配送される。顧客は注文する前に商品の受け取り予定日を確認でき、モバイルアプリで配送状況をステップごとに追跡できる。第三者による配送に頼っている他社のプラットフォームでは、ここまでシームレスなプロセスは不可能に近い。

　JD の全国に広がるフルフィルメント・インフラは、中国のすべての E コマース企業の中で最大である[26]。2019年の終わりまでに、JD は7つの主要都市にリージョナル・フルフィルメント・センターを、28 都市に需要の高い商品を保管する FDC を、89 都市に 700 以上の倉庫を設置。中国全土のほぼすべての地域を網羅した[27]。

　このように巨大なインフラの構築にかかる固定費は膨大だが、システムが容量に達しない限り、新規顧客が1人増えた場合のサービス提供にかかる限界費用は微々たるものだ。2017年4月、JD ロジスティクス

[*1]　フルフィルメント・センターは、E コマースで商品の受注から発送、アフターサービスまでの一連の業務を代行する施設。FDC は、地域の配送センターで小分けされた商品をケース商品と組み合わせて得意先に供給する前線の物流センター。

（京東物流）はJDから分離し、倉庫保管、輸送、配達、アフターサービスなどの包括的なサプライチェーン・ソリューションを外部に提供する独立した組織となった。JDロジスティクスは、2018年2月に外部の投資家からおよそ25億ドルを調達[28]。2019年には、物流などのサービスによる収益が2017年の約4倍となる33億7200万ドルに達し、JDの売上全体の4.1%を占めた[29]。

　独自のフルフィルメント・インフラを築いたECプラットフォームは、JDだけではない。蘇寧（スニン／Suning）と唯品会（VIP.com）も自社の物流施設を作っている。蘇寧物流（スニン・ロジスティクス）は2012年に、独立したサードパーティー・ロジスティクス[*1]企業へと転換した。一方、唯品会は2019年後半、コストがかかりすぎることを理由に自社の物流部門を廃止。SFエクスプレスとの戦略的提携を選んでいる[30]。物流業界で生き残るには、規模の効果が極めて重要になる。

　JDのようなECプラットフォームが、外部の顧客にサービスを提供する物流インフラを開放すると、SFなどの独立系宅配企業との真っ向勝負になる。2019年、JDロジスティクスは、売上全体の4割以上を外部のクライアントから獲得した[31]。

宅配×テクノロジー──Cainiaoのスマートロジスティクス

　JDとは異なり、タオバオは第三者のフルフィルメント業者に配送を委託している。その8割近くを桐廬の5社が担っていた。だが、5社への依存度が高まるにつれ、配達の遅さとサービスの質の悪さの問題が顕著になっていった。とりわけ、2009年に初めて行われた「独身の日」のセールでは、これらの宅配企業に取扱量の急増に対する備えがなかった。一部の商品は──セール当日から6週間以上も経過した──年末ま

[*1]　荷主の立場で物流業務の改善を提案し、物流の企画・設計から運営までをトータルで請け負う第三者企業。

で届かず、食品の中には食べられなくなったものもあった。消費者から不満が噴出し、2013年、タオバオの親会社であるアリババは、自らリードしてCainiao（ツァイニャオ／菜鳥網絡）を設立する。「四通一達」もこれに出資し、株式の1%を保有した。

　しかし馬雲は、自社の配達員と配達車両を持つ物流会社を作るのではなく[32]、Cainiaoをデータ主導型の会社にすることにこだわった[33]。Cainiao設立の背景には、インテリジェントロジスティクス[*2]の「基幹ネットワーク」を構築し、ビッグデータを活用して宅配業界のスピード、効率、品質を向上させたいという思いがあった。目指したのは、「全国24時間、全世界72時間での配送」の実現だ[34]。

　Cainiaoが最初に取り組んだのは、宅配企業の請求書の書式をすべて統一することだった。会社によって書式が異なるため、売り手は個々のシステムにアクセスする必要があり、手間がかかっていたのだ。オフラインの紙の請求書が多く、情報を手で記入しなければならないことも、コストがかさむ原因になっていた。紙の請求書だったために、業界のデジタル化も進んでいなかった。2014年5月、Cainiaoは、さまざまな宅配企業や加盟店のシステムをつなぐ標準化された電子請求プラットフォームを立ち上げる。これにより、集荷、積み替え、配送の全工程で必要なすべての情報が標準化された。2015年12月には、物流企業にクラウド型ERP（統合基幹業務）システムの提供を開始。各企業のオペレーティングシステムを、Cainiaoクラウドに完全統合できるようになった。ユンダーエクスプレス、ベストエクスプレス、STOエクスプレス、TTKエクスプレス（天天快逓）の各社は、いずれもCainiaoのクラウドソリューションを導入している。アリババは、Cainiaoを介して宅配企業にサービスを提供する一方で、これらの企業への出資も行っている。2019年の終わりまでに、アリババは桐廬5大宅配企業の大株主の1つとなった。

＊2　複雑化する物流オペレーションにロボットやAIのテクノロジーを取り込み、業務全体の自動化、最適化、効率化を目指す新たな概念。

自社の配達車両を持ったり、配達員を雇用したりすることはなかったが、Cainiao は独自に倉庫を設置した。サプライチェーンを短縮しようと考えたのだ。従来の E コマースのサプライチェーンでは、商品はサプライヤーの倉庫から物流業者の配送センターに送られる。その後、物流業者のネットワークの各段階を通過して、ようやく消費者の玄関先に到着する。この非常に長いサプライチェーンに加え、倉庫が統一されていなかったことが、配達の遅さ、効率の悪さ、サービスの質の低さにつながっていた。2018 年の半ばまでに、Cainiao は 3000 万平方メートル超を網羅する全国的な倉庫ネットワークの構築を完了した[35]。自社で設置した倉庫のほか、コスコ・ロジスティックス（中国遠洋物流）や EMS などの企業との協力によって建設された倉庫もある。

　2015 年、Cainiao は地域のスーパーやコンビニ、自営業の小型店舗と提携関係を結び始めた。集荷・配送場所としてこれらの店舗を利用することで、「最後の 100 メートル」のサービス提供[*1]を改善したのである。こうした地域の店舗は「Cainiao ポスト」と呼ばれ、2019 年末までに 4 万店以上に広がった[36]。

　2013 年 12 月、アリババは、ハイアール・エレクトロニクス（海爾電器集団）の子会社で家電製品に関する配送と設置、サービスを全国に提供する日日順物流（RRS）にも、1 億 8000 万香港ドル（2300 万ドル[37]）を出資した[38]。

　Cainiao が主に目指したのは物流の効率化だったが、サステナビリティ（持続可能性）も重視した。2016 年 6 月、32 の提携企業と共同で Cainiao グリーンアライアンス（菜鳥緑色聯盟）を結成。100％生分解性の梱包材を使用することで、2020 年までにすべての梱包材の半分を再生可能にすると約束している[39]。2017 年 3 月には、中華環境保護基金会（CEPF）、アリババ公益基金会、中国物流企業 6 社とともに、グリーン連盟公益基金を設立した。同基金では、物流およびサプライチェーン

＊1　最寄りの配送拠点から配送先住所への最後の配達を指す。宛先不明や不在による再配達など、受取人に荷物を届けるまでのこの段階に最もコストがかかると言われている。

全般に関するベストプラクティスの研究に、4300万ドルの投資を予定している。特に、商品の梱包、配送車両用クリーンエネルギー、ビッグデータの活用によるリソースの最適化に関するイノベーションを期待しているという[40]。

Cainiaoが築いたインテリジェントロジスティクスの基幹ネットワークは、数年のうちに威力を発揮し始める。国内では、何千もの物流企業がこのネットワークにつながり、4日以上かかっていた宅配の平均時間が2日半に短縮された[41]。1600以上の県で、当日あるいは翌日の配送がスタンダードになった。電子請求書から注文品のインテリジェントな配送、物流の「監視」カメラからインテリジェントな音声アシスタントまで[42]、プラットフォームに導入された数々のテクノロジーが、中国のとてつもなく巨大な物流業界の発展を支える強力な原動力になったのである。国外では、Cainiaoは80社以上のグローバル物流企業と提携し、国境を越えて231の物流倉庫を持ち、224の国と地域をカバーしている。スペイン、オランダ、フランスのほか東南アジア全域で、顧客は72時間以内の配送サービスを享受している[43]。しかし、ここで話は終わらない。Cainiaoは2018年、全国を網羅する「スマート物流基幹ネットワーク」に、5年間で約145億ドルを投資すると発表した[44]。

2019年、中国では宅配便の取扱個数が600億を上回った。これは1人あたり年間40個以上に相当する。1年後の2020年には、その数が800億に達した。Eコマースとそれにともなう物流ネットワークの急速な発展だけが、この目を見張る数字を生んだのではない。インフラに巨額の投資を行った結果の表れでもある。中国の鉄道は主に旅客輸送に使われ、貨物は高速道路で輸送されている。現在、中国全土に15万キロメートルにおよぶ高速道路（時速60〜120キロで走行可能）がある。これは高速道路の累計走行距離としては世界最長で、2位の米国より4万キロも長い[45]。現時点で中国の高速道路は、人口20万人以上のほぼすべての中核都市を網羅している。Eコマースの発展を目指す途上国には、政府によるインフラへの投資が欠かせない。

とはいえ、道路と鉄道という基盤インフラだけで、Eコマースが軌道

に乗るわけではない。それに加えて、物流サービスを提供する企業が必要なのである。SFエクスプレスや「四通一達」などの企業は、文字どおり何百もの宅配企業との競争を勝ち抜き、大きな成功を収めた。これらの企業がとった行動の中に、いくつかの正解があるはずだ。

1. 人口14億人、米国に次いでGDP世界第2位の中国は、広大な国土を持ち、経済発展に大きな地域格差がある。北京や上海、沿岸部各省の多くは先進国に近い生活水準にあるが、中国内陸部と国境地域は大きく後れをとっている。都市部と農村部の経済発展にも明らかな差がある。その市場の巨大さゆえに、次のような異なる経営モデルが宅配業界内に共存している。

   » 1つ目が、SFや桐廬5大宅配企業が選択している第三者による配送モデルである。これらの企業は、ECプラットフォームや他の販売業者、個人にサービスを提供している。
   » 2つ目が、JDや蘇寧が採用している垂直統合型モデルで、所有するECプラットフォームに加えて自社の物流フルフィルメントシステムを持つ。
   » 3つ目のモデルが、アリババのCainiaoだ。すべての関係者をつなぐデジタルインフラと物理的インフラを提供するエコシステムそのもので、業界全体の効率を向上させている。

   第三者によるモデルの中でも、SFは直営型をとっているのに対し、桐廬宅配5社はフランチャイズ型を選択している。フランチャイズモデルの選択いかんにかかわらず、ターゲットとする顧客セグメント、提供する製品やサービス、導入するモデルを戦略的に選ぶことが極めて重要である。これと同じ教訓が、中国のECプラットフォームにも当てはまる。独占的な企業が存在し、もはや発展や拡大の余地がないように見える場合にも、ギャップを見出す方法はかならずある。中国Eコマース業界は絶えず動いている。

中国の物流業界。第三者配送（SFエクスプレス）、垂直統合（蘇寧）、エコシステム強化（Cainiao）の3つの
モデルが描かれている。（イラスト：アスペン・ワン）

2. 配達員500万人の管理——宅配業界は一般に労働集約的である。
   中国には、小包やテイクアウトの食品を運ぶ配達員が500万人以
   上いる。シンガポールの人口とほぼ同じ規模だ。多くの配達員は十
   分な教育を受けておらず、大学に通う機会に恵まれなかった。だが
   彼らは、宅配企業の中で極めて重要な役割を担っている。発送人に
   せよ受取人にせよ、顧客との接点になるのが彼らであり、彼らのパ
   フォーマンスが顧客体験を直接左右するからだ。SFエクスプレス
   とJDロジスティクスは、同じような慣行に従っている。これらの
   企業は自社で配達員を雇い、配達員の収入は集荷と配達を行った荷
   物の数によって決まる。少しでも多く稼ごうと、ほとんどの配達
   員が1日8時間以上働いている。JDで5年以上働いた配達員なら、
   たいてい地元の町にマンションを買うくらいの余裕はある[46]。宅配
   企業は適正な賃金に加え、配達員という職業に対する敬意を浸透

させようと努めている。2016年4月、北京でSFのある配達員が車とわずかに接触した。車の運転手は配達員をののしり、顔を平手打ちした。SF創業者の王衛会長は激怒し、普段は低姿勢の王が自身のWeChat（ウィーチャット／微信）にこうメッセージを投稿する。「すべての友人に宣言する。この問題に関して正義を追求しなければ、私はSFエクスプレスの社長失格だ！」。この配達員は、2017年にSFエクスプレスが深セン証券取引所に上場した際に招かれ、最高の栄誉に浴することになった。周囲からの尊敬と比較的高い収入が、中国の配達員たちのモチベーションになっている。

3. テクノロジーが果たす重要な役割——物流業界の業務の効率化にテクノロジーを利用しているのはCainiaoだけではない。どの大手宅配企業もデジタルトランスフォーメーション（DX）を追求し、ハイテクに投資している。2018年と2019年、SFの研究開発費は営業利益の2.3％を占めた。同社の利益率が通常5〜8％であることを考えると、かなり注目に値する数字だ[47]。対するフェデックスは2000年以降、毎年1〜2％を研究開発に投じている[48]。2014年を境にEコマースの成長が減速すると、2017年まで50％を超えていた宅配業界の成長率も20％ほどに下がった。また、宅配ネットワークのシステムには多くの人手が必要だが、中国では労働力が不足しており、人件費が増大している。宅配企業にとって、次なる競争のステージが技術力にあることははっきりしている。SFやJD、「四通一達」の各社は、すでに独自の配送ロボットやドローンを運用しており、カスタマーサービスのほとんどをAIが担当している。

本章のまとめ

中国ニューリテール革命の基盤となる2つ目の柱が、洗練された形で急速に発展した宅配部門である。成長著しいEコマースの需要に対

応した結果とはいえ、特に中国の規模と多様性を考えれば、これほどのスピードで成長を遂げたことは快挙といえる。物流部門での起業家精神の高まりがなければ、Eコマースに見えた希望が現実になる可能性は極めて低かったと言っていいだろう。まさに宅配企業が基盤を築き、アリババのCainiaoやJDのようなEコマースの巨大企業が、そこにインテリジェンスをプラスした。だが今日の原動力となっているのは、大勢の勤勉な配達員たちだ。

　中国の物流部門の発展は、グローバル経営者や意思決定者に有益な情報を与えてくれる。そこから、次の学びが得られるだろう。

1.　中国の巨大な市場規模にどう立ち向かい、開拓すべきか。
2.　膨大な数の無学な労働者の管理という問題をどう解決するか。
3.　よりインテリジェントな業務遂行にテクノロジーが果たしうる役割。

　ニューリテールを支える最初の2つの柱が、Eコマースと物流によって形成された。次章では、小売革命を加速させた必須要素の1つであり、3つ目の柱となる決済ソリューションについて紹介する。

第三者決済
キャッシュレス社会への移行

　商売熱心なネット通販業者の崔衛平（ツイ・ウェイピン）は、ちょうど日本にいた 2003 年 10 月、中国・西安の買い手との取引で、富士フィルムのデジタルカメラを 750 元 [1]（約 1 万 5000 円）で売ろうとした [2]。当時はタオバオ（Taobao ／淘宝網）ができたばかりで、中国のオンライン取引量はまだごくわずか。オンラインでの支払いに、クレジットカードやデビットカードが使われることはほとんどなかった。日々の買い物の支払いは現金が一般的で、オンラインショッピングは基本的に代金引換――そんな状況にあって、750 元（約 1 万 5000 円）というのは決して小さくない金額だ。互いに面識のない 2 人は取引方法を延々と話し合ったが、解決策が見つからなかった。ところが、10 月 15 日にアリペイ（Alipay ／支付宝）がサービスを開始したことで状況は一変する。アリペイの設計には、組織が資金を預かり保管する「カストディ・モデル [*1]」という仕組みが採用されていた。その支払いプロセスでは、買い手は売り手に直接支払う代わりにアリペイに送金する。そして、買い手が商品の受け取りを確認してはじめて、売り手に代金が振り込まれる。崔の取引は、アリペイの歴史上、初めて成功した決済となった [3]。

＊1　「カストディ」とは、顧客の財産を代理で保管・管理すること。投資家に代わり、有価証券等の信託財産を管理する金融機関を「カストディアン」という。

アリペイ――信頼のカギ

　今では誰もが、アリペイのモデルを当たり前のことのように考えている。しかし、アリペイ以前に、そうしたEコマースの決済ソリューションは世界のどこにも存在しなかった。2003年5月にタオバオがネット上に登場した当時は、ユーザー数がなかなか増えなかった。世間にはEコマースに対する懐疑論があふれ、オンラインでの取引に慎重な人が多かった。商品の発送後に支払われなかったらと案じる売り手と、支払い後に本当に品物が届くのかといぶかる買い手。C2Cのシステムに足りないのは「利用者同士の信頼関係」という決定的な要素――タオバオ創業者の馬雲はそのことにすぐに気づいた。そして、タオバオをさらに大きくしようと思うなら、この問題に正面から向き合わなければならないと確信する。

　当然の流れとして、最初に注目したのがeBayの決済システム、ペイパル（PayPal）だ。結局のところ、eBayが業界の旗手であり、間違いなく最大のライバルだった。ペイパルは便利なオンライン決済システムだったが、この仕組みでは中国のオンライン買い物客が直面する「信頼の欠如」という問題を解決できない。タオバオのチームは、このライバルのソリューションを実際に使ってみただけでなく、ネット掲示板にもアクセスして利用者の声をチェックし、意見を出し合った。こうして積極的な顧客調査と活発な社内議論を続ける中で、徐々にカストディ・モデルの発想へとたどり着く。

　製品設計の観点からいえば、アリペイの決済ソリューションは大きなイノベーションではない。ペイパルはすでに何年もの間、オンライン決済を処理していた。また、早くも17世紀には英国がカストディ・サービスを提供しており、それが長い年月を経て、独立した銀行業務（信託口口座）へと発展していった。銀行が顧客の信託財産を預かる信託口口座では、合意した内容に沿って支払いが行われる。アリペイのモデルは、ペイパルのオンライン決済機能と銀行のカストディ・サービスを組み合わせたものだ。

アリペイの利点は、すぐに明らかになった。似たような商品を提供する販売者が何人かいたら、顧客は当然、商品を受け取れなかった場合の無料保証がある販売者から購入しようと思うだろう。結果として、アリペイを導入する販売者の数はどんどん増えていく。Eコマースに不慣れな多くの買い物客も、この新しい取引サービスのおかげで不安を感じることが少なくなった。売り手と買い手の間に信頼関係がなくても、人々はアリペイを信じた。信頼の問題がひとたび解決すると、タオバオをはじめ中国のEコマース部門全体がまったく新たな成長段階へと突入する。「信頼」に対する認識は、アリペイのDNAにしっかりと刻み込まれた。オンライン決済の問題を解決して満足するのではなく、もう一歩踏み込んで顧客のリスクを最小限にしたい――そう考えたアリペイは、2015年2月、「あなたが払えば、私が払う（妳敢付，我敢賠）」というスローガンをひっさげ、キャンペーンを開始。アリペイを使ったオンライン詐欺の被害に遭った顧客には全額補償する、というものだった。

決済を超えたアリペイアカウント

　アリペイの開始当初は、タオバオの経理部がエクセルを使って取引を記録し、支払いの決済を行っていた。買い手は、中国工商銀行（ICBC）のアリペイ法人口座に入金する。そして買い手が商品の受け取りを確認したら、アリペイがICBCの法人口座から売り手の銀行口座に代金を振り込む。初期の頃は、支払いの処理件数が少なかった。しかし、ビジネスが指数関数的に成長するにつれて作業量は激増する。どうすれば効率を上げて、コストを減らせるか――解決すべき新たな問題が見つかった。

　タオバオはICBCと協議し、両社は電子処理インターフェースの開発に合意する。新システムの立ち上げ後は作業負担が軽減された。アリペイは続けて、十数社の国内商業銀行のオンライン・バンキング・システムと連携する。その結果、タオバオの購入者は、オンライン・バンキ

ングのインターフェースに直接遷移して決済処理を完了できるように
なった。

　だが、コストを削減するには銀行振替の回数を減らすしかない。
2004年の終わり、アリペイは、タオバオの買い物客がアリペイ会員口
座を申請できる会員口座システムをリリース。こうしてアリペイは仮想
口座のシステムを構築する。1人の販売者に複数の支払いがなされる場
合、1件のトランザクションにまとめられるようになったのである。振
替回数が大幅に減ったことで、銀行側の負担も減った。

　この新しい会員口座システムはさらに、思いがけないメリットをもた
らす。会員のアリペイアカウントの残高がプラスだと、取引の頻度が増
えたのである。また、個人口座があるということはつまり——単なる決
済に終わらず——複数の金融サービスも提供できるということだ。さら
に重要なのが、会員の消費傾向や支払い履歴などの情報をビッグデータ
として収集できるようになったことである。これが後に貴重な財産とな
る。

アリペイ対ペイパル（イラスト：アスペン・ワン）

クイック決済への挑戦

　タオバオの取引高は、2005年の10億ドルから、2009年には293億ドルへと急増した。

　これが決済システムに新たな課題を突き付けることになる[4]。決済処理の失敗が多かったのだ。買い物客は支払いの際に、各銀行のオンラインシステムに飛んでいた。だが、銀行ごとにシステムが異なり、手間がかかる。その面倒な決済処理のために、多くの見込み客を失っていた。

　当然これはアリペイにとって受け入れがたいことだった。そこで振り出しに戻って調査を続けた。すると、ほとんどすべての銀行が、公益事業会社の顧客に同様のサービスを提供していることがわかった。公益事業会社が水道料金や電気料金を銀行から自動引き落としする際には、1度の承認で済んでいた。毎回のログインと認証プロセスが不要だったのである。それを知ったアリペイは、銀行への働きかけを開始。そして2010年、ICBC、中国建設銀行（CCB）、中國銀行（BOC）を説得し、クレジットカード利用者は承認・認証を1度取得すればアリペイアカウントに連携できるようにすることで合意した。こうしてアリペイユーザーは、オンライン決済の都度、複雑な認証プロセスを実行する必要がなくなり、携帯電話に送られる認証コードを入力するだけでよくなった。これは「クイック決済」として知られるようになる。クイック決済は決済の成功率を高めただけでなく、その後のモバイル決済機能の開発につながる確かな基盤となった。

　2011年5月、アリペイは6年以上におよぶ社内での試行錯誤を経て、中国人民銀行から第三者決済業務のライセンスを取得した[5]。

命運を賭けたモバイル決済

　2013年までに、中国では携帯電話の利用者全体の43％がスマートフォンユーザーになった。まるで、中国人は一夜でパソコンからモバ

イルに乗り換えたかのようだった。しかし、アリペイはまだ、モバイル革命に臨む態勢が整っていなかった。全社が危機感に包まれていた。2013年の初め、同社はモバイルプラットフォームに「すべて」を賭ける。300人以上の技術者からなるチームを結成し、3カ月間モバイルアプリの開発に明け暮れた。アリペイのバージョン7.0を公開し、続けて2015年には改良版の9.0をリリース。アリペイは、多様なサービスを提供するプラットフォームとしての地位を確立する。アリペイのアプリを使えばユーザーは簡単に位置情報サービス（LBS）に接続でき、タクシーを呼んだり、映画のチケットを購入したり、テイクアウトの食事を注文したり、最寄りのガソリンスタンドを見つけたりできる。アプリのユーザーはアリペイの残高を管理して、マネー・マーケット・ファンド（MMF）などの「理財商品」[1]に投資することもできる。

　モバイルへの移行を決めたことは、先見の明があったと言える。2019年には人口の53%がスマートフォンを使うようになり[6]、決済取引高が総額約50兆ドルに到達。中国はモバイル決済で世界の首位に立つ[7]。2019年の第4四半期、アリペイは中国モバイル決済市場の55.1%を占めた[8]。このモバイル革命が起きなければ、市場の勢力図はまったく違ったものになっていただろう。タオバオとアリペイはライバル企業に抜かれていた可能性もある。

決済ソリューションから、金融サービスプロバイダーへ

　会員口座システムが軌道に乗り、アリペイ会員の合計残高は急速に伸びていた。それでも、クイック決済の仕組みの便利さゆえに、会員は口座の残高を維持することに関心を示さなかった。クイック決済が便利であればあるほど、人々はアリペイアカウントの残高をプラスにしておこうと思わなくなる。アリペイは、クイック決済システムの優れた顧客体験

＊1　中国の金融機関が販売する投資信託などの資産運用商品。高利回りの財テク商品を指す。

を維持しつつ、同時にユーザーのロイヤルティとスティッキネスの向上、つまり顧客の囲い込みとエンゲージメントを実現する必要があった。その方法の1つが、利息の支払いだ。金融サービスはアリペイが温めてきたビジョンの1つであり、そのとっかかりとしては最高だった。

2013年6月、アリペイは投資ファンド会社の天弘基金管理と共同で、これまでにないインターネットファンド「ユエバオ（Yu'ebao／余額宝）」を販売する。ユエバオは、ユーザーがアリペイに預けたお金を、天弘基金が管理するMMFに投資できる商品だ。このファンドの年利は約3.6%[9]で、普通預金の金利0.35%に比べて非常に有利である[10]。最初の10日間で100万人を超えるユーザーから申し込みがあり、2016年までに資産ベースが1054億ドルに達した[11]。

アリペイはほかにも、新たな金融サービスを続けて打ち出している。ユーザーは主にユエバオに投資して利息を稼ぎ、同時に普通預金の柔軟性も享受していた。それだけでなく、投資信託や貴金属、さらには保険証券などの理財商品を購入することもできた。2015年4月には、消費者信用サービス「ファーベイ（花唄／Ant Check Later）」を開始。クレジットスコア[*1]に基づき、ユーザーには500元（約1万円）から5万元（約100万円）の範囲で利用限度額が設定され、最長41日間無利子で後払いができる。ファーベイの利用者の多くは従来の金融機関では対象外とされた人々で、1980年代以降に生まれた世代に特に人気があった。ローンサービスの「ジエベイ（借唄／Ant Cash Now）」もオンラインに登場する。ジエベイのユーザーはクレジットスコアに応じて、1000元（約2万円）から30万元（約600万円）の範囲で、返済期間最長12ヵ月のローンを申し込める。

ユエバオの出現により、もはや問題の焦点は特に決済取引に関することではなくなり、ユーザーのフローとトランザクションをどう活かすかということに移った。サービスの多様化は大切だが、その一方で顧客の囲い込みとエンゲージメントの維持も重要だった。簡単にいえば、お

＊1　購買・返済履歴のデータから算定される信用度

金を使い、お金を管理し、利息を稼ぎ、お金を借りる——そのすべてを、消費者はアリペイという1つのプラットフォームでできるのである。

タオバオだけで終わらないアント・フィナンシャル

2014年10月、アント・フィナンシャル・サービス（螞蟻金融服務集団）が設立された。アリペイのサービスをタオバオ以外の顧客にも提供し、独立した組織として発展させる——これは馬雲が長年温めてきたアイデアだった。

実際には、アリペイは以前からタオバオと分離しており、2004年12月に浙江アリペイ・ネットワーク・テクノロジーの配下に置かれている。2011年、アリババの大株主である米ヤフー（Yahoo!）は、馬雲が株主への説明もなくIPOを前にアリペイ株式を譲渡したとして異議を申し立てた。「Yahoo Inc. は、中国アリババグループが傘下のオンライン決済会社の所有権を、アリババCEOの馬雲が管理する新会社に譲渡したことを明らかにした」[12]。譲渡によって、馬雲とアリババの他の共同創業者、初期の従業員たちが、アント・フィナンシャルの株式の76％を所有[13]。アリババはアント・フィナンシャルを直接保有せず、共同創業者の保有株式を通じて間接的に関わる形をとった[*2]。

アリペイとユエバオはともに、アント・フィナンシャルが手がける事業だ。アント・フィナンシャルは、消費者ローンのジエベイ、クラウドファンディングの「アンツダック（螞蟻達客）」、ウェルスマネジメントの「アント・フォーチュン（螞蟻財富）」、金融機関向けクラウドサービスを提供する「アント・フィナンシャルクラウド（螞蟻金融雲）」など、数々の新しい金融商品を市場に出した。アント・フィナンシャルとその傘下にあるアリペイは、国内だけでなく、インドや韓国、タイ、フィリピンなどの近隣アジア市場にも積極的に投資している。

＊2　その後2018年にアリババはアント株式の33％を取得し、最大株主となった。

アント・フィナンシャルのホームページに掲載されているプロモーション・ビデオは、市井の人々の日常を描いたものだ。アリババは創業以来、中小企業にサービスを提供してきた。アント・フィナンシャルの顧客は、「アリと同じくらい小さな普通の市民」であり、「たくましく気骨ある人々」なのである。

2015年5月、中国銀行業監督管理委員会は、アリババにネット銀行業務のライセンスを付与した。アントほか数社で所有する「マイバンク（浙江網商銀行）」は、中国の金融システムの多様化を目指すパイロット計画のもと、民間企業に新たに付与された6つの銀行免許のうちの1つを持つ。アント・フィナンシャルのネット金融エコシステムは成熟しつつあった（**図表3.1**）。マイバンクは、消費者、農家、中小企業（特にEコマース部門）に金融サービスを提供。2018年6月までに、104万2000社以上の中小企業にサービスを提供し、融資総額が2920億ドルを超えた[14]。

図表3.1 アント・フィナンシャル（現アントグループ）の金融サービス

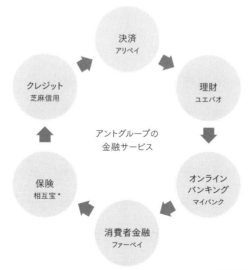

＊2022年1月に運用を終了した。

アリババのEコマースをさらにグローバル展開し、海外旅行に出る中国人顧客に対応するため、アント・フィナンシャルは国際金融市場に参入する。それが評価額の上昇につながった。2015年7月には、中国の全国社会保障基金や中国国家開発銀行（CDB）の子会社CDBキャピタルなど8つの投資機関からシリーズAの資金調達を受け、450億ドルというデカコーン*1の評価額を獲得。10カ月後には、その3分の1にあたる150億ドルも評価額が増加した。さらに2016年4月、アント・フィナンシャルは45億ドルを調達し、評価額を600億ドルへとさらに押し上げた。

　2020年11月5日に予定されていた香港と上海の証券取引所への上場で、アント・フィナンシャルはIPOを史上最大の評価額となる3130億ドルと見込み、345億ドルを調達する算段だった[15]。だが、2020年11月3日、上海証券取引所はIPOを延期。規制環境の変化により、同社はまだ株式市場への上場要件を満たしていない可能性があるためだと主張した。これは、大手フィンテック企業と中国の規制当局との緊迫した関係を示唆している。懸念の1つに挙げられたのは、アント・フィナンシャルの高い負債比率にともなうリスクだった。

　アリペイの創業により、モバイル決済が生まれる確固たる基盤が築かれ、中国のEコマース部門に消えることのない足跡が残された。アリペイがなければ、中国の電子決済とネット金融の発展は数年遅れになっていただろう。カスタマーサービスの向上と統合を目指す過程で、アリペイは次から次へと問題を解決した。そして、タオバオの単なる決済ツールから、あらゆる金融サービスを提供し、従来の銀行に比肩する金融ユニコーンへと成長する。アリペイがあまりに便利なため、中国人はクレジットカードや現金よりもアリペイを好んで使っている。

＊1　企業価値評価額100億ドルを超える巨大未上場企業のこと

WeChat Pay と決済戦争

　2005 年、WeChat（ウィーチャット／微信）の親会社であるテンセント（Tencent／騰訊）も、決済ツール「テンペイ（Tenpay／財付通）」を立ち上げる。2013 年には、テンペイが WeChat とつながり、WeChat Pay（微信支付）になった。テンセントは SNS のリーダーと考えられていたが、オンライン決済では後れをとっていた。中国のリサーチ会社 iResearch の報告によれば、2014 年は中国オンライン決済市場の 82.3％をアリペイが占めたのに対し、テンセントは 10.6％と大差をつけられ 2 位だった。テンセントの創業者で CEO の馬化騰（ポニー・マー）は、現状を揺さぶりたいと画策する。

　中国の旧正月に関する伝統はいろいろあるが、その中に行事の一部として親戚や友人（特に子どもたち）にホンバオ（紅包）と呼ばれるお年玉を渡す習慣がある。WeChat がホンバオをオンラインで交換するサービスの提供を始めると、たちまち大流行した。2014 年の大晦日だけで、500 万人のユーザーが WeChat のホンバオを利用。2015 年の旧正月には、3000 万人のユーザーが 10 億超のホンバオを交換した。2016 年と 2017 年もその爆発的成長は続き、WeChat の決済システムは数百万人のユーザーを獲得した。

　中国の旧正月には、地球上で人の移動が最も活発になる。この 1 カ月の間に、中国の人々によって 30 億回の移動が発生すると言われている。都市で暮らす出稼ぎ労働者は、田舎に帰ると覚えたての決済テクノロジーを家族に教えた。2018 年の第 3 四半期、WeChat Pay はその月次・日次アクティブユーザー数で、進化を続ける巨大な中国オンライン決済市場を席巻する。

　ホンバオ戦争ではテンセントが優位に立ったが、アリペイはオンライン決済のすべての勝負で脇役に甘んじようとはしなかった。オンラインとオフライン、一軒一軒の果物屋台からホテルまで、中国のあらゆる商業活動を一挙に巻き込む大規模な「決済戦争」へと発展した。タクシーでも、駐車場でも、支払いの際に QR コードを読み取ることに中国人

はすっかり慣れている。そのため、いまだに現金とクレジットカードでの支払いがメインの外国を旅行すると、中国の人々は不便に感じる。路上の物乞いが QR コードを使っている。中国ではスマートフォンと WeChat アカウントがなければ、物乞いもできないのである。

WeChat Pay とアリペイの戦いによって、モバイル決済はまたたく間に中国社会に浸透し、後に続くニューリテールの基盤が築かれた。キャッシュレス社会がますます現実味を帯びる中、最近では多くの人が財布を持たなくなっている。

アリペイと WeChat Pay が成功した背景には、どのような理由があるのか。これらの企業はどのようにして、困難な問題を次々と解決し、新たなチャンスを探り続け、ここまで大きな存在になることができたのだろう？

1. **模倣からイノベーションへ**——20 年前に中国の E コマースが産声を上げた当時、多くの起業家は米国の E コマースのモデルを再現できないかと考え、米国企業を青写真にした。だが、物真似から、E コマースの世界をリードする中国企業が生まれることはなかった。また、消費者のニーズに応えるソリューションを見つけてイノベーションを起こそうとするときに、技術的な大躍進は必ずしも必須ではない。アリペイは取引にカストディ・モデルを採用し、信頼を求める顧客のニーズを解決した。これは取引プロセスの単なる変更であり、重大な発明というわけではない。実際には、従来の銀行の信託口口座とペイパルを組み合わせたものと見ることができる。ささやかな変化だったが、それが中国 E コマースの新時代を開き、アリペイのその後の成長の礎となった。同じく、アリペイの個人口座システムも、技術上のブレイクスルーではなかった。しかし、同社が独立した第三者決済ツールへと発展する力となり、アント・フィナンシャルの設立に欠かせない序章となったのである。

2. **徹底した顧客中心主義**——アリペイの成功は、カスタマーサービス

の問題を解決した結果といえる。この動きの速いインターネットの時代に企業が成熟するためには、新たな問題を特定して解決する必要がある。アリペイが従った重要な原則が1つあるとすれば、それは「徹底した顧客中心主義」だ。アリペイは最初に取り組んだ「信頼される決済システム」での成功に満足せず、「取引で問題が生じたらアリペイがお支払いします」というキャンペーンの立ち上げへと歩を進めた。イノベーションは、顧客中心主義の飽くなき追求から生まれた当然の結果である。20年前、ほとんどの中国企業は海外のライバル企業よりも技術力で劣っていた。顧客体験を向上させるため、中国企業にはより一層の努力が必要だった。多国籍企業が中国の企業から学ぶべきは、顧客目線での発想、つまり製品やサービスの使いやすさや利便性をどのように高め、できるだけ多くの価値を顧客にもたらすかということである。

3. **巨大企業の組織慣性**——ユエバオの出現は、間違いなく中国の商業銀行に多大な影響を与えた。従来の銀行も以前からネット上でのMMF販売を検討していたが、預金金利と貸出金利の差額を利益とする銀行独自のビジネスモデルに混乱が生じることを恐れ、この種のサービスには手をつけていなかった。言い換えれば、企業の利益を優先し、顧客の最善の利益を無視していたのである。これはコダックの話にも似ている。コダックはデジタル写真を発明した最初の企業だった。だが、これまでやってきた写真フィルム事業の既得権を失うことを恐れ、デジタル写真の道を選ばなかった。ここから学べるのは、気後れしていると他社に事業を邪魔されるということである。

本章のまとめ

中国の消費者は今日、スマートフォンを使って食事を注文したり、映

画のチケットを購入したり、テイクアウトを頼んだり、タクシーを呼んだりしている。道端の屋台では、QR コードを読み取って店主に支払いをする。口座に 1 元しかなくても、数回タップするだけで金融サービスが受けられる。アリペイと WeChat Pay は、こうしたすべての実現に重要な役割を果たした。

一方、これらの開発が、オンライン取引で生じた具体的課題と、後にアリババとテンセントがすかさずとらえた新たなチャンスへの対応として行われたことも忘れてはならない。**図表 3.2** に要約を示す。ここでも強調すべきは、起業家精神と、顧客が現実に直面する問題を解決するという実際的な考え方である。

次章では、ニューリテールに力を与えている最後の柱で、実際に加速要因となったソーシャルメディアについて取り上げる。ソーシャルメディアの存在がなければ、顧客とのタッチポイントは、購入に利用される静的な各種プラットフォームに限られていただろう。

図表 3.2　アリペイ（アント・フィナンシャル）の画期的イノベーション

課題	機会	イノベーション
面識のない相手とのオンライン取引に対する信頼		アリペイ
決済効率		仮想口座システム
決済処理の失敗		クイック決済
モバイル決済		アリペイ・モバイル
	アリペイのプラス残高	ユエバオ
	取引量の多さ	消費者信用と消費者ローン
	多種多様なサービス	世界最大のフィンテック、アント・フィナンシャル

ソーシャルメディア・プラットフォーム
ニューリテールの加速要因

　ECプラットフォームの確立、支払い方法の開発、物流ネットワークの構築により、ニューリテールを進化させる3つの基本条件となる、情報の流れ、お金の流れ、商品の流れが作られた。これでEコマース躍進のお膳立ては整ったように思われた。だが、調べてみると、Eコマースの急激な成長と繁栄にはさらなる触媒が必要だったことがわかる。ソーシャルメディア（SNS）プラットフォームだ。

　ウェイボー（Weibo／微博）やWeChat（ウィーチャット／微信）、小紅書（シャオホンシュ／通称RED）などのSNSプラットフォームがニューリテールの発展に与える影響は、ますます大きくなっている。事実、SNSプラットフォームから生まれたニューリテールのモデルもあり、ソーシャルメディアがその後の急成長を決定づけた。ソーシャルメディアは、ある種の消費習慣や消費行動の形成にも貢献した。たとえば最近では、レストランに行く前にネットのレビューをチェックしたり、電子機器や化粧品を購入する前にさまざまなウェブサイトで価格や評価を比較したりする人が増えている。ソーシャルメディアがなければ、一部の新しい小売形態はまったく生まれなかったか、確実に今のような勢いはなかっただろう。著者はSNSプラットフォームを中国ニューリテール業界に不可欠な要素と考え、ニューリテール進化の基盤となる柱の1つとした。

中国の SNS プラットフォームは非常に多様で特殊だが、本章では中国のソーシャルメディア革命を最も端的に象徴する 3 つのプラットフォームである WeChat、ウェイボー、小紅書に焦点を当てる。

テンセント──QQ から WeChat へ
ポニー・マー

　本章で最初に紹介する重要人物は、馬化騰（ポニー・マー）だ。アリババ創業者の馬雲（ジャック・マー）の親類ではない。馬化騰は、アリババ創業 1 年前の 1998 年に、テンセント（Tencent ／騰訊）を設立した[1]。
　馬化騰は中国国外では馬雲ほど有名ではないかもしれないが、同じく野心的な人物だ。馬雲が才能あふれるコミュニケーターであるのに対し、馬化騰は消費者向けソリューションの技術的側面に強い。テンセントの会長兼 CEO として、現在も商品開発に携わっている。
　1971 年生まれの馬化騰は、南シナ海の海南島で幼少期を過ごす。1984 年、中学生のときに、両親と深センに引っ越した。1980 年代の初頭、深センはわずか 3 万人が暮らす漁村だった。だが現在は 1300 万人を超える人口を誇り、北京、上海、広州と並ぶ中国 4 大一線都市[*1]の 1 つになっている。馬化騰は深セン中学に在学中、将来テンセントの共同創業者となる 3 人──張志東（トニー・ジャン）、陳一丹（チャールズ・チェン）、許晨曄（ダニエル・シュイ）──と出会う。
　子どもの頃、馬化騰は天文学に夢中だった。14 歳の誕生日に望遠鏡を買ってほしいと両親にねだったが、望遠鏡は 200 ドル以上もする。父親の給料の約 4 カ月分だ。両親から買えないと言われた馬化騰は、「科学者の夢をつぶされた」と日記に書いた[2]。それを母親が偶然見つけ、両親は折れる。馬化騰は望遠鏡を手に入れた。

＊ 1　中国では、人口や生活水準などいくつかの基準をもとに、都市を 1 ～ 5 のレベルで分類している。一線都市は大都市、二線都市は地方都市、三線都市以下は小都市や農村部に多い。

1989年、馬化騰は大学を受験した。北京の清華大学や上海の復旦大学などの名門大学にも入れるほどの優秀な成績だった。しかし、その夏に起きた政治的混乱（天安門事件）のために馬化騰は深センにとどまり、当時、設立間もなかった深セン大学に入学。清華や復旦と同レベルの大学ではなかったが、長い目で見ればこの選択は正しかった。

「5人組」

　馬化騰は天文学に一番関心があったが、深セン大学には天文学科がなかった。そこで、コンピューターサイエンスを専攻に選ぶ。張志東と許晨曄も同じくコンピューターサイエンスの学生で、陳一丹は化学専攻だった。

　大学4年のときに馬化騰は、中国南部で最もテクノロジーに精通したコンピューター企業の1つとされていたライミン・コンピュータネットワーク（黎明網絡）でインターンシップをする。その中で彼にとって最初の製品となる「株式分析ソフトウェア」を開発したところ、大卒者の約3年分の給与に相当する8678ドルを支払ってくれた。馬化騰の製品開発の才能が開花した。

　1993年に4人の同級生は卒業し、別の道へと進んだ。張志東は広州、許晨曄は南京の大学院でそれぞれ研究を続け、陳一丹は深センの税関に入り、馬化騰はソフトウェアエンジニアとして、ルンシュン・コミュニケーション・デベロップメント（潤迅通信発展）に就職する。ルンシュンは無線呼出サービスを提供していた。中国全土で人気を博したページャー（ポケットベル）の無線呼出サービスは、非常に実入りのいいビジネスだった。ルンシュンは香港証券取引所に上場。最盛期には年間売上高が3億4700万ドルに達し、粗利率が3割を超えた[3]。しかし、ルンシュンの幸運は長く続かず、ほどなくしてポケベルは携帯電話に取って代わられる。

　馬化騰は1998年に起業を決意するまで、ルンシュンで働いた。当初、

彼の頭にあったのは、インターネットからポケベルを呼び出し、ポケベルでニュースや電子メールを受信できるようなソフトウェアシステムを開発することだった。馬化騰は、一緒にやろうと張志東、許晨曄、陳一丹に声をかけた。ところが、同級生4人で事業計画を話し合う段になり、営業経験者が1人もいないことに気づく。そこで馬化騰が思い出したのが、通信工学部卒の陽気な曽李青（ジェイソン・ヅォン）だった。1970年生まれの曽李青は、西安電子科技大学を卒業後、深センの電信資料通信局の子会社である龍脈公司のマーケティングマネジャーになる。そこで、ブロードバンドに14.5万ドルを投資するよう不動産開発業者を説得し、中国初の「ブロードバンドコミュニティ」を作った。曽李青を加えた「5人組」で、テンセント立ち上げの手はずが整った。

　新会社は6万ドルでのスタートだった。テンセントは、中国名を「騰訊（テンシュン）」という。「テン」は馬化騰（マー・フアテン）の名前から、「シュン」は潤迅（ルンシュン）あるいは通訊（トンシュン、中国語で「コミュニケーション」の意）に由来すると言われている。馬化騰が戦略と商品開発を担当。張志東は技術責任者となり、曽李青はマーケティングを受け持った。許晨曄と陳一丹はアルバイトとして働いた。

　テンセントの準備は万端だった。

OICQ の誕生

　1998年以降、携帯電話が普及し始め、少しずつポケベルの代わりに使われるようになった。テンセントのネット接続ポケベル事業は、暗礁に乗り上げる。

　ポケベルは時代遅れになりつつあったが、インターネットを利用したインスタントメッセージング・サービスが注目され始めていた。1996年、イスラエルの3人の大学生が「ICQ」（I Seek You、「あなたを探しています」の意）を開発する。ICQのユーザーは、チャットしたり、メッセージを送ったり、家族や友人にファイルを転送したりすることができた。

ICQ は若者に受け、1 年足らずのうちに世界で最も人気のインスタントメッセージング・ソフトウェアになる[4]。1998 年にはユーザー数が1000 万人を超え[5]、ICQ は 4 億 700 万ドルで AOL に買収された。

　優れたインターネットサービスがあると、中国ではかならず模倣者が現れる。テンセントもその 1 つにすぎなかった。馬化騰はルンシュンに勤めていた頃から ICQ の存在を知っていたが、中国にはすでに、PICQ や「網際精霊」などの似たサービスがあった。同じことをするつもりはなかったが、テンセントには事業が必要だった。中国電信（チャイナテレコム）広州支社が ICQ と同じような中国版インスタントメッセージング・ツールを開発するための入札を募ると、そのチャンスを利用して「OICQ」[*1]の計画書を提出。入札は失敗に終わったが、テンセントはとにかくその開発に着手することにした。

　1999 年 2 月、OICQ が公開された。張志東のチームは、より良い製品にしようと模索を続けた。馬化騰と張志東はインターネットカフェに足を運び、ユーザーエクスペリエンスに関するヒントを得て、修正が必要なバグを特定した。9 カ月後、OICQ の登録ユーザー数は 100 万人を超え、PICQ と網際精霊を大きく引き離す。

　だが、利益モデルがなかった OICQ は、テンセントの資金をすぐに使い果たしてしまう。口座には 1200 ドルしか残っていなかった。サーバー追加の資金はなく、全従業員の給与を半分に減らさなければならない。馬化騰は意気消沈し、会社の売却を決める。しかし、売却希望価格を 36 万ドルにしても、買い手がつかなかった[6]。

　現金の蓄えが減り、買収の可能性もほとんどないという状況に直面した曽李青は、ベンチャーキャピタルに目を向けた。そして、米 IDGキャピタルと香港の通信大手 PCCW からの投資を呼び込むことに成功する。AOL が ICQ に多額の買収額を支払っていたことが追い風になったのだろう。OICQ の人気は本物だったが、そこから利益を生む方法を誰も知らなかった。

＊1　テンセントが初期に開発したインスタントメッセンジャーソフト。「OPEN-ICQ」の略。

問題はさらに続く。2000年にAOLが産業財産権（IPR）の侵害でテンセントを訴え、2つのドメイン名（OICQ.comとOICQ.net）の返還を要求したのだ。これを受けて、馬化騰はOICQからQQに名前を変更。2000年11月にリリースされたQQ2000は、同社の歴史に残るQQの名バージョンの1つになった。そこからQQの開発が加速し、ユーザー数がすぐに1億人を超えた。

　ユーザー基盤は急速に拡大していたが、それでもテンセントは利益モデルを見つけられずにいた。インターネットバブルがはじけようとしていた2000年、テンセントはIDGとPCCWから新たに調達した資金が枯渇する危機にさらされていた。万策尽きた馬化騰に、南アフリカに本社を置く投資会社MIHが救いの手を差し伸べる。

　テンセントがMIHのレーダーに映ったのは偶然だった。MIHの中国事業担当副社長だったデビッド・ウォーラーステインは、中国のインターネットカフェに行くたびに、人々がみなOICQを使っていることに気づく。仕事で一緒になる多くの企業のゼネラルマネジャーも、名刺に自分のOICQ番号を印刷していた。こうしてOICQの人気に興味を持った彼が、テンセントに連絡をとったのだった。

　テンセントはMIHの資金提供に助けられ、なんとか事業を継続できた。「試練が人を強くする」[*2]というニーチェの格言は、テンセントに相応しい。

利益獲得の戦い

　現実的な利益モデルをどうしても見つけたかったテンセントは、チャイナモバイル（中国移動、後に中国最大手の携帯電話事業者となる）に助けを求める。2000年末、チャイナモバイルは、携帯電話ユーザーにゲーム

---

*2　ニーチェの著書『偶像の黄昏』の中に登場する言葉。ドイツ語原文は、Was mich nicht umbringt, macht mich stärker（直訳：私を殺さないものが、私をより強くする）。

や画像、音楽のダウンロードなどの付加価値を提供する「モンターネット（移動夢網）」サービスを開始。収益は、チャイナモバイルと第三者のコンテンツプロバイダーの間で分配された。テンセントは最初のパートナー3社のうちの1社となり、ようやく利益を出せるようになった。

　だが、馬化騰はモンターネットからの収入に依存しすぎている状況に強い不安を覚え、代わりとなる利益モデルを見つけようとした。後に彼の懸念は現実になる。2004年、チャイナモバイルはその独占的地位が脅かされることを恐れ、第三者企業との提携関係を解消してしまった。

　テンセントは広告から収入を得ようとしたが、良い結果は得られなかった。大手広告主には自動車業界や不動産、高級化粧品、ぜいたく品などを扱う企業が多く、25歳未満が大多数を占めるQQユーザーとはミスマッチだったのだ。QQアカウントに登録料を課すことも考えたが、これは激しい非難を招いた。会費モデルもうまくいかなかった。中国の若い消費者にクレジットカードを持つ人が少なく、オンラインでの支払いが不便だったことが原因と思われた。

　決済の問題には、すべてのオンライン事業者が頭を悩ませていた。そこで2002年、テンセントはデジタル通貨「Qコイン」を立ち上げる。Qコイン1枚は1元（約20円）に相当し、ユーザーは携帯電話料金の一部としてQコインを購入できる。これで、クレジットカードが必須ではなくなった。2003年には、韓国のアバターコミュニティSayClub.comのウェブサイトを模倣した新機能「QQショー」をリリース。これはバーチャルショーの1種で、ユーザーはQコインを使って仮想の服やアクセサリー、背景を購入し、パーソナライズされた自分の仮想イメージをデザインできる。QQショーはテンセントの若いユーザーの間で一気に火がつき、重要な収益源になる。

　中国の古い世代や多くの欧米文化には、QQショーの魅力が伝わらなかった。なぜ仮想の「ドレスアップ」にお金を使いたいと思うのか、彼らには理解できなかったのだ。中国文化は2000年以上もの間、序列を重んじ、欲望を抑え、しきたりを守ることが重要とされる儒教の影響を受けてきた。詮索や批判を恐れ、昔からオープンな表現は慎まれた。だ

がQQショーでは、若者はバーチャルの世界で自由に自分を表現できる。テンセントはただ、仮想の小道具を売っていたのではない。心の栄養を売っていたのだ。QQショーは、テンセントの初期の成功を支えた秘策の1つとなった。

2004年6月16日、テンセントは香港証券取引所に上場する。初日の回転率は104％、終値は発行価格を下回ったが[7]、その市場価値は72億香港ドル（約10億ドル）にのぼった[8]。16年後の2020年、テンセントの市場価値はその694倍も上昇し、5兆香港ドル（約6900億ドル）に達した[9]。2004年にテンセントの株式に1万ドルを投資していたら16年で694万ドルになったということだ。

張小龍とWeChat

だが、競争は激化していた。マイクロソフトのMSNが勢いを増し、テンセントへの大きな脅威となったのだ。しかし、それが結果的に馬化騰にとって大吉となる。

2005年には、中国のインスタントメッセージング市場の77.8％をQQが独占し、マイクロソフトのMSNが10.58％でそれに続いていた。ただ、2000万人のビジネスユーザーに関しては、テンセント利用者が47％、MSNが53％だった[10]。テンセントがビジネスユーザーにあまり使われなかった理由の1つに、多くの企業が勤務時間中のQQの使用を禁止したということがある。それでも、中国国内で事前の調査もMSNの宣伝もしていないマイクロソフトの数字がテンセントよりも高かった点には注意が必要だ。2005年、マイクロソフトはMSN事業を分離し、その業務をローカライズすることを決定する。

そんな強力なライバル企業を前に、QQは反撃に出なければならなかった。だが、QQに対する人々のイメージを変えるのは容易ではなく、今以上のビジネスユーザーを引き付けるのは難しい。そこでテンセントは別の方法を思いつく。電子メールを利用するのだ。電子メールと

インスタントメッセージングのツールは、通常、ビジネスユーザー向けにセットになっていた。マイクロソフトの Hotmail は非常に優れたツールだったが、QQ のメールソフトにそこまでの魅力はない。すでに上場して資金を得ていたテンセントは、ライバルに追いつく最善かつ最速の手段は買収であると考え、「フォックスメール」に照準を合わせた。

フォックスメールは、1996 年に張小龍（アレン・ジャン）が開発したメールソフト製品だ。中国語版は 1 年以内にユーザーが 400 万人を突破。英語版は 20 カ国以上にユーザーを持ち、中国国内で開発されたソフトウェア・プログラムの十指に入る。張は 2000 年にフォックスメールを 150 万ドルでソフトウェア会社に売却しており、その会社を 2005 年 2 月にテンセントが買収した。この取引でテンセントが手に入れた最大の財産は、フォックスメールそれ自体ではない。張小龍だった。

張小龍はテンセントでの最初の数年間、メールボックス事業を担当。既存機能の改善のほか、「ドリフトボトル」（知らない相手からランダムなメッセージが届く機能で、若い世代の人気を集めた）や「読書空間」（面白い記事や小説が見つかる）などの新機能の開発など、さまざまなことに挑戦した。こうした革新的な機能の多くが、後に WeChat に採用されている。「QQ メールボックス（QQ 郵箱）」は多くのユーザーを獲得したが、利益を上げる方法はまだ見つかっていなかった。張はプレッシャーを感じていた。

MSN は結局、中国では成功しなかった。多国籍企業のローカライズに問題があったのだ。テンセントは QQ という商品にすべてを投じていたが、MSN はマイクロソフトの優先事項ではなかった。2005 年にMSN の中国チームがオフラインメッセージ機能の開発をマイクロソフトにリクエストしたところ、2008 年に承認されたという冗談のような話は、今も語り草になっている[11]。その頃にはもう、MSN と QQ の戦いには決着がついていた。中国 MSN の研究開発トップは、その後テンセントに入社した。

WeChat の誕生

　2010 年、Kik（キック）というソフトウェアが張小龍の目を引いた。ごくシンプルな携帯端末用のインスタントメッセージング・システムだったが、オンラインでの公開から 15 日間で 100 万人以上がダウンロードしたという。2 週間後には、シャオミ（Xiaomi ／小米）がコピー製品のミーリャオ（Miliao ／米聊）をリリース。その 2 カ月後の 2011 年 1 月、張と彼が率いる 10 人のチームが、WeChat を立ち上げた。

　張は、WeChat を QQ の利用者を通じて広めるのではなく、この新製品の「自然な成長曲線」をまず示すべきだと考えた。最初のバージョンはそれほど注目されなかったが、ボイスチャット機能を追加した次のバージョンはかなり魅力的になった。7 月には、「近くにいる人」の表示機能をリリース。ユーザーは身近なところにいる「ウィーチャッター」を見つけて、友達として追加できるようになった。ユーザー数が急激に増え始め、あるときには 1 日 10 万人以上が登録。張が求めていた自然な成長曲線が描かれると、テンセントは貴重なトラフィック源である QQ を利用して WeChat を強力に宣伝し始めた。

　インスタントメッセージングの競争で、最速のスタートを切ったのはミーリャオだ。だが、シャオミには、テンセントのように膨大な数のユーザーを管理した経験がなかった。同社のサーバーは何度もクラッシュし、ミーリャオはレースに遅れをとる。

　携帯端末用に開発された WeChat は、新モバイル時代のテンセントになくてはならない存在になった。2018 年 10 月にはユーザー数が 10 億人を超え、その半数以上が 1 日に 10 回以上アプリをクリックした[12]。

「ライフスタイル」

　「WeChat は 1 つのライフスタイル（微信是一介生活方式）」というのが、張小龍のモットーだ。シンプルでありながら深みのあるスローガンで

ある。しかし、このアプリが提供するグループチャットや位置情報の共有、「モーメンツ」、「ホンバオ（紅包）」、「公式アカウント」、「ミニプログラム」などの機能を見れば、WeChat が日常生活に欠かせないものであることは想像に難くない。

「モーメンツ」は 2012 年 4 月にリリースされた機能で、ユーザーは写真やテキストを共有でき、それに対して友人同士でコメントややり取りができる。友人のモーメンツを見ることが日々のルーチンの一部となり、WeChat は単純なインスタントメッセージング・ツールからソーシャルプラットフォームへと変化を遂げた。

　その後まもなく、「公式アカウント」のサービスを開始。公式アカウントは戦略的なイノベーションの 1 つで、メディアと E コマースという 2 つの特徴があった。書くのが得意な人は、個人アカウント（後の「WeMedia（自媒体）」）を開設できる。また、他の人のコンテンツが気に入った人は、サブスクライブしてフォローし、自分のモーメンツに記事を転送できる。企業も公式アカウントを開設でき、情報の投稿や商品・サービスを販売することが可能だ。ユーザーは企業のアカウントをサブスクライブできるので、そうしたユーザーがターゲット顧客にもなる。アカウントの公共性が、社会的空間の中でユーザーとつながり交流するチャンスを WeMedia や企業にもたらした。企業と顧客の距離はかつてないほど縮まった。今や WeChat の公式アカウントは、ほとんどの企業の「必須」アイテムだ。中国市場での成功を目指すすべての企業は、WeChat の使い方を検討すべきである。

　人々がスマートフォンに費やす時間が長くなるほど、開発されるアプリも増えていく。時々しか使わない数多くのアプリを、ユーザーはダウンロードしてインストールしなければならない。この問題を痛いほど感じていた張小龍は、2017 年、WeChat の「ミニプログラム」機能をリリースする。これは、WeChat に組み込む——ダウンロードやインストールが不要な——「ミニプログラム」をアプリで開発できるというもので、ユーザーはミニプログラムを WeChat の友達と共有することもできる。企業であれば、WeChat のミニプログラムを公式アカウントとリ

ンクさせることで、顧客の囲い込みやエンゲージメントの向上につなげられるほか、商品に関するコンテンツをEコマースの機会に変えることもできる。今では、ピンドゥオドゥオ（Pinduoduo ／拼多多）やJD（京東）など、ほぼすべての主流アプリにWeChatのミニプログラムが入っている。ミニプログラムの機能によって、WeChatはプラットフォームの域を超えた包括的なソフトウェア・エコシステムとなった。

　だが、テンセントの多岐にわたるサービスと同じくらい、ソーシャルメディアの空間にはあらゆる類のユーザーニーズが存在する。そして、そのすべてを独占することはできない。

ウェイボー

　ツイッター（現・X）は、ユーザーが最大140字の短いメッセージを投稿できるマイクロブログとして2006年に始まった。他の人が投稿した情報を見たり、コメントや転送をしたりできる。2007年になるとツイッターのユーザー数は急増し、米国のバラク・オバマ大統領などのビッグネームも参加した。

　中国でいち早くツイッターを模倣したものは、王興（後の美団創業者）が作ったファンフォウ（Fanfou ／飯否）だった（美団と王興については第5章で紹介する）。ファンフォウは2008年から2009年にかけて大変な人気を呼び、多くの前衛的な「ネット民」を魅了した。だが、公安上の規制に違反したとして、残念ながら2009年にファンフォウの全サーバーがシャットダウンされてしまう。これが、シンラン（Sina ／新浪）にとって好機となる。

　2009年9月、「シンラン・ウェイボー（Sina Weibo ／新浪微博）」（微博は「マイクロブログ」の意）のサービスが開始される。シンランはこのときすでに、中国で最も人気のブログサービス「シンラン・ブログ（新浪博客）」を運営していた。新浪は「スターの力」を巧みに利用し、芸能界のスターや実業界の有名人、メディアの大物記者たちに、シンラン・ウェイボーの宣伝役になってもらった。そして、たちまち中国で最も

影響力のあるマイクロブログ・サイトになる。シンラン・ウェイボーでのコンテンツ投稿とファンとの交流を通じて、多くの人が有名になった。その1人、タオバオ店舗オーナーの張大奕（ジャン・ダーイー）は、2010年にシンラン・ウェイボーに登録。タオバオでアパレルショップを開いていた彼女は、2014年から商品の写真や動画の投稿を開始した。フォロワーと交流を始めると、タオバオの彼女の店で買ってもらえるようになった。張大奕のウェイボーには現在、1200万人近いフォロワーがいる[13]。

　シンランだけでなく、ソウフ（Sofu ／捜狐）、ネットイース（NetEase ／網易）、テンセントもウェイボーを立ち上げた。テンセント・ウェイボー（騰訊微博）は、シンラン・ウェイボーの開始から6カ月以上経った2010年5月にスタートしている。しかし、テンセント、ソウフ、ネットイースは、どれもシンランほど成功しなかった。テンセントはWeChat の開発を続行し、シンランとのウェイボー戦争からは手を引いた。今日、ウェイボーといえば「シンラン・ウェイボー」のことを指す。シンラン・ウェイボーの2019年12月時点の月間アクティブユーザー数（MAU）は5億1600万人、1日あたりの平均アクティブユーザー数（DAU）は2億2200万人になった[14]。

　ウェイボーの成功は、有名人の影響だけによるものではない。ウェイボーは、自己表現をしたいという人々の欲求を満たすものだったのだ。マイクロブログが登場する以前は、情報を入手する手段が政府の公式メディアチャンネル——中国共産党の機関紙である人民日報か国営テレビ局の中国中央電視台（CCTV）——に限られていた。しかし、適切な知識のあるなしにかかわらず、人々には言いたいことがあふれている。本書の著者の1人であるウィンター・ニー（聶東平）は、自身の母親のことをこう語る。ニーの母親の祖父と父、兄弟は、漢方医としての教育を受けていた。母親は医学部で学んだことがなかったが、病気や薬についてのアドバイスをするのが大好きだった。ニーの母親だけではない。多くの中国人が、さまざまな分野でリーダーを自称している。見聞きしたことに対して、コメントしたり持論を述べたりしたいのだ。他の社会と

同様、アマチュアの見物人や解説者、ニュース記者の集団がいつでも存在する。こうした人々にとって、ウェイボーは打ってつけの表現の場なのである。

ウェイボーは、社交的なオンライン・コミュニケーションの時代をもたらした。ユーザーが情報を公開、選択、拡散することで、従来のトップダウン型のコミュニケーション手段を揺るがしている。多くの人々に訴えるコンテンツを、極めて安いコストで素早く広められるのだ。グーグル・チャイナの社長を務めた李開復（カイフ・リー）は、こう語っている。「ウェイボーを使えば誰もが何かの役に立てるので、みんなが始めるべきです。きっと新しいメディアのクリエイターになれるでしょう」[15]

ウェイボーは、KOL（キー・オピニオン・リーダー）と呼ばれるインフルエンサーが生まれる場となった。ドウイン（Douyin／抖音）やクアイショウ（Kuaishou／快手）などのプラットフォームで活躍するネット有名人も、ウェイボーでフォロワーと交流している。

小紅書（RED）

WeChat は、知り合い同士が交流するソーシャルプラットフォームだ。人々は家族や友人、同僚と交流し、情報の流れを生んでいる。WeChat は「公式アカウント」のサービスを始めたことで、コミュニケーション・チャネルとしての機能を持つようになった。

一方、ウェイボーは、知らない相手と交流するソーシャルプラットフォームである。コンテンツの中心はニュースと芸能ゴシップで、情報の拡散スピードが WeChat よりもはるかに速い。

ニュースやゴシップ記事を暇つぶしに読む人は多い。だが、人々は専門家の意見も必要としているし、KOL とも交流したいと思っている。小紅書（シャオホンシュ）、通称 RED の人気はこの点に関係している。WeChat やウェイボーが手をつけていなかった領域である。

小紅書の創業者、毛文超（チャールウィン・マオ）は 1985 年生まれ、

典型的なビジネスエリートの1人だ。中国の総合大学トップ5の1つである上海交通大学を卒業し、米コンサルティング大手のベイン・アンド・カンパニーに入社。4年間の実務経験を積んだ後に、MBA取得のため米スタンフォード大学に留学した。毛の事業アイデアは自身の経験から生まれている。留学中、両親に送るものを買おうと現地の買い物情報を検索したところ、ほとんど何も見つからなかったという。そこで2013年にスタンフォード大を卒業すると、上海に戻って友人の瞿芳（ミランダ・チュー）と小紅書を設立。小紅書は、実際に使ってみた海外商品の口コミプラットフォームのポジションをとった。

　小紅書の創業チームは、米国や日本など8つの国や地域のショッピング作戦について執筆してくれる買い物のエキスパートを見つけ、最初の成果を公開した。これは、商品や価格設定、税金の還付、割引、店舗比較などに関する情報とアドバイスを提供するものだった。アップストアでの公開から3カ月で、小紅書は数十万回ダウンロードされる[16]。小紅書のオンライン立ち上げから1週間後、毛は香港を訪れた。そこで購入したiPhone5の写真をアップしたところ、「購入制限はありますか？」、「長い列に並ぶことになりますか？」、「カラーはゴールドもありますか？」、「クレジットカードは使えますか？」といった質問やコメントが100件以上も寄せられた。「自分名義ではないクレジットカードでも使えますか？」という質問まであった。

　小紅書で話題の商品をユーザーが購入したいと思っていることは明らかだった。そこで2014年、小紅書は越境購入を主な目的とするECプラットフォームを立ち上げる。2018年には、中国の越境Eコマースの3.7％を小紅書が占めた。だが首位に立ったのは、31％のTmall Global（天猫国際）だった[17]。小紅書はソーシャルメディアの力を、明らかにEコマースの機能に活かし切れていなかった。消費者は相変わらず小紅書で情報を集めていたが、購入する際は別のプラットフォームに切り替えていた。2019年7月時点のユーザー数は3億人を超え、2019年10月には月間アクティブユーザー数が1億人を突破した[18]。

　小紅書は、海外ショッピングに関する情報交換にフォーカスした小さ

WeChatは家族・友人・知り合いと、ウェイボーは知らない人と、小紅書（RED）はKOLと主に交流するプラットフォーム（イラスト：アスペン・ワン）

なコミュニティから、ライフスタイルを共有するプラットフォームへと変身した。共有されるのは、美容・スキンケア、旅行、フィットネス、食事などのコンテンツだ。小紅書の利用者は増えており、積極的な参加の頻度も高まっている。取り上げるブランドは海外ブランド専門から国内ブランドも含める方向に少しずつ広がり、スローガンも「外国で良いものを見つけよう」から、「生活を記録してシェアしよう（標記我的生活）」へと変わった。小紅書には毎日、30億枚以上の写真、テキスト、ショート動画などが投稿されている。美容、スキンケア、ファッションの分野にKOLが最も多い。ユーザーの約9割は女性で、そのうち7割が1990年以降生まれだ[19]。小紅書のユーザーは、ディスカッションやコンテンツ作成に進んで参加している。たとえば、KOLおすすめの化粧品を購入したフォロワーが写真やコメントを投稿することで、さらにコンテンツが増え、つながりが生まれている。ドウインやクアイショウの共有プラットフォーム（第8章で紹介）よりもこの種の交流が活発で、ユーザーの囲い込みやエンゲージメントの持続性も強い。

小紅書は海外ブランドの領域に進出し、大きな注目を集めた。名称は毛沢東の有名な語録『小紅書（リトルレッドブック）』と同じだが、力を入れているのはまったくの別分野――ぜいたく品や旅行、化粧品、ファッション、美容など――である。小紅書には、テレビのパーソナリティーや女優から、高校生、専業主婦まで、さまざまなトップインフルエンサーがいる。欧米の高級ブランドは、有名な映画女優のファン・ビンビン（范氷氷）やワン・イージン（王芸瑾）のような影響力の強いKOLとパートナー契約を結び、小紅書の力を利用している。（**図表 4.1**）

　中国のSNSプラットフォームには、事実上、外資系企業が存在しない。これは中国政府の政策と関係があり、中国企業に競争優位をもたらしている。それでも、国内のソーシャルメディア業界は他のどの地域よりも競争が激しい。熾烈な競争にさらされている中国のソーシャルメディアは、単なる模倣者（コピーキャット）から革新的大企業へと進化し、ニューリテール業界を突き動かしている。

1. **地元インターネット企業の強み**――これまでに、eBay 対タオバオ、アマゾン対 JD、ペイパル対アリペイ、ICQ あるいは MSN 対 QQ、Hotmail 対 QQ メールボックスの競争を紹介した。インターネットが発展した最初の 20 年間、テクノロジーの点では欧米企業がかなり優位に立っていた。しかし、業界が成熟するにつれ、テクノロジーから製品へ、製品からユーザーエクスペリエンスへと焦点が

図表 4.1　中国の SNS プラットフォーム

	社会的交流のタイプ	制約
WeChat （微信）	知り合い同士のソーシャルプラットフォーム	交流が閉鎖的
ウェイボー （微博）	知らない者同士のソーシャルプラットフォーム	ゴシップとフェイクニュース
小紅書 （RED）	KOL とのソーシャルプラットフォーム	特定の分野に特化した話題

移っていく。ユーザーエクスペリエンスに関しては、地域の文化や
ユーザーの消費行動、ローカリゼーションが競争に果たす役割は大
きい。地元有利の傾向は、製造部門よりも E コマースのほうが顕
著に出る。中国と欧米の SNS プラットフォームの違いは、利益モ
デルにも表れている。米国ではほぼすべての SNS プラットフォー
ムが広告収入に依存しているが、中国のプラットフォームにはより
多様な選択肢がある。QQ の仮想小道具や WeChat のゲーム、小紅
書の E コマースは、どれも大きな収入源になっている。

2. **「遅れて入るのが最も安全」**——欧米のビジネス界では、「先行者利
益」が強調されることが多い。しかし、馬化騰のケースは実際のと
ころ、その逆だ。馬化騰はこう語っている。「インターネット市場
はあまりに新しく、あまりに急速に進歩しています。だからこそ、
多くの可能性を秘めています。自分が支配していると、自分の選択
が正しかったのかどうかわからないかもしれません」。また後に自
身の考えを、戦略としては「遅れて入るのが最も安全」[20] だと簡潔
にまとめている。QQ から WeChat、決済ソリューションへと、テ
ンセントはほぼ常に先行者の後を追いかけ、周到なイノベーション
で最終的にライバル企業を超えてきた。今やテンセントは、QQ と
WeChat のユーザー基盤を武器に、さまざまな分野でイノベーショ
ンを起こして後発者利益を獲得することに自信を持っている。馬化
騰は「トップバッターになること」が重要とは決して考えなかった。
ゲームでネットイース創業者の丁磊（ウィリアム・ディン）と、E コ
マースで馬雲と、マイクロブログでシンランと、検索エンジンで
バイドゥ（Baidu ／百度）CEO の李彦宏（ロビン・リー）としのぎを
削った。馬化騰には「パブリックエネミー（社会の敵）」というあだ
名がある。競合他社からアイデアを盗み、その後の戦いに勝とうと
することが多かったからだ。しかし、パブリックエネミーも常勝で
はない。テンセントは結局、ウェイボーでシンランに追いつけず、
独自の EC プラットフォームにも見切りをつけて JD とピンドゥォ

ドゥオに投資した。それでも、QQやWeChat、オンラインゲームなど、数々の重要な分野で支配的地位を確立している。

3. **効率よりもチャンスをとる社内競争**——張小龍がWeChatを開発していた当時、テンセントには彼とは別に、同様のタスクに取り組むチームがほかにもあった。実は事業内容でいえば、WeChatの開発は正式には張のチームの仕事ではなかった。テンセントには社内「競馬制」と呼ばれる仕組みがあり、進行中のどんな新規プロジェクトも経営陣の一存ですべてが決まることはなく、複数の事業部門が同じプロジェクトで競い合うことがある。WeChatや「伝説対決 -Arena of Valor-」[*1]、QQゲームなどは、すべてテンセントの社内競馬制から生まれた成果である。いくつかのチームで製品を開発したら、オンラインで公開して互いに競わせる。テンセントではそれから、そのパフォーマンスに応じて製品の宣伝にどれだけのリソースを割くかを決定し、最も早く成長した製品を事業として独立させる。競馬制はリソースの無駄遣いに見えるかもしれない。それでも「見逃せないチャンス」があるなら、ある程度の無駄と試行錯誤はやむを得ない。第8章で紹介するドウインの親会社バイトダンス（ByteDance／字節跳動）の例でいうと、バイトダンスにはドウインのほかに火山ショートビデオ（火山小視頻）、スイカビデオ（西瓜視頻）などの動画配信プラットフォームプロジェクトがいくつかあった。それらをすべて同時に育て、互いに競争させていたことがわかる。このモデルを、バイトダンスは「バルクインキュベーション」と呼んでいる。バルクインキュベーションにせよ、競馬制にせよ、どう呼ぶかは別として、最高の製品を素早く市場に出すために社内の競争を利用するという発想である。

---

*1　テンセントゲームズ（騰訊遊戯）が中国国外に配信するモバイル向けゲーム。

本章のまとめ

　中国の SNS プラットフォームが触媒となり、従来の E コマースから
ニューリテールへの変革が明らかに進んだ。法的・政治的な配慮から、
その SNS プラットフォームのインターネット環境は世界の他の地域と
根本的に異なる。その結果、中国には、SNS プラットフォームのパラ
レルワールド——世界のどこよりも間違いなく競争が激しくクリエイ
ティブな世界——が出現した。BBC の報告[21]にあるように、ソーシャ
ルメディアの未来へと続く道をリードしているのは中国の SNS プラッ
トフォームだ。十分な可処分所得を持ち、新しい物質社会を享受したい
と望む中産階級が新たに出現し、中国は便利なオンライン決済システム、
利用しやすい物流ネットワーク、あらゆる領域に広がるソーシャルプ
ラットフォームの上に成り立つニューリテールの時代へと突入した。

　本章で見てきた 3 つの SNS プラットフォームによって、中国ニュー
リテール革命の基盤となる最後の柱が完成した。次章では、これらの柱
を足がかりとするニューリテールのアプローチについて探る。

PART 2

FIVE STAGES OF NEW RETAIL

ニューリテールの5つの段階

生活総合Eコマース
ライフスタイルを作り変える

いつの時代も中国文化に欠かせない要素といえば、食事である。「すべての儀式は飲食に始まる（夫礼之初、始諸飲食）」という孔子の言葉もある。中国文化の食を重んじる態度は日常にも浸透している。たとえば、知り合いに会ったときのあいさつは「食事は済ませましたか（您喫了嗎）」だ。家族の人数をたずねるときは「家族には口がいくつありますか（妳家有幾口人）」という表現が用いられる。

仕事は、食に関する概念と直接関連づけられていることが多い。職業は比喩的に「茶わん（飯碗）」と呼ばれ、稼ぎの良い職は「金の茶わん（金飯碗）」。「鉄の茶わん（鉄飯碗）」は非常に安定した職で、「茶わんをなくす（丟飯碗）」は解雇されることを意味する。誰かを首にする行為には、「イカを炒める（炒魷魚）」*1 という表現がある。

中国人の食に対する思い入れの強さが表れているのは、彼らが使う言葉だけではない。人々はひいきの飲食店で辛抱強く何時間でも待ち、食材の鮮度や調理方法にたいてい口うるさい。人気の火鍋店チェーン「海底撈（かいていろう／ハイディラオ）」では、待たせている顧客のために、バッテリーの充電ステーションや飲み物、チェス盤、マニキュアからベビーシッターまで、さまざまなアメニティとサービスをすべて無料で提

---

*1　昔の中国では、住み込みの雇われ人は、首になると布団を丸めて出ていかなければならなかった。この様子が、「炒めて丸く縮まったイカ」の姿に似ていることに由来する。

供している。

　中国人にとって、外食は最も重要な社交活動である。友人と会うときには良いレストラン（高級であれば「良い」とは限らない。何よりもまず、食事がおいしくなければならない）を見つけることが重要で、仕事仲間とはおすすめの店や一番おいしかった料理を紹介しあう。中国人は途方もないような時間を食にまつわる会話に費やし、料理の知識を披露したがる。家族との夕食の席でも、映画や休日、学校などの話題を切り出す前に、食事の話から始まることが多い。

　中国では、可処分所得を増やした中間層が拡大し続けている。その結果、消費者の志向が基本的ニーズの充足から生活の質の向上へとシフトし、外食や旅行、娯楽に対する需要が高まった。マッキンゼーの報告では、アッパーミドルクラスの規模は今後も拡大し、2022 年には中国都市部の家庭の 54％がこのクラスに入ると予測している[1]。人口にして 4 億人を超えることになる[2]。ミレニアル世代（1981 年から 1996 年生まれの世代）が消費の中心を担いつつあり、35 歳以上の消費者の 2 倍にあたる年平均 11％のペースで伸びている。この世代は、商品の品質やサービス水準に対する要求が高く、新しいものも試してみる傾向が強い。

　インターネットを利用した E コマースの発展によって新たな買い物手段が生まれ、より良い暮らしをしたいという人々の願いはずっと叶いやすくなった。また一方で、外食や娯楽などの生活総合サービスの新たなソリューションも生まれている。

ライフスタイルを作り変えた美団点評

　27 歳の IT エンジニアで北京在住のシャオ・リーは、いつものように、その金曜も機嫌がよかった。アパートを出ると、コミュニティの入口近くに停めてある自転車を 1 台拾う。スマートフォンを取り出して QR コードをスキャンし、1.5 元（約 30 円[3]）のレンタル料金を支払った。10 分間の使用料には払うだけの価値がある。おかげで、あと 10 分長く

寝られるからだ。午前中は正午まで休まず働き、昼食は時間を節約するためテイクアウトを頼むことにする。「美団（メイトゥアン／Meituan）」のアプリを使って、最短で配達してくれるレストランに注文。30分後には食事をとれた。午後6時に職場を出て、高校時代の同級生2人と会う。3人で会うときはいつも四川料理と決まっていた。シャオ・リーは「大衆点評（ディエンピン）」のアプリで、地下鉄駅に近く、レビューの評価が非常に高い四川料理のレストランを選び、席を予約した。ディナーの間に、3人は「猫眼電影（マオヤン）」のアプリを使って映画の割引チケットを購入。映画が終わると、ディエンピンのレビューで絶賛されていた近場のクラブをチェックした。

　昼食のテイクアウト注文、四川料理の店のレビュー確認と席の予約、映画チケットの購入、最寄りのクラブの検索——どれもシャオ・リーの指先ひとつで済んでいる。必要なのは、「美団点評（メイトゥアン・ディエンピン）」という1つのスーパーアプリだけ。美団単車（メイトゥアン・バイク）、美団外売（メイトゥアン・デリバリー）、大衆点評、猫眼電影のサービスを提供しているのは、すべて同じ企業だ。

　2018年9月20日、午前9時30分、美団創業者の王興は、香港証券取引所の立会場で「打鐘」のセレモニーに臨んだ。美団（当時の社名は「美団点評」）は、IPO価格69香港ドルで正式に上場。72.9香港ドルの初値をつけ、時価総額510億ドルでシャオミ（480億ドル）とJD（380億ドル）を上回った[4]。こうして美団は、アリババ（4360億ドル）、テンセント（4020億ドル）、バイドゥ（770億ドル）に次ぐ中国第4位のインターネット企業となった[5]。

　2015年の時点で王興は、美団を市場価値1000億ドル以上の企業にするという目標を掲げていた。人口14億人の中国で展開する生活総合サービスには、巨大な可能性がある。美団は、そのニーズを満たすことに照準を合わせたのだ。

天性の起業家、王興

　上場したとき、美団はすでに設立から8年、王興が起業家になって15年が過ぎていた。王はいくつもの商機を見出し、ビジネスマンとして辣腕をふるってきた。

　同時代を生きた多くの中国人とは異なり、王興の幼少期は貧しさとは無縁だった。ずば抜けた成績で、中国のMIT（米マサチューセッツ工科大学）にあたる清華大学に入学（特例で試験を受けずに合格している）。卒業後は奨学金を得てデラウェア大学に留学し、電子工学とコンピューターサイエンスを専攻した。

　2003年、中国でインターネットが大きなビジネスチャンスを生んでいることを知った王興は、25歳のときに帰国を決意する。スティーブ・ジョブズやビル・ゲイツ、マーク・ザッカーバーグが、大学をドロップアウトして事業を始めたというのはよく聞く話だ。しかし、中国人がどれほど高等教育を重視しているかを考えれば、大学院中退は極めて大胆な決断だった。その後、王は10もの起業プロジェクトを立ち上げる。中でも有名なのが、2005年に発表した「校内網（シャオネイ）」だ。フェイスブックのような大学のSNSソフトウェアで、3カ月で3万人を超えるユーザーを集めている。最初にサインアップしたのは、清華大、北京大、中国人民大などの一流大学の学生が多かった。2006年になるとユーザー数が爆発的に増えたが、王にはサーバーを増設する資金がなく、200万ドルで会社を売却せざるを得なかった[6]。校内網を買収した企業はその後、「人人網（レンレンワン）」と名前を変えて2011年に米国で上場。市場価値が70億ドルを超えている[7]。

　2007年、王興は「ファンフォウ（Fanfou／飯否、「食事はした？」の意）というまた別の会社を設立。ツイッターを模倣したサービスで、2008年から2009年にかけて人気を集めた。ウェイボー（Weibo／微博）が登場したのは、その後のことだ。ファンフォウはプログラマーなどの前衛的なネット民を魅了し、ユーザー数がすぐに100万人を突破した[8]。ところが、2009年に中国政府がネット上のコンテンツに関する規制を

強化。ファンフォウは閉鎖に追い込まれる[9]。シンラン（Sina ／新浪）やネットイース（NetEase ／網易）などの中国の大手ポータルが独自にマイクロブログを立ち上げ始めたが、ファンフォウは黙って見ているしかなかった。ファンフォウのベンチャー事業は失速した。

共同購入戦争——最後に残った男

　2010年までの7年間、王興はシリアルアントレプレナー（連続起業家）だった。ほとんどのベンチャーは行き詰まってしまったが、王はあきらめていなかった。そして今度は、美団を立ち上げる。モデルとしたのは、共同購入にディスカウントを提供する米国のEC プラットフォーム・グルーポンだ。手数料を主な収益源とし、共同購入のウェブサイトで取引額の通常10 ～ 50%を徴収する。

　美団の設立以前から、中国にはすでにラーソウ（Lahou ／拉手網、「手をとり合って」の意）と呼ばれる共同購入会社があった。また、Wowo（窩窩団／ 55tuan）やヌオミ（Nuomi ／糯米網）、グルーポンの中国合弁会社 GaoPeng（高朋）、Manzuo（満座網）など、同様の企業がたくさん登場し始めていた。2011年8月時点で、中国にはこの種のウェブサイトが5800以上も存在したという[10]。中国の起業家たちは、参入障壁の低い新たな市場を見つけると猪突猛進する傾向があることがわかる。多くの資金が共同購入部門に流れ込んだが、大半の企業は集客に資金を使い果たしてしまった。

　2010年の終わり、美団はA ラウンドの資金調達として、米セコイア・キャピタルから1200万ドルの出資を受けた[11]。ライバル企業が獲得した資金に比べると、これは大きな金額というわけではない。2010年から2011年4月にかけて、ラーソウは3 ラウンドの資金調達を完了し、総額1億6000万ドルを入手[12]。2011年4月、大衆点評（ディエンピン／ Dianping）は、C ラウンドの資金調達で1億ドルを受け取った[13]。片や美団は、2011年7月にシリーズBの資金調達で5000万ドルのみ

を調達している。そのときの主要投資家はアリババだった[14]。多くの企業が競って広告に巨費を投じた。中でも、ヌオミは2500万ドルをかけて広告キャンペーンを打ち、大衆点評は2011年に総額3700万〜5000万ドルを広告に注ぎ込んでいる[15]。

こうした猛攻にあいながら、美団はより慎重なアプローチをとった。第1に、消費者と業者のそれぞれに合わせた販促戦略を採用した。消費者向けのオンライン広告を購入する一方で、業者獲得のために現場で動く、強力で効果的な営業チームを組んだ。第2に、ITシステムへの大規模投資を行った。こうして買い手と売り手の双方の利便性を高めている。第3に、競争が厳しい北京や上海、深センなどの大都市を避け、同業他社が押し寄せていない省都や二線都市(地方の中核都市)に力を注いだ。中国には、素早く動いて経験から学ぶことを得意とする起業家が多い。だが王興の最大の強みは、とことん考え抜くこと。他社がアクセス向上をねらって投資を続ける中、王は別の方法を選んだ。

2011年の後半、ラーソウは米国での上場に失敗する。資本市場が共同購入の利益モデルを疑問視するようになり、それ以上の投資に慎重になっていたのだ。広告への過剰投資も裏目に出て、多くの企業が資金不足に陥った。2014年前半まで生き残っていた共同購入サイトはわずか176サイト。この部門の倒産率は96.5%にのぼった[16]。

美団は、狂乱の広告戦争の間も理性を失わずに慎重姿勢を貫き、どこよりも多くのキャッシュを手元に残した。2014年5月には、Cラウンドの資金調達で3億ドルを確保[17]し、共同購入戦争の勝者として浮上。2014年の年間取引高は75億ドルを上回った。中国全土の100都市以上へと拡大し、6割を超える市場シェアを獲得している[18]。

大衆点評は、他の共同購入企業とは違った。2003年に上海で設立され、主力事業はレストラン評価サイトだ。キーワード検索を収益源とし、2010年に飲食店の口コミサイトとしてトップに立つ。共同購入に手を広げてからは、多くのライバル企業と同じく苦戦。それでも、何年もかけて業者と消費者の両方のリソースを増やしていたことが有利に働き、大衆点評は勝ち組として残った。2014年には、テンセントが大衆点評

の株式の 20％を 4 億ドルで取得している [19]。

　2015 年 10 月、美団と大衆点評は合併し、両社合わせて 81％という驚異的な市場シェアを獲得。王興が新会社「美団点評（メイトゥアン・ディエンピン）」の CEO に就任した [20]。2015 年 11 月、その新たな合併にテンセントが 10 億ドルを投資する [21]。アリババは 2011 年にいち早く美団に出資していたが、その支配権をテンセントに譲ることになった。

　王興は後に美団の成功について、中国春秋時代の孫武が著した兵法書として名高い古典の 1 つ『孫子』の一節を引いて、こう語っている。「敵に負けないようにするのは自分のやり方次第ですが、敵に勝てるかどうかは相手の出方次第です（勝つべからざるは己に在るも、勝つべきは敵に在り）」。そして、「私たち（美団）がライバル企業を打ち負かしたのではなく、彼らがつまずいたのです」と説明した [22]。

フードデリバリー──ウーラマとの競争

　2008 年、王興がまだファンフォウを運営していた頃、上海交通大学の卒業生の張旭豪がフードデリバリー会社ウーラマ（餓了麼／Ele.me）を始めた。張旭豪はゲーム好きだったが、ゲームの最中に食事の配達は注文しづらいと感じていた。それをビジネスチャンスととらえたのだ。一流大学の大学院生だった彼なら「グローバル 500 企業」への就職も難しくなかっただろうが、代わりにウーラマを立ち上げることにした。

　共同購入戦争を勝ち抜いたとはいえ、美団には明確な利益モデルがなかった。ラーソウの失敗を目の当たりにした王興は、共同購入モデルの限界を痛感していた。そこで同社はウーラマについて徹底的に調べ上げ、フードデリバリー市場の巨大さを確信する。そして、1 日の注文が 1000 万件を超えるだろうという大胆な予測をした [23]。2013 年の後半、美団はフードデリバリー事業を 30 都市で同時にスタート。対するウーラマは、そのうち 12 都市でしか事業を展開していなかった [24]。

　2014 年 5 月、バイドゥもフードデリバリーを専門とする子会社バイ

ドゥ・ワイマイ（百度外売）を設立。ホワイトカラーの高所得層をターゲットにしていた。こうして、美団、ウーラマ、バイドゥ・ワイマイの三つどもえの競争がしばらく続く。だが、市場シェアを伸ばし続けたのは美団だった。2017 年 8 月には、ウーラマがバイドゥ・ワイマイを買収（2018 年 10 月にバイドゥ・ワイマイはウーラマ・スターセレクトに社名変更）[25]。三つどもえの戦いから、美団とウーラマの一騎打ちとなった。中国のインターネット・ビッグデータ監視第三者機関トラストデータが発表した『2018 年上半期中国モバイルインターネット業界の成長に関する調査報告書』では、美団が市場の 59%、ウーラマが 36%、バイドゥ・ワイマイが 3% を占めた[26]。美団が明らかにリードしており、ウーラマとバイドゥ・ワイマイの合計を上回る市場シェアを獲得した。

　後発の美団は、ウーラマをどのように自分の土俵に引き込んで打ち負かしたのだろうか。美団は当初、自社の先を行くライバル企業と同じような戦略をとろうとした。だが、それではなかなか追いつけないことにすぐに気づく。そこで 2014 年に 1000 人の新入社員を採用し、1 ヵ月間の研修を受けさせると中国 100 都市に派遣した。こうして、美団のプレゼンス向上を目指したのだ[27]。一方、ウーラマはすでにサービスを提供していた数都市にとどまっていた。フードデリバリー戦争の 3 番手を行くバイドゥ・ワイマイは、明確な戦略がないようだった。親会社のバイドゥは、フードデリバリーから AI へと軸足を移すタイミングで、バイドゥ・ワイマイをウーラマに売却した。

　2018 年 2 月、アリババグループが 95 億ドルでウーラマを買収[28]。10 月にはウーラマとコウベイ（口碑／Discover）を合併し、アリババ・ローカル・サービス（阿里本地生活服務）として統合すると発表した。コウベイは 2004 年、大衆点評と同様のビジネスモデルで創業されたが、その歩みははるかに遅々としていた。2006 年にアリババが投資し、2015 年にはアリババとアント・フィナンシャル（Ant Financial ／螞蟻金融服務）が 9 億 2400 万ドルを共同出資。コウベイを生活総合プラットフォームに変えたいと目論んでいた[29]。

　美団点評対ウーラマ・コウベイの争いが始まった。その背後に控える

のは 2 大企業、テンセントとアリババだ。

　美団とウーラマはあらゆる面で火花を散らした。最も注目された激戦の 1 つが、「ヘルメット競争」だ。美団がまず、カンガルーの耳がついたヘルメットを配達員のライダーに使い始める。ウーラマの配達員は、竹とんぼつきのヘルメットでこれに対抗。次に、美団の配達員が小さな黄色いアヒルのキュートなヘルメットをかぶると、ウーラマの配達員はクールな水色の異次元を思わせるヘルメットを採用した。続いて、美団とウーラマの配達員はそろって「西遊記」のヘルメットをかぶり――こうして戦いは堂々巡りする。その凝りようは配達員のジャケットにもおよび、広告を引き寄せた。ヘルメットの戦いは、中国の街路や小道に多くの彩りと楽しみをもたらし、同時に美団とウーラマへの注目を大いに集めた。

オンライン旅行業──シートリップとの競争

　美団は、オンライン旅行業（OTA）の領域にも注目した。2012 年の初めに王興は、美団は生活のあらゆるニーズを満たす「位置情報を利用した E コマース」になるだろうと語っている[30]。この年、映画チケットのオンライン予約サービスを提供する猫眼電影（マオヤン）をスタートさせ、2013 年にはフードデリバリー業とオンライン旅行業を新たに加えた。生活総合サービスのスーパープラットフォームを名乗るにはほど遠かったが、王の野心はとどまるところを知らなかった。

　2013 年に美団が OTA 市場に参入したときには、すでに数社のオンライン旅行会社が上場していた。中国 OTA 業界の発展の歴史もまた、価格競争だった。1999 年 5 月、中国初のオンライン旅行会社シートリップ（Ctrip ／携程）が上海に設立される。2003 年 12 月にナスダックに上場し、時価総額が 5 億ドルを超えた[31]。2007 年の時点では、シートリップが 56％と中国市場で圧倒的シェアを占め、2 位のイーロン（eLong ／芸竜）は 18％にすぎなかった[32]。だが、2010 年にモバイルイ

ンターネットが登場すると、イーロンとチューナー（Qunar ／去哪児）がシートリップの存在を脅かすことになる。航空券のオンライン検索と料金比較ができるプラットフォームのチューナーと、ホテルのネット予約を専門とするイーロン。この2社が市場をじわじわと侵食し、シートリップは2011年にシェアを41%まで落とした[33]。

この難局を乗り切るため、シートリップはイーロンとチューナーに価格競争をしかける。その状況が数年続いた。どの会社も値下げ競争に数億ドルを費やし、莫大な損失を被った。業界は苦境に立たされていた。2015年5月、シートリップはプラテノグループ（Plateno Group ／鉑涛集団）、テンセントと共同で、米旅行予約サイト大手のエクスペディアからイーロンの株式を取得。この買収によって、シートリップはイーロン株の37.6%を保有する筆頭株主になり、中国のオンラインホテル予約市場の89%を支配下に置く[34]。さらに2015年10月26日には、バイドゥとの株式交換によってチューナー株の45%を買収し、チューナーも傘下に収めた。シートリップは買収を利用し、トップの地位を盤石にしていった。

美団は、ちょうどいいタイミングでOTA市場に参入している。2013年、シートリップはイーロンとチューナーとの価格競争に手いっぱいで、美団を相手にしている余裕がなかった。さらに、シートリップが星付きホテルに注力していたのに対し、美団がねらったのはバジェット（低価格）ホテル市場だった。

美団では、クロスマーケティングが機能した。アプリでテイクアウトの食事を注文したときに、ホテルのリンクを目にした人々が、美団のホテル予約サービスを使ってくれた。美団のホテル予約の8割は、食事注文サービスのユーザーによるものだ[35]。トラストデータの『2018年第2四半期中国オンラインホテル予約業界の成長に関する調査報告書』によると、2018年の第2四半期、販売室数では美団が1位にランクされ、中国国内のオンラインホテル予約市場の46.2%を占めた。この数字は、シートリップ、チューナー、イーロンの合計よりも高い[36]。星付きホテルのマージンはバジェットホテルよりも高いため、収益の点では、

当然ながらシートリップが美団を上回っている。

DiDi との配車サービス競争

2017 年 2 月 14 日のバレンタインデー、美団は南京でひっそりと配車サービスを開始した。続けて、上海や他の都市でもスタートさせる。中国のネット配車サービス市場を牽引する DiDi（ディディ／滴滴出行）は、これに対抗して 4 月 1 日のエイプリルフールにフードデリバリーサービスの提供を始めた。

だが、配車サービス市場に足場を築くことは補助金を無駄にするようなもので、美団の財務損失は膨らみ続けた。2018 年、美団は IPO 目論見書の中で、「この（配車）サービスをさらに広げることは考えていない」と述べている。2019 年に美団の配車アプリは停止された。その裏で DiDi のフードデリバリー事業も行き詰まり、同じくサービスを中止している。

美団はそれでも、配車サービスへの投資をあきらめなかった。2019年、美団のアプリは、首汽約車（Shouqi）、曹操出行（Cao Cao）、神州専車（Shenzhou）などの配車サービスプロバイダーとつながった。2018 年 4 月には、シェア自転車会社のモバイク（Mobike ／摩拝単車）を 27 億ドル（現金 65%、美団株式 35%）で買収した[37]。2019 年には、モバイクから美団単車（メイトゥアン・バイク）に名前を変え、美団のアプリと連携させた。同時に、モバイクの古い自転車を美団の新しい自転車に交換。新しい黄色の自転車は耐久性の高い設計にし、合わせて乗車料金も引き上げた。

結果として、2019 年の新規シェア自転車事業の粗利が増えたが、これは主に業務効率を改善し、価格を引き上げたためだ[38]。シェア自転車事業全体では損失が続いているが、赤字は減りつつある。

食事の配達から、自社の枠を超えたデリバリーへ

　フードデリバリー事業を支えるため、美団は数十万人の配達員ライダーを擁する巨大な配送ネットワークを築いた。同社がこれほど大規模なネットワークを配したのは、明らかに食事の配達に終わらないその先を見据えてのことだった。

　2018年7月、中国国内2500の市町村で、新ブランド「美団閃購（メイトゥアン・インスタショッピング）」のサービスを開始する。美団の配送網を活かして、スーパーやコンビニ、生鮮食品店、フラワーショップなどの小売業者に配送サービスを提供するというものだった。

　2019年の旧正月の後には、「美団買菜（メイトゥアン・グローサリー）」を立ち上げた。消費者はこのサービスを利用して、新鮮な野菜や果物、肉、卵、米、麺類、食用油、魚介類などの食品をネットで注文できる。これに対応するため、美団は人口密度の高い地域に「レジデント・サービスステーション」を設置。保管と仕分け、配送を担うこの拠点は、「フロント倉庫」と呼ばれた。フロント倉庫では半径2キロメートル圏内の住民にサービスを提供し、30分以内に新鮮な食品を配達している。2019年末には、北京に40、上海に15、武漢に3つのフロント倉庫を持つまでになった[39]。

　さらに2019年5月、美団は新ブランド「美団外売（メイトゥアン・デリバリー）」をスタートさせる。サービスを提供する業界と顧客の幅をより一層広げた、世界をリードする配送プラットフォームだ。美団の技術基盤、配送ネットワーク、バリューチェーンが、エコシステムの提携業者にも開放された。

- **技術基盤**——美団の「スーパーブレイン」。組織的かつ超高速の注文品発送を実現するリアルタイムの配送システム。
- **配送ネットワーク**——全国におよそ1万の配送センターとフロント倉庫を持つ。2019年5月に稼働した配達員の数は1日平均60万人以上で、1日あたりの注文数は3000万件を突破。平均配達時間

は 30 分以内だった [40]。

- **バリューチェーン**——全国に 360 万人以上の業者、下流に 4 億人以上のユーザーがいる [41]。

　形ある配送ネットワークは人々の目に映るが、気づかれないのがその背後にあるビッグデータと AI 技術——目に見えない「スーパーブレイン」だ。美団のスーパーブレインは、1 日数千万件の注文を支援している。発送システムは 1 時間で約 29 億とおりのルート計画のアルゴリズム演算を実行し、平均 0.55 ミリ秒単位で最適化された配達ルートを計算できる [42]。スーパーブレインが注文の密度と飲食店の分布をもとに、最適なルートと配達員（ライダー）の数を計画する。同時に、配達員と飲食店、利用者のリアルタイムの位置に応じて、システムが注文品の配達を割り当てる。このとき、その注文がライダーの配達圏内にあることを確認する。そして、その間にも配達員がさらに 4 件の注文を受ける可能性があることを考慮し、飲食店と利用者の位置、飲食店の調理スピード、配達に利用する道路の交通状況などのすべてのデータを統合して、最短ルートを決定する。たとえば集合住宅の入口が複数ある場合、どの入口が最も近く最も早くたどり着けるか、建物内にエレベータはあるか、エレベータを待つのと階段をのぼるのではどちらが早いかなどを、システムで知ることができる。配達の遅延や再配達のリスクも自動的にわかる。美団は、ライダーが手を使わずに注文をとれる、音声機能を備えたスマートヘッドセットも開発した。

　2020 年、新型コロナウイルスのパンデミックが突如発生した。これを受け、美団は北京市順義区で自動配送車の運用を開始。消費者がアプリで注文すると、商品を積んだインテリジェントな配送車が無人運転で配達する。顧客は配達された箱を開けて、商品を取り出す。このプロセス全体で人と人との接触はない。

　将来的には、美団の配達員と自動配送車で、食事から日用品まで日常生活のほぼすべての側面に対応できるようになるだろう。

B2C だけでなく、B2B も

　美団は、生活総合プラットフォームとして数億人の消費者に利用されている。その一方で、関わる業者の数も数百万人におよぶ。同社にとって、業者へのサービス提供は消費者へのサービス提供と同じように重要だ。インターネット業界の発展の原動力となるのは、ユーザーの成長（消費者側）から、バリューチェーンの業者の効率改善（ビジネス側）にシフトする——王興はそう信じていた[43]。

　美団はすでに、レストラン評価やフードデリバリーを通じて、オンラインマーケティングでの業者支援を行っていた。2015 年の終わりにかけて、同社はさらに 3 本立ての業者向けサービスを導入する。1 つ目が業者のデジタル管理と効率を向上させる「飲食店管理システム（RMS）」、2 つ目がサプライチェーンの効率改善に役立つ飲食店向け卸売サービス「快驢進貨（Kuailv）」、そして 3 つ目が企業がしばしば直面するキャッシュフローの問題を解決する「美団小貸（メイトゥアン・マイクロローン）」だ。

　快驢進貨は、2016 年の立ち上げから急速に成長。米麺、穀物、食用油、飲料、肉、野菜、卵など、さまざまな食品の調達と配達を業者に提供している。2019 年末までに、快驢進貨は中国全土の 22 省と 45 都市をカバーし、同サービスを利用する稼働業者の数が約 45 万人[44]にのぼった。

　2019 年、美団は、食品、宿泊施設、美容などの業界の中小企業オーナーに必要な知識を提供するため、「メイトゥアン・アカデミー」を立ち上げた。ここでは、事業運営に関する何千ものオンライン動画コースを通じて、現場で役立つヒントを提供している。実例を交え、マーケティングから経営まで幅広いトピックを網羅する動画コースは、わずか 1 年で視聴数が 1200 万回に達した[45]。

　美団は、店のオーナーと業者にあらゆる B2B サービスを提供し、効率よく一石二鳥の成果を上げている。業者のロイヤルティが高まり、

ライバル企業から業者を奪われにくくなった。また、業者の経営改善を後押しすることで、業者と美団双方の利益向上につなげたのである。

生活総合 O2O 取引プラットフォーム

美団は現在、フードデリバリー、配車サービス、ホテル予約、映画レビュー、レストラン評価・予約などの生活総合サービスを提供している。2018 年の IPO 目論見書には、同社は中国をリードする「生活総合 O2O（オンライン・トゥ・オフライン）取引プラットフォームとして、消費者と業者をテクノロジーでつなぐ」とある。美団の使命は、人々の「食と暮らしの向上」を支援することだ。

2019 年は、美団にとって黒字に転じた重要な 1 年になった。2018 年には損失が 16 億ドルに膨らんでいたが、2019 年は年間利益が 4 億 1600 万ドルになる[46]。ここまで運命が好転したのは、主として新規事業の売上総利益率が -37.9％から 11.5％へと変化したことによる[47]。6 億 6300 万ドルにのぼる 2018 年の損失の大部分は、モバイクから出たものだった[48]。

美団は事業を、「フードデリバリー」、「店舗・OTA」、「新規事業・その他」の 3 つに分類している。それぞれの業績は**図表 5.1** に示すとおりだ。

図表 5.1　美団の業績

	フードデリバリー	店舗・OTA	新規事業・その他
収益（百万ドル）	7,861	3,193	2,926
構成比	56.2%	22.8%	21%
収益成長率（2018 年）	43.8%	40.6%	81.5%
売上総利益率	18.7%	88.6%	11.5%

出典：美団点評、2019 年アニュアルレポート

美団のサービスは多岐にわたる（イラスト：アスペン・ワン）

　トラストデータによると、美団のフードデリバリー事業の市場シェア
は2019年第3四半期に65.8％に達し、同部門の最も有力なプレーヤー
となった[49]。同社のフードデリバリー事業には、世界最大かつ最高効率
のタイムリーな配送ネットワークがある[50]。

　2つ目の「店舗・OTA」に関しては、美団を通じて予約されたホテル
の販売室数が、2019年も引き続き、シートリップ、チューナー、イー
ロンの合計を上回った[51]。粗利が高いオンライン旅行業は、美団のドル
箱事業になっている。

　「新規事業・その他」は、同社の中でも最も急成長しているセグメント
である。稼働業者数は2015年の200万人から、2019年には620万人
に増加した[52]。

　今日、中国だけでなく世界的に見ても、美団ほど幅広い生活総合サー
ビスを提供している企業は実際に存在しない。美団のサービスには、グ
ルーポンに似た共同購入、米口コミ情報サイトのイェルプ（Yelp）に
似たレストラン評価、グラブハブ（Grubhub）に似たフードデリバリー、

カヤック（KAYAK）に似たOTA、ウーバーに似た配車サービスがある。シンガポールの多国籍企業グラブ（Grab）は、配車サービス、フードデリバリー、決済サービスを提供しているという点でかなり近いが、守備範囲はそこまで広くない。

　何が美団の成功要因となったのだろうか。これには、中国特有の理由がいくつかある。1つ目が、大都市圏の人口密度だ。中国では、小さな都市でも平均して80万から120万人の住民がいる。人口が100万人を超える都市は中国に200以上あるが、米国には10都市しかない[53]。2つ目の理由が、人件費である。配達員のライダーの収入は、1件あたり約5元（約100円）。配達員の67%が月収5000元（約10万円）未満で、86%が20〜40歳の年齢層だ[54]。欧米では配送料がそれよりもずっと高い。グラブは今後、美団のモデルにならおうとするかもしれない。同社はすでに東南アジアで事業を確立しているが、この地域の人口や配送料は中国に近い。美団の成功体験がグラブにも通じる可能性がある。

　美団はIPO目論見書の中で、「当社は、世界のサービス産業のEコマースモデルに革新をもたらすパイオニアである」と述べている[55]。美団に代表される新世代の中国インターネット企業は、かつて自らがベンチマークとしていた企業を凌駕している。

1. **高頻度のビジネス**——生活総合サービスは、取引頻度の高いビジネスである。人々は毎日食べ物を必要とするが、シャンプーや服はそれほど頻繁に購入しない。美団は、アリババよりも消費者と接する回数が多い。美団がテンセントと戦略的提携を結んだときに、アリババが警戒感を強めたのはそのためだ。これが、95億ドルという度を越した過大評価でのアリババのウーラマ買収につながった。この買収の裏にある思惑を想像してみよう。アリババは高頻度の生活総合サービスに参入する必要があった。そしてウーラマは、唯一ではないものの、残されていた数少ない選択肢の1つだった。95億ドルという金額については別の見方もできる。美団を手中に収めることに失敗し、つぶされたメンツを取り戻そうとしたのではない

か。OTA市場はすでに熾烈な争いが繰り広げられ、勝者がほぼ決まっていた。そうした市場でさえ、美団は遅れて参戦できた。高頻度のビジネスで獲得したユーザー基盤を利用できたからだ。高頻度から低頻度へと移るほうが容易に思えるが、おそらく逆もありえる。シートリップのユーザーが、プラットフォーム上で食事の配達を依頼することもあるかもしれない。美団は、まだ赤字が続いていた時期にかなりの高額でモバイクを買収した。しかし、シェア自転車のサービスを始めたことで、ホワイトカラーの労働者が自転車を借りたり、フードデリバリーを頼んだりと、1日にアプリを利用する回数が増えている。どちらも高頻度のサービスである。理にかなった戦略だが、財務面が気になるところだ。

2. **スーパープラットフォームの強み**──美団は、消費者の飲食、遊び、娯楽のワンストップ・プラットフォームになっている（**図表5.2**）。

図表5.2 美団のアプリ

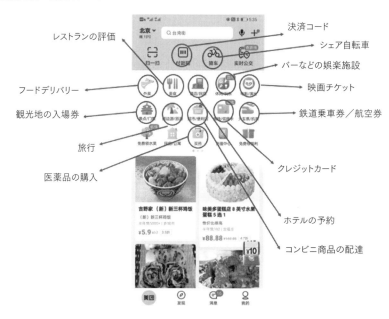

レストランの評価
決済コード
シェア自転車
バーなどの娯楽施設
フードデリバリー
映画チケット
観光地の入場券
鉄道乗車券／航空券
旅行
医薬品の購入
クレジットカード
ホテルの予約
コンビニ商品の配達

多様な製品やサービスを通じてユーザーの定着率とスティッキネスを高める一方で、クロスセリング（関連商品の販売）によってコストも削減した。美団の共同購入の利用者は、フードデリバリーやホテルの予約も試している。つまり、顧客獲得コストが極めて低いのである。このオーガニックなユーザーの獲得方法が、美団の成功のカギを握る要因となっている。2018年に美団を通じてホテルを予約したユーザーの8割は、同社アプリのフードデリバリー事業から流れていた。2019年にはユーザーあたりの年間平均取引回数が27.4回に達し、2018年より15.4%も増加した[56]。収益比でマーケティング費用が占める割合は、2015年の177.7%から、2018年には22.9%、2019年には19%と年々減少している[57]。

　今日、インターネットのトラフィックが生む利益は減りつつある。それでも、スーパープラットフォームが持つ規模の効果と、独自のトラフィック、クロスセリングという強みが、美団の価値を際立たせている。

3. **後発者にもチャンスがある**——美団は、どの事業も市場の開拓者ではない。最初に起業したとき、共同購入市場を牽引していたのはラーソウだった。フードデリバリーの領域に参入したとき、そこにはすでにウーラマがいた。OTA市場にねらいを定めたときも、シートリップとチューナーという非常に強力な企業の存在があった。美団はそのたびに業界のリーダーを超えることができた。美団はこれをさまざまな方法で達成している。ネットビジネスでは、「ネットワーク効果」が働けば一人勝ちというのが通説だ。しかし、美団はこの理屈に合わないように見える。中国では、後発者が多くのチャンスをものにした例がいくつもある。とはいえ、後発者利益を得るには3つの条件を満たす必要がある。1つ目が、後発者には真の差別化が求められるということだ。美団は共同購入戦争で、広告費に散財する他社の動きを追わなかった。その代わり、オフラインの強力な営業チームを投入し、業者をくら替えさせようとした。ま

た、競争の厳しい一線都市を避け、二線都市をターゲットにした。フードデリバリーでウーラマ不在の市場を選んだのだ。OTA部門では、シートリップが優勢だった星付きホテルではなく、バジェットホテルのカテゴリーに焦点を合わせた。美団は、差別化したポジショニングを見つけるのが非常にうまい。直接対決を避け、競争相手が見落としているエリアに切り込み、相手の市場シェアに食い込んでいくのである。2つ目の条件が、十分なキャッシュの必要性だ。他社がどこも資金切れに陥っていたときも、美団には余力があった。テンセントからの資金援助が命運を左右したのである。3つ目の条件が、トラフィックか顧客基盤が必須であるということ。これら3つの条件がそろわないと、後発者がキャッチアップできる見込みは薄い。

最近の中国ではウェイボーを使う人がほとんどだが、今も一部の人はファンフォウを使っている。王興がその1人だ。彼はファンフォウに、音楽やフィクション、スポーツ、歴史、自己啓発などに関する自身のアイデアや考えを投稿している。中国のある有力な講演家が以前、こうコメントしていた。「王興の最も卓越した資質、それは考える力です。そして王興が最も好きなこと、それが考えることなのです」[58]。王は読書と思索に多くの時間を費やし、その関心は多岐にわたる。一例を挙げよう。

　　いつか銀河で会議があり、私がたった1人の地球の代表者だったら、宇宙人たちに何と言えばよいだろう？　地球と人間の文明をどのように紹介しよう。その視点から、宇宙人に伝えるべきことを想像した。

　　この惑星に存在するもの、起きていることを、私は宇宙人に伝えたい。たとえば、最も壮大な自然の景色、栄華を極めた文化的景観、最高の音楽、最高の文学（どの言語でもいい）、最高の建築、最高の食事、人類の核となる概念といったものだ。[59]

世界中の最も基本的なものとの結びつきを王興がどのように考えているかが、ここに映し出されている。

本章のまとめ──経営者が問うべきこと

1. 自社の主力サービスについて、顧客体験のカギとなる事象をどの程度理解しているか？　顧客が通常体験することの中で問題になっている点は何か？

2. 満たすべきニーズと、そのニーズを満たす方法を理解しているか？　解決に値するニーズを満たすために、どのようなアプローチや仕組みを導入できるか？

3. 自社でどのようなデジタルサービスを提供しているか？　また、顧客とのタッチポイントや相互のやり取りが持つ意味をどのように考えているか？

4. 自社のデジタルサービスを、アプリのような形で、機能面で、あるいは日常生活の中で定着させようとしているか？

5. 自社のビジネスは高頻度の小売業がもたらすメリットを享受しているか？

6. 自社の業界のプラットフォームをどの程度知っているか？　また、提携関係を結べる可能性があるかどうかを把握しているか？

7. 自社が属する地域や業界のプラットフォームあるいはデジタルサービスのうち、教訓を得られそうなもの、ベンチマークとなりそうなものはどれか？

生鮮食品 E コマース
オンラインとオフラインを融合する

　E コマースの登場以来、タオバオ（Taobao ／淘宝網）や JD（ジンドン／京東）などの企業は、あらゆる種類の商品をオフライン（実店舗）からオンライン（EC プラットフォーム）へと移行させてきた。美団（メイトゥアン／ Meituan）も、生活に関するさまざまなサービスをオフラインからオンラインに切り替えることに成功している。今では、衣料品や電子機器、日用品、映画のチケットなど、どんなものでもオンラインで購入できそうだ。おかげで生活がずいぶん楽に、豊かになっている。しかし、人々の日常生活と密接に関わりながらも、大半の人が今もオフラインで購入しているものが 1 つある。生鮮食品だ。

　野菜や果物、肉、卵、魚介類などの生鮮食品は、中国の人々にとって欠かせないものである。テイクアウトは週に 1、2 回注文、服は月に 1 回購入、ホテルは年に数回予約すれば済むかもしれない。だが、生鮮食品がなかったら、中国の人々の暮らしは 2 日と成り立たない。

　中国では、生鮮食品を購入できる場所が主に 2 つある。1 つが、屋根付きのバザールやテントが並ぶ市場（欧州の露天のファーマーズマーケットのようなもの）である。住宅地に近く、多くの人が日常的に訪れる。市場は少し雑然として見えることもあるが、行商人はかなり早起きして、卸売から最も新鮮な食材を仕入れている。そして、そのにぎわいあふれる空間を人々は楽しんでいる。しかし、多くの大都市圏で住宅価格が高騰し、そのあおりで生鮮食品市場は急速に姿を消している。

人々が生鮮食品を買うもう1つの場所が、スーパーマーケットだ。スーパーは品揃えが豊富だが、住宅地の近くにないこともある。コンビニはもっと身近にあるが、提供している商品の数がずっと少ない。たいていの中国人は、新鮮な肉や魚が手に入る場所を常に探している。Eコマースの進歩によって、生鮮食品の新たな調達手段が生まれるだろうか。

フーマー──オンラインとオフラインの融合

ある日の夕方6時半、上海の浦東新区で暮らす王さんは、仕事からの帰宅途中だった。彼女は地下鉄に乗ると、その日の夕飯に思いをめぐらせる。2つの選択肢が頭に浮かんだ。

1つ目は、自宅近くのフーマーフレッシュ（Hema Fresh／盒馬鮮生）の店先で何かを買って帰り、料理すること。フーマーフレッシュは帰り道にあるが、それでも買うものを選んで精算するのに10分から20分はかかる。普段なら店での買い物を楽しむところだが、今日は暑いし、疲れている。

そこで、2つ目の選択肢に決めた。スマートフォンでフーマーのアプリを開き、野菜と新鮮なエビを選んでアリペイ（Alipay／支付宝）で支払う。ほんの数分で終わった。彼女が家に向かっている間に、フーマーフレッシュの店員は注文を仕分けし、梱包して配達の手配を始める。30分後、フーマーのアプリで注文した食品が届くのと同時に、王さんは帰宅した。王さんは主に青果や新鮮な魚介類、肉などをフーマーのアプリで週に2〜3回注文し、購入している。1回の注文は、平均して100〜200元（約14〜28ドル[1]）ほどだ。

タオバオ、JD、美団は、米国のモデル企業を真似ることから始まった。しかし、アリババ傘下のフーマーフレッシュは、その誕生から独創的なイノベーションだった。「盒馬鮮生」は、中国語の「河馬先生（「カバさん」の意）」と同じ発音を持つ。そのため、ロゴにもカバが使われている。最初の実店舗は2016年1月に上海のショッピングモール、金橋国際

商業広場・タワー１の地下という、最高の立地にオープンした。2017年以降、フーマーは事業拡大を加速させる。2020年5月の時点ですでに20都市に200店舗近くを構え[2]、2022年までに2000店という野心的な目標も掲げている[3]。フーマーは序盤から生鮮食品販売を明らかにリードし、このニューリテールの時代に多くの注目を集めている。「カバさん」の店の特筆すべき点について考えてみよう。

- **立地**——立地は、間違いなく最も重要な要素だ。これまでのような実店舗型の小売を基本とする時代には、それが鉄則だった。フーマーは革新的なモデルだが、従来と同じ実店舗を今も構えている。そのため、立地は極めて重要である。店舗は主に一線都市と二線都市に設置され、通常は富裕層が暮らす大規模な住宅地に近いショッピングモールの中にある。こうした人口密度が高い地区の不動産価格は概して非常に高く、同様に地元住民の消費水準も高い。

- **実店舗**——フーマーの実店舗は、たいてい5000平方メートルほどの床面積を持ち、「生鮮食品店」、「ケータリング・飲食スペース」、「ネット注文用のフルフィルメント・センター」の3つの機能を組み合わせている。店の造りは普通のスーパーとほとんど変わらないが、より高級志向のデザインだ。店舗から半径3キロ圏内に住む顧客はオンラインで商品の宅配を注文でき、通常30分以内に受け取れる。従来の市場やスーパーとは異なり、フーマーの店舗は倉庫や配送拠点としての役目も持つ。そのため、商品が並ぶショッピングエリアに加え、かなりの広さを持つ物流エリアもある。物流エリアには、仕分け、梱包、配送の利便性を高めるため、購入される頻度の高い商品が多数ストックされている。店内には、特定の食品の鮮度を保つための冷蔵エリアも設けている。また、フーマーの店舗にはフードホールがある。ほとんどの店舗で、床面積の約15〜50％をケータリング・飲食スペースに指定している。ホール内の飲食店の経営は外部の業者が行っており、フーマーはテナント料

のほか、各店の売上の 20％を手数料として徴収する。フードホールは良好なキャッシュフローを生むだけでなく、顧客の獲得と維持にも役立つ。フーマーの親会社のアリババが、ネット上のプラットフォームで販売店から出店料と手数料を集めるのと同じように、フーマーもオフラインの実店舗を通じて賃料と手数料を徴収しているのだ。

- **商品**——生活必需品に加え、フーマーが目玉商品としているのが新鮮な魚介類だ。タラバガニやオーストラリア産ロブスター、アワビ、サーモンなどが、目立つ場所に陳列されている。包装されて値札がついているので、計量不要でさっと買える。フーマーフレッシュで売られている最高級の商品は、たいてい競争力のある価格設定になっている。たとえば、生きたボストンロブスター 400 グラムは89 元（約 1800 円）で売られているが、JD では冷凍の同等品が 100元（約 2000 円）する[4]。2018 年から、フーマーは国内外のブランドと新商品の共同開発を始めた。四川省の新希望乳業と共同で「黄金24 小時フレッシュミルク」を、ニュージーランド系企業のフォンテラ（Fonterra）と共同で「日日鮮ミルク」を発売。2019 年 10 月には、フーマーの売上の 10％を自社ブランドが占めている。一般に5％未満とされる従来型の小売業者に比べると高い数字である[5]。フーマーは自社ブランドを「He Brand」（フーマーの英語表記は Hema）と名付け、2021 年には売上に占める割合を 50％に増やすという目標を掲げている[6]。2019 年、「He Brand」強化のため、フーマーは自社の農業生産拠点となる「フーマーヴィレッジ（盒馬村）」を立ち上げた。最初のヴィレッジは四川省に作られた。2020 年 5 月には、上海にも 1 つ目のフーマーヴィレッジを開き、翠冠梨[*1]を生産している。フーマーヴィレッジは「デジタル農業基地」として、IoT システムやトレーサビリティシステム、ドローン、果樹園のリモート

---

*1 中国で人気のある梨の一種。

フーマーフレッシュ (イラスト：アスペン・ワン)

監視ロボット、総合灌漑・施肥システム、デジタルセンサーなどの一連のハイテクソリューションを備えている。2020年9月までに、中国全土に117のフーマーヴィレッジが建設された[7]。フーマーヴィレッジはアフリカのルワンダにもあり、自前の唐辛子を栽培している[8]。

- **商品の補充**――フーマーの卓越した特徴の1つが、迅速配送だ。店舗から3キロ圏内の住民に、ほとんどの注文を30分以内に届けている。顧客は配達時間の指定もできる。たとえば午後3時の注文で、午後6時から6時半までの間の配達を依頼できる。正しい商品を選んで梱包し、30分以内に配達するためには、店側は運用プロセスのすべての側面を効率よく回す必要がある。フーマーの店舗で目を引く装置の1つに、天井のベルトコンベヤーがある。顧客がネットで注文すると、店内のスタッフが注文された商品を袋に詰め、ベルトコンベヤーに載せる。そしてコンベヤーで袋を物流エリアまで

運ぶ。このプロセス全体の所要時間は5分未満だ。ベルトコンベヤーは、30分以内の配達を保証するうえで欠かせない存在になっている。注文が頻繁に入る一部の商品を物流エリアで保管していることも、仕分け・梱包プロセスのスピードアップに貢献している。

- **情報提供と精算**──フーマーの店舗では、商品にデジタル表示の値札がついている。そのため、値段の調整がしやすく、ネット販売と実店舗で同じ価格設定を保証できる。顧客は値札のバーコードを読み取って、商品の産地などの詳しい情報を見たり、消費者のフィードバックを確認したりすることもできる。支払いには、フーマーのアプリを使う必要がある。全店舗で無料Wi-Fiを利用でき、アプリのダウンロードや使い方をサポートする担当スタッフがいる。この種のオンライン決済になじまない顧客もいるかもしれないが、フーマー側はこれで、精算時間を短縮できるだけでなく、顧客の貴重な情報も集められるのである。

まとめると、フーマーの価値提案（バリュー・プロポジション）は次の3つを組み合わせたものである。

1) 高品質かつ他社に負けない価格の生鮮食品（特に魚介類）。顧客は店内での食事用に調理してもらうか、テイクアウトにするかを選択できる。
2) スマートフォンを軸にすべてが統合された消費体験。値札のQRコード読み取りによる商品情報の提供から、自動精算、アリペイでの決済など。
3) 無料の即時宅配オプション。各店から半径3キロ圏内であればオンラインで注文できる。

コンセプトは素晴らしいし、確かに魅力的に聞こえる。しかし、財務実績はどうなのだろうか。2018年9月に開催されたアリババのグロー

フーマーの店舗内

バル投資家の日、アリババグループ副社長でフーマーCEOの侯毅（ホウ・イー）は、経営データを一部公開した。オンライン販売が売上全体の6割以上を占め、店舗あたりの1日の平均売上が11万ドルを超えている。また、1年半以上営業を続けている店舗の1店舗あたり売場効率（売上高を売場面積で除した値）は、7000ドル以上だった[9]（従来のスーパーでは2150ドルほど）。

生鮮食品Eコマースの多様なモデル

　生鮮食品と他の商品の違いは何だろう。衣料品、家電、パソコン、携帯電話、おもちゃ、さらにはテイクアウトのサービスまで、どの商品もEコマースでの販売に成功した。その一方で、生鮮食品のオンライン普及率が非常に低いのはなぜだろうか。いくつか理由が見つかった。明らかな要因の1つが、保存できる期間の短さだ。衣類なら、数年とは言わないまでも数カ月は保管できる。だが、生鮮食品はほんの数日しかもたない。そのうえ、生鮮食品の物流チェーンは非常に長い。産地での調達から、輸送、保管、配送にいたるすべての過程で、損失が発生する割合が高い。それと同時に、食品物流のコールドチェーン（低温管理されたサプライチェーン）にもコストがかかる。そのため、野菜のように高頻度、低価格、短寿命の生鮮食品に関しては、オンライン販売の物流コストをまかなうことはほぼ不可能である。さらに、衣料品やソフトドリンク、ポテトチップスなどと違い、生鮮食品は標準化された商品ではない。別の農場で生産された野菜の品質はまちまちで、同じ農場の野菜であっても収穫時期によって変わる可能性がある。だから消費者は現物を見てからでないと、安心して購入できないのである。

　では、生鮮食品市場はどのくらいの規模なのだろうか。2018年、中国の衣料品市場は約2940億ドル[10][11]で、2016年の3C（コンピューター、通信、家電）製品市場もほぼ同額だった[12]。一方、2018年の中国の生鮮食品市場は、約7300億ドルと推定されている[13]。生鮮食品市場は巨大

なだけでなく、経済学者が言うところの「非弾力的需要」（価格の変化に左右されない需要）も持つ。本書ではそれを「高頻度商品」と呼んでいる。それだけに、生鮮食品のEコマース部門には多くの競合が存在する。フーマーが一番乗りというわけではなかった。

中国初の生鮮食品ECベンチャー、易果生鮮（Yiguo／ユイゴー）は2005年に設立され、天天果園（FruitDay）もその後に続いた[14]。野菜や魚介類などの生鮮食品に比べれば、果物の保管や輸送は比較的簡単だ。初期の生鮮食品Eコマース企業には果物の販売から始めたところが多かったが、実店舗とネット販売を組み合わせたところはなかった。こうした企業は、フーマーよりも大きな倉庫を持ち、はるかに広いエリアにサービスを提供している。顧客の注文を受けたら果物を倉庫から発送し、1日から2日で配達する。生鮮食品のEコマース企業は、独自のコールドチェーン配送システムと物流機能を構築する必要があった。生鮮食品の取り扱いができる第三者の宅配企業が皆無だったからだ。コールドチェーン・システムを自社で築くというのは、莫大な費用がかかる投資だ。しかし、顧客体験を向上できるだけでなく、新たなライバル企業の参入障壁になる可能性もあった。2014年頃まで、生鮮食品の配送料は、注文あたり40〜50元（約800〜1000円）もした。そのため、生鮮食品のネット販売価格も決して安くなく、Eコマース各社は有機栽培や輸入ものの果物に特化して、より高い価格設定で高い粗利を確保しようとした。それでも、生鮮食品の垂直型ECプラットフォームのほとんどが赤字だった。

2013年以降、多商品、多機能の大手ECプラットフォームが生鮮食品ビジネスに進出し始める。Tmallは「Tmallフレッシュ（天猫生鮮）」を、JDは「JDフレッシュ（京東生鮮）」を立ち上げた。アリババは2013年から、易果生鮮に4度にわたり投資。その中には、2017年の3億ドルの出資も含まれる[15]。アリババが特に関心を持ったのは、易果生鮮の子会社ExFresh（安鮮達）のコールドチェーン倉庫・流通機能だ。それをTmallフレッシュの物流サービスの提供に利用したいと考えたのである。一方、JDは2015年に天天果園に投資した。

しかし、野菜や魚介類などの生鮮食品は、翌日や2日後の配達では顧客のニーズを満たせない。生鮮食品は無計画に購入されることも多いが、即時配達を求められる。1日、2日とかかる配達でよしとする顧客はほとんどいない。

　2014年に設立されたミスフレッシュ（MissFresh ／毎日優鮮）という会社は、配達時間を短縮するため、生鮮食品Eコマースの新たなモデル「フロント倉庫」の可能性を模索した。ここで「フロント」とは、顧客やコミュニティに近いことを意味する。フロント倉庫は通常、人口密度の高いコミュニティの近くにある。100 〜 400平方メートルほどの床面積があり、半径1 〜 3キロ圏内の住民にサービスを提供する。フロント倉庫を設置したことで、生鮮食品の配達時間は大幅に短縮された。ミスフレッシュは、顧客に2時間以内の配達を約束し、2019年の終わりには平均配達時間を36分に短縮[16]。このフロント倉庫戦略により、垂直型の生鮮食品ECビジネスで頭角を現す。2019年5月には、フロント倉庫に新たに3つの商品カテゴリー（食事、コーヒー、生鮮魚介）を追加すると発表し、大型倉庫から日用品の「翌日配送」サービスも開始した。2019年11月時点で、ミスフレッシュは全国20都市に1500のフロント倉庫を有している[17]。2019年に美団が始めた食料品のネット販売は、ミスフレッシュのフロント倉庫戦略を模倣したものだった。

　2020年7月、ミスフレッシュは4億9500万ドルの新たな資金調達ラウンドを発表する。中国の大手投資ファンドCICCキャピタル（中金資本）やテンセント（Tencent ／騰訊）のほか、いくつかの投資機関がこれに共同出資した[18]。新型コロナウイルスのパンデミックが発生し、生鮮食品のオンライン購入の普及率が加速。この資金調達ラウンドは、生鮮食品の宅配モデルとしては過去最大となった。テンセントは、早くも2015年からミスフレッシュのAラウンド資金調達に参加しており、その後のラウンドでも出資を続けている。

　JDや美団、ウーラマ（餓了麼）のように自社の配送機能を持つ一部のECプラットフォームは、オフラインのスーパーやコンビニと協力関係を築き、O2O（Online to Offline）モデルを立ち上げた。JDは2015年

に「京東到家（ジンドンダオジャー）」を立ち上げ、店頭商品を原則1～2時間で消費者に配達する契約をオフラインの小売業者と結んだ。従来型スーパーの配達時間は、フーマーやミスフレッシュよりも長い。従来型スーパーはネット販売を考慮した設計になっていないか、ピッキングと仕分けのプロセスが最適化されていないというのが理由の1つだ。さらに、オンライン上の掲載商品がオフラインの在庫と一致しないことが多く、欠品や間違いの発生率が高かった。2018年8月、京東到家は、新たなラウンドで5億ドルの資金調達を完了したと発表した。このラウンドの投資家グループには、小売業界の巨人ウォルマートが参加している。当時の京東到家は、すでに120万の業者と5000万人以上の個人客を有し[19]、一線都市と二線都市をほぼすべて網羅していた。JDは、カルフールやファミリーマート、セブンイレブン、ローソンなどのコンビニエンスストアの世界的大企業や、永輝超市（ヨンフイ・スーパーストアズ／Yongfui）、CPフレッシュ（正大優鮮）、全時（OurHours）などの国内企業とも提携関係を結んだ。にもかかわらず、位置情報サービス

生鮮食品Eコマース（イラスト：アスペン・ワン）

（LBS）としての配送能力を持つ美団は、京東到家よりもはるかに短い配達時間を実現している。美団に最寄りのコンビニからの配達を頼むと、通常 30 分ほどで配達される。

　総合 EC プラットフォームとオフラインのスーパーの統合は、注目を集めた。2015 年 8 月、JD は生鮮食品スーパー大手の永輝超市に 7 億ドルを出資する。アリババも、三江購物（サンジアン）、聯華超市（レンファ・スーパーマーケット／ Lianhua）、銀泰（インタイム／ Intime）、蘇寧（スニン／ Suning）など、多くのスーパーのチェーン店やショッピングモールに投資。EC プラットフォームのオフラインへの拡大がますます加熱している。2015 年には中国小売チェーンの物美超市（ウーマート）が生鮮食品 O2O プラットフォーム「多点（DMALL）」を立ち上げ、近隣住民や提携先スーパーに宅配サービスの提供を開始した。

　生鮮食品のニューリテールでは、数え切れないほどの開発やイノベーション、新たなモデル、新たな参入者、新たなアプローチが生まれており、そのすべてを把握することは不可能に近い。**図表 6.1** に、各モデルの「主要なアプローチ」をまとめてみた。核となる特徴を理解するのに役立つだろう。

　図表 6.1 から、この競争について興味深いことに気づいた。フーマーは、この分野のすべての企業と競り合っている。オフラインのスーパーからオンラインの E コマース、配達、さらにはレストラン事業まで、垣根を越えた経営をしているのだ。オフラインでは従来の実店舗型のスーパーや飲食店と、オンラインでは JD フレッシュやミスフレッシュと、そして配達では美団や京東到家と勝負している。フーマーのモデルが他社より優れていると判断するのはやや性急だが、フーマーの生んだ OMO（Online Merges Offline：オンラインとオフラインの融合）の概念に、間違いなく多くの「コピーキャット」が注目している。2017 年には、JD が「七鮮（7FRESH）」を、蘇寧が「蘇鮮（スーフレッシュ）」を、従来型スーパーの永輝超市が「超級物種（Super Species）」を立ち上げている。

　オンラインビジネスとオフラインビジネスの融合は、当然ながら中国

図表 6.1 多様なモデル

	易果生鮮	Tmall フレッシュ、JD フレッシュ	ミスフレッシュ	O2O 美団、京東到家	従来型 スーパー	OMO フーマー、七鮮、蘇鮮
タイプ	新規 ベンチャー	EC プラット フォーム	新規 ベンチャー	既存プラットフォーム	EC プラット フォームと提携	新規 ベンチャー
Online Offline	オンライン	オンライン	オンライン	O2O	オフライン	オンラインとオフラインの融合
進出年	2005 年	2013 年	2014 年	2015 年	2015 年	2016 年
主力 商品	果物	青果、魚介類	果物、食事、珈琲、生鮮魚介	多様な 品揃え	多様な 品揃え	生鮮食品 など
倉庫	大型倉庫	大型倉庫	フロント倉庫	なし	店内	店内
配達	1-2 日	1-2 日	36 分	1-2 時間 / 30 分	1-2 時間	30 分
物流	自社構築	取得または自社構築	自社構築	自社構築	提携または自社構築	自社構築
価格	高級	高い	安い	N/A	安い	格安

のEコマースに限った話ではない。アマゾンは2015年11月、シアトルに初のオフライン書店をオープン。2017年6月には、高品質の生鮮食品で知られるホールフーズ（Whole Foods）を買収し、世界各地の460店舗以上を傘下に収めた[20]。さらに2018年1月、「Amazon Go」を立ち上げる。Amazon Goは主に軽食を提供する実店舗で、精算が不要なため、顧客は「レジに並ばず」買い物を楽しめる。店内に設置された何百台ものカメラやセンサーで、客の動作や購入状況を記録しているのだ。オランダの大手スーパーチェーン、アルバートハイン（Albert Heijn）も陳列棚の値札にスマートフォンやカードをかざすと購入できる技術を

導入している。だが明らかなのは、これらはまだ初期の段階にあり、オンラインとオフラインのビジネスを融合させた単独の事例にすぎないということだ。今のところ、この新たなアプローチを大規模に展開しているのは、フーマーやミスフレッシュなどの企業だけである。

　生鮮食品部門におけるオンラインとオフラインの融合は、ニューリテールの動きの1つだ。フーマーは、ニューリテールの実践を示す代表例といえる。

生鮮食品部門におけるニューリテールの実列

　2016年に開催されたアリババのテクノロジー・カンファレンスで、アリババ創業者の馬雲は「ニューリテール（新小売）」の概念を提唱した。馬雲は、Eコマースの概念はもうすぐ時代遅れになり、次の10年から20年は「ニューリテール」の時代、すなわちオンラインとオフライン、物流を融合させた時代になると確信していた[21]。フーマーの出現は、馬雲が考えるニューリテールを具現化したものである。2018年、JD創業者の劉強東も、小売業の未来に対する自身のビジョンを「ボーダーレスリテール」と表現し、買い手と売り手のシームレスなコミュニケーションを可能にする境界のない販売網を目指すとした[22]。

　生鮮食品は、多くの中国人にとって日常生活に欠かせないものの1つだ。また、小売業の中でも「人、商品、場所」の関係性が最も顕著に現れる。中国で生鮮食品のEコマースが始まったのは遅かったが、「人、商品、場所」をつなぐ点の革新と再構築を繰り返し、オンラインとオフラインの境界を打ち破った。これは人々が従来のEコマースを見直すきっかけにもなった。

1. **オンラインとオフラインの緊密な融合**——従来の小売では、オンラインとオフラインは別物とされる。従来型のスーパーでは、消費者が店舗に行き、棚から商品を選び、会計をする。オンラインショッ

ピングでは、顧客はネット上で注文・支払いをし、配達された商品を受け取る。オンラインとオフラインの小売は、交差しない２本の平行線のようなものなのだ。そこで京東到家は、O2Oモデルでオンラインとオフラインを結びつけた。顧客はスーパー実店舗の商品を買うためにネットで注文している。

　また、フーマーのモデルでは、オンラインとオフラインがまさに融合され、消費者はどちらでも購入できるようになった。そのときの気分や日々の予定に合わせて、フーマーの店舗に行ってもいいし、ネットでの注文も選べる。フーマーのモデルの企画段階で最も大きな決断となったのが、店舗を開くか、ミスフレッシュのように倉庫の建設だけにするかということだった。結局、店舗を設置することにしたのは、消費者が倉庫で買い物をする可能性は低く、倉庫ではオフラインのトラフィックをオンラインに変えられないと考えたからだ。オンラインのトラフィックの獲得コストが急激に上昇していたこともあり、それだけに頼っていては費用がかかりすぎると判断した。実店舗を開くことにしたら、決めなければならない重要事項がもう１つあった。ケータリングと店内の飲食スペースをどうするかだ。フーマーは、第三者の業者へのアウトソーシングという形で、その２つを導入した。

　また、フーマーでは実店舗へのトラフィックをネット販売に振り向けるため、購入時にはフーマーのアプリを使った精算を義務付けている。こうした強制は一部の消費者の離反を招く可能性があるが、フーマーにとってはおそらく最も重要なステップになる。消費者は必ずしもオンラインとオフラインのビジネスモデルについて考えたりしない。ただ時間の余裕があればスーパーに行き、忙しければオンラインで注文して便利な宅配を利用したいと思うだけだ。消費者にとって何より重要なのは便利であること、そしてニーズを満たせることである。従来のようなオンラインとオフラインの境界に固執する企業は、不自然な壁を自ら築くことになるだろう。

2. **オンラインとオフラインの物流における緊密な融合**──生鮮食品の
Eコマースでは、物流がいかに重要かが如実に表れる。他の商品な
ら消費者はそこまで急ぎのリクエストをしないし、当日か翌日の配
送でおおむね満足する。また、保管や輸送の最中に損傷したり腐敗
したりすることもそれほどない。食事のテイクアウト部門では即時
配達が求められるが、物流チェーンを必要とするのはそのごく一部、
「自宅への配達」のみだ。一方、生鮮食品の取り扱いには次の3つ
の特徴がある。1つ目が配達時間に対する要求の高さ、2つ目が長
く複雑な物流チェーン、3つ目が商品の腐りやすさである。

　生鮮食品市場のすべての企業が、物流の問題に懸命に取り組んで
きた。まず、大型倉庫から配送するコールドチェーンの物流システ
ムを構築し、輸送にともなう課題と腐敗の問題を解決した。しか
し、配達時間の大きな改善にはいたらなかった。ミスフレッシュは、
消費者が集まる地域から3キロ圏内に倉庫を移し、1日から2日を
要していた配達時間を1時間から2時間に短縮した。フーマーは、
倉庫と店舗を1つにすることで、さらに短い30分以内の配達を実
現した。30分というのは、消費者が実店舗で自分で買い物をする
のにかかる時間とほとんど変わらない[23]。iResearchの調査報告に
よれば、1日から2日で配達されるTmallフレッシュやJDフレッ
シュよりも、2時間以内に配達してくれるフーマーやミスフレッ
シュのほうが、消費者の購入頻度が高い[24]。

　物流システムの整備によって配達時間が改善されると、フーマー
とミスフレッシュはともに商品の幅を生鮮食品以外にも広げ始め、
さまざまな日用品も取り扱うようになった。iResearchの報告では、
7割以上のユーザーが、生鮮食品をオンラインで購入する際に合わ
せて日用品も購入している[25]。これも、高頻度の消費が低頻度の消
費を引っ張っている典型的な例の1つである。今後、ミスフレッ
シュのような生鮮食品のECプラットフォームが、他の包括的なE
コマース企業から市場シェアを奪うことも考えられる。

3. **顧客のあらゆるニーズに対応するカスタマイズされたモデル**——従来の生鮮食品のEコマースから、京東到家のO2Oモデル、ミスフレッシュのフロント倉庫、フーマーのOMOまで、生鮮食品Eコマースのビジネスモデルは絶えず進化してきた。

　実際、2018年にはまた別のモデルである「社区団購（シャーチートワンゴウ）」というコミュニティ共同購入の仕組みが登場した（第7章で詳述する）。同じ地区に住む住民のことを「コミュニティグループ」と呼び、地区ごとにとりまとめをする「代表」がいる。代表には、常勤の仕事を持たず、在宅している子育て中の親が多い。代表は、WeChat（ウィーチャット／微信）のグループを作成し、そこで毎日8〜10個の発売前商品を紹介する。そして、すべての注文を1つの大口注文としてまとめ、サプライヤーに地区まで直接発送してもらう。それを代表が購入者に配布するのだ。コミュニティ単位の共同購入は三線都市や四線都市に多く、1人の代表が300〜500世帯を取り仕切っている。地域共同購入のスタートアップ大手「食享会」は、2019年1月の時点で全国45都市、およそ2万のコミュニティに、約2万人の代表を擁している。地域共同購入のメリットは明らかだ。代表の知り合いのネットワークを利用して顧客にアクセスでき、倉庫や店舗の建設費用もかからない。非常に身軽なモデルだ。

　現在、中国の生鮮食品Eコマース市場には複数のモデルが共存する。それぞれメリットとデメリットがあり、異なる消費シナリオに対応している。圧倒的なメリットを持つモデルというものは存在しない。各社がさまざまなモデルを試みている一方で、フーマーも自社モデルの改善を続けている。「フーマーフレッシュ」と名付けられた最初の店舗に続き、青果市場の「フーマーマーケット（盒馬菜市）」、小型店舗の「フーマーミニ」、コンビニ型の「ファスト・アンド・フレッシュ（盒馬F2）」、宅配専門の「フーマーステーション（盒馬小站）」、テイクアウトの「Pick'n Go」を立て続けに生み出し、多様なシナリオを想定した小売形態を提供している。たとえば、

大型店のフーマーフレッシュとは対照的に、フーマーミニは床面積が 500 〜 1000 平方メートルほどで、取扱商品の数も少ない。配達範囲を 1.5 キロ圏内にして、低中所得層の市場に対応している。Pick'n Go は、主にビジネスマンの朝食の問題[*1]を解消している。消費者はたいてい地下鉄で注文し、地下鉄の出口にある Pick'n Go を通り過ぎるときに、バーコードをスキャンして商品を受け取る。2019 年 11 月、フーマーは深センにショッピングモール「フーマーリー（盒馬里・歳宝）」もオープンさせた。衣料品や日用品の販売店のほか、食料品売場や親子向けのエリアもあり、週末の家族時間のニーズに応えている。

生鮮食品 E コマースに利益はあるのか

　フーマーのモデルは革新的に見えるし、顧客にも喜ばれている。だが、まだ最大の疑問への答えが出ていない。「利益はあるのか？」ということだ。最も初期の生鮮食品ネット販売業者の 1 つであるオカド（Ocado）は、2000 年に英国で設立された。だが、黒字になるまでに 14 年を要した。そこまで生き残ることができた理由の 1 つが、同社をユニコーン企業と評価した投資家の存在だった[26]。生鮮食品の E コマースでは、収益化が長年の悩みだった。アマゾンは早くも 2007 年に、シアトルで「Amazon フレッシュ」を試している。しかし、他の都市への展開を始めたのは 2013 年になってからのことだ。これは、素早い事業展開が常のアマゾンにしては、かなり保守的といえる。Amazon フレッシュに希望を見出せていたら、2017 年にホールフーズを買収しただろうか？

　中国のインターネット企業は実験と拡大を続ける一方で、同時に利益を生む方法を見つけられていない。生鮮食品ビジネスは、その規模を考

＊1　朝食を外でとる文化を持つ中国では、通勤時間帯の飲食店やコンビニに朝食を求める人の行列ができることが多い。

えると戦略的な重要性が明らかなため、短期の利益目標よりも優先されている。たとえばシャオミ（Xiaomi ／小米）は、テレビの販売ではほとんど赤字だった。それでも、IoT の領域で消費者にリーチする手段として必要と考え、販売を継続した。ここにも、同じロジックが当てはまるのではないか。アリババが生鮮食品を売らなければ、新旧の競合他社が売るだろう。ハイリスクのビジネスに飛び込む理由としては、これで十分ではないだろうか。

　中国小売部門の初期の外資系企業を振り返ると、カルフールが 1995年、ウォルマートが 1996 年に中国に進出している。これらの企業は、中国のスーパーマーケット業界に最初に現れた先駆者であり、大成功を収めて莫大な利益を上げた。現在、こうした従来型の小売企業は、テクノロジー部門から生まれたアリババや JD との厳しい競争に直面している。2019 年には、蘇寧がカルフール株の 80％を取得した[27]。ウォルマートは、2012 年に傘下に置いた中国大手ネット通販サイト「イーハオディアン（1 号店）」を JD に売却し、間接的に生き残った（**図表 6.2**）。

　オンラインとオフラインの融合は、生鮮食品部門に限ったことではない。本章で生鮮食品を取り上げたのは、実現の難易度が最も高いからだ。

図表 6.2　生鮮食品のネット販売移行にともなう主な課題

課題	問題になっていること
高頻度の取引	配送コスト
コールドチェーンの物流	配送時に重さや大きさ、量が変化するため、配送がより複雑になる
目視での確認が必要	鮮度にばらつきがある
生産者の数が多い	高度に細分化されている
明確な標準品がない	生鮮食品のほとんどがノーブランド
利益モデル	生鮮食品で利益を出している企業がまだない
配達時間に対する要件	2 日も（2 時間でも）待ってもらえない

生鮮食品は保存できる期間が短いため、サプライチェーンに負担がかかる。また、消費者が要求する鮮度の基準も高い。ネットとリアルの融合はコロナ禍以前にも見られたが、パンデミックによって切り替えが加速した。多くの企業が、2020年を乗り切るために事業のオンライン化を迫られた。2020年より前からこの転換に向けて準備を進めていた企業は、2020年に備えもなくその状況に陥った企業よりも、はるかにうまく軌道に乗せている。必要な準備は、ITインフラやデータベースの構築だけではない。ビジネスモデルや事業運営についても考えなければならない。移行を成功させるには、組織改革が何より重要であるというのが著者の主張だ。この動きはあらゆる部門で必要になっている。

　中国には、「大きな傾向は細部に表れる（見微知著）」という古いことわざがある。生鮮食品は、中国の小売市場に数百と存在するカテゴリーの1つにすぎない。だが、Eコマースの視点で見れば、コピーからイノベーションへと、中国企業が質的な飛躍を遂げたことは注目に値する。前章で紹介したように、「数千社の共同購入企業の戦い」においては、無数の企業がそろって宣伝力と資金調達力を競い、バトルを繰り広げた。一方、生鮮食品市場の戦いでは、ビジネスモデル、イノベーション、顧客の理解度が争点になる。フーマーのように革新的な生鮮食品企業は、コピーキャットとは違う。むしろ、さまざまな消費シナリオに合わせて革新し、実験している。「イノベーションを起こすか、捨てられるか」という言葉は、中国の生鮮食品ニューリテールで進行中の熾烈な争いを的確にとらえている。生鮮食品ビジネスが中国の他の業界と同じ動向をたどるとすれば、少数の大企業が勝ち組になると予想される。そして、特定の商品カテゴリーや限定された地域、ターゲットを絞った顧客セグメントを専門とする、多くのニッチ企業が生まれるだろう。

　この動きは、小売業者や物流企業だけに関係するものではない。スイスの世界最大手アグリテック企業シンジェンタグループは、そのビジネスモデルを西側から中国へと拡大し、30年にわたり中国市場を大きく開拓しようとしてきた。2017年、シンジェンタは、中国でMAP（Modern Agriculture Platform、近代農業プラットフォーム）と呼ばれる新た

なモデルを立ち上げる。農場の近代化と上得意のバイヤーとの関係構築のプロセスを農家に提供し、支援するプラットフォームである。MAPでは、非常に革新性の高い種子や作物保護製品、デジタルサービス、研修プログラム、より安全かつ環境に配慮した方法で作物を栽培するためのアドバイスなどを農家に提供している。MAPモデルの重要な要素の1つに、「MAP beSide」という取り組みがある。その中で、ネットワーク内の農家が栽培した作物を、フーマーフレッシュなどの法人バイヤーにプレミアム価格で販売している。MAPのデジタルサービスによって、商品の完全なトレーサビリティが実現した。そのおかげで、フーマーの消費者はQRコードを読み取って、商品情報のほか、農場の場所や環境、収穫プロセスなどに関する情報も確認できるようになった。シンジェンタは中国のニューリテールの波にうまく乗り、そのグローバルな製品・サービス機能を後ろ盾に中国市場に特化したモデルを導入したことで、競合よりもはるかに早いペースで中国事業を成長させている[28]。

本章のまとめ──経営者が問うべきこと

1. 生鮮食品（傷みやすい食品）のカテゴリーを取り扱っている場合、ネット販売への移行を大きく後押しするものは何か？

2. 自社が所属する地域や業界では、生鮮食品のネット販売にどのような課題があるか？

3. 生鮮食品販売をオンラインに移行することで、顧客、ブランド企業、自社にどんなメリットがあるか？

4. 生鮮食品の小売でどのような提案ができるか？

5. 自社の食品バリューチェーンはどこに弱点があるか？　どこに投資するか？　自社には垂直統合のほうが向いているか？　どの商品カテゴリーに投資すべき（あるいは、投資すべきでない）か？　食料品の供給源をどこで管理したいか？

ソーシャル E コマース
ピラミッドの底辺にリーチする

　中国は世界第 2 位の経済規模を持ち、2014 年以降は購買力平価
（PPP）ベースで世界最大の経済大国だ。豊かな国である。しかし、人
口 14 億人の 1 人あたり GDP になると、相対的に見て貧しい国でもあ
る。李克強首相（当時）は、2020 年に開かれた第 13 期全国人民代表大
会（全人代、国会に相当）第 3 回会議の閉幕後の記者会見で、次のように
述べた。「中国は人口の多い途上国で、1 人あたりの年間可処分所得は
3 万元（約 60 万円[1]）です。しかし、月収 1000 元（約 2 万円）で暮らす
人々が、まだ約 6 億人います」。この統計は、多くの中国人、とりわけ
一線都市や二線都市に住むホワイトカラーの人々に衝撃を与えた。月 2
万円で生活できるのか、それどころか生きていけるのか、想像がつかな
かったのだ。中国には二面性がある。
　「北京　折りたたみの都市」[*1] の著者である郝景芳（かく・けいほう／ハ
オ・ジンファン）は、2016 年の第 74 回世界 SF 大会（ワールドコン）で
ヒューゴー賞の最優秀中編賞を受賞し、同賞を手にした 2 人目の中国
人作家となった。その小説の舞台である未来の北京は、折りたたみ式の
三層の空間に分かれている。物語の主人公・老刀（ラオダオ）は、人が
多く、乱雑で、喧騒に満ちた第三空間の住人だ。第三空間には市の人口

＊1　2014 年発表の作品で、『郝景芳短篇集』郝景芳著、及川茜訳、白水社（2019 年）、『折り
　　たたみ北京 現代中国 SF アンソロジー』ケン・リュウ編、中原尚哉 他訳、早川書房（2019
　　年）に収録されている。

の3分の2が暮らしている。老刀は娘を良い幼稚園に入れるお金を工面しようと、第一空間と第二空間への手紙の配達という危険な仕事を請け負う。その仕事を通じて、他の2つの世界をのぞくチャンスを得た。第二空間は、高層ビルが林立し、整然としていて豊かだった。そこに暮らすのは、都会のビジネスマンや将来有望な学生だ。第一空間は、緑が多くて心地よい。高層ビルはまったくないが、最高の環境が用意されている。第一空間の住民は、人口の7%に満たない。3つの空間は互いに分断されており、簡単には行き来できない──ファンタジー小説だが、リアルさもある。各空間は異なる社会階級を象徴しており、階級の壁を打ち破ることは難しい。

　北京在住のホワイトカラー労働者で、月に数万元を稼ぐシャオ・リーは、中国に月収1000元（約2万円）足らずの人々が6億人もいると聞いて驚いた。マンションの平米単価が1万ドルもする彼の居住区とは、まったくの別世界だ。シャオ・リーはフーマーフレッシュ（Hema Fresh／盒馬鮮生）での買い物を楽しみ、好んでよく外食し、週に一度は映画に行く。休暇は海外で過ごし、これまでにタイ、日本、マレーシア、モルディブ、ドバイを訪れた。コロナ禍がなければ、2020年はパリに行くつもりだった。

　一方、貴州省畢節市を取り囲む山岳地域で、シャオ・ハンは祖父母と泥壁の家で暮らしていた。家から町へ出るには、ほぼ丸一日かかる。父親を10年前に亡くし、母親が再婚したため、シャオ・ハンと彼の姉妹は祖父母のもとに身を寄せた。一家は政府から支給される年に1万元（約20万円）ちょっとの補助金で、どうにか暮らしていた。シャオ・ハンは非常によく勉強ができた。県[*2]内トップの成績で畢節第一高校に合格したが、年間1万元以上もする授業料と生活費はとても払えない。幸いにも、非営利団体が彼の進学を支援してくれた。だが、中国の農村部には、シャオ・ハンのような家族がたくさんいる。こうした人々

---

*2　中国で、省・地区より下位の行政単位。地級市（地区レベルの市）以上の市は、通常、市内に県を含む。

にとっては、タオバオ（Taobao ／淘宝網）での買い物もままならず、JD（ジンドン／京東）や美団（メイトゥアン／ Meituan）は遠く手の届かない存在だ。フーマーにいたっては、耳にしたこともない。

　シャオ・ハンのような経済状況の人々が 6 億人を超える中、こうした人々が E コマースを利用できる方法はあるのだろうか。本章では、中国のインターネット起業家がどのようにして、このサービスの行き届かない巨大なセグメントを開拓する革新的なビジネスモデルを生み出すことに成功し、シャオ・ハンのような人々をニューリテール革命に取り込むことができたのかに焦点を当てる。

　シャオ・ハンのような人々にサービスを提供する方法について話す前に、中国の興味深いインターネット「賢者」を何人か紹介しよう。彼らは中国国外では馬雲（ジャック・マーを知らない人がいるだろうか？）ほど有名ではないが、ベンチャービジネスでは類まれな人材だと著者は考えている。彼らが面白いのは、控えめでありながら並外れた能力で成功していることだ。いわば禅的な賢さを備えているのである。

中国のインターネット「賢者」

　最初に、ネットイース（NetEase ／網易）創業者で、証券取引所の鐘を 3 度鳴らしている丁磊（ウィリアム・ディン）を紹介しよう。

　丁磊は、1971 年に浙江省奉化市（現・奉化区）の知識人の家庭に生まれる。電子技術者の父親から多大な影響を受け、子どもの頃はラジオで遊ぶのが好きだった。1989 年、丁磊は電子科技大学（UESTC）に入学し、電子科学技術を専攻する。卒業後は両親の助けを借りて、浙江省寧波市電信局で技師の仕事についた。電信局の給与は申し分なかったが、仕事ではどこか満たされず、やりがいを感じられずにいた。ただ電信局に勤めた 2 年間で、コンピューターのオペレーティングシステムにはかなり詳しくなった。1995 年、丁磊は家族の反対を押し切って退職し、広州に向かう。2 年で 3 つの職を転々とした後、1997 年にネットイース

を起業した。BAT（バイドゥ、アリババ、テンセント）の3社が登場する前のことだ。ネットイースが目指したのは、中国人がインターネットを簡単に利用できるようにすることだった。

　丁磊は2000年、ナスダックでの新規株式公開（IPO）で初めて打鐘する。若干29歳、ネットイースがまだポータルサイトだった頃のことだ。2019年10月には、ネットイースの教育部門ネットイース・ユーダウ（網易有道）がニューヨーク証券取引所に上場し、丁は2度目の鐘を鳴らした。そして2020年6月11日、コロナ禍のさなかにネットイースは香港証券取引所に上場。初値は発行価格を8%上回り、終値での時価総額は575億ドルにのぼった[2]。

　ネットイースはナスダック上場から20年で、市場価値が2000万ドル弱から550億ドル超へと2700倍以上も跳ね上がり、株価は90倍以上に上昇。配当金を含む総利回りは、年間26.2%に達している。丁磊は誇らしげにこう語っている。「過去20年間で、資本利益率（ROC）が年20%を超えた企業は中国に2つしかありません。1つはマオタイ（茅台、中国の有名な酒ブランドの1つ）、もう1つがネットイースです」[3]

　ネットイースのこの業績は、かなり奇跡的に思える。最初の上場直後に、インターネットバブルが崩壊したのである。同社の株価は急落し、事業は危機に陥った。株式の売買停止も命じられた。ネットイースの株価は0.64ドルに固定され、市場価値が2000万ドル以下に下落する。丁磊は会社の売却を考えたが、残念ながら――というより、今思えば幸運なことに――買い手がつかなかった。この危機的な時期に、丁磊は救世主となる段永平（ドゥアン・ヨンピン）に出会う。段はネットイースの株式購入のために、200万ドル以上を調達。おかげで丁は嵐を乗り切ることができたのである。その後、オンラインゲーム事業に軸足を移すと、同社の株価は急伸し始める。それからちょうど1年後の2003年、『フォーブス』誌が発表した中国富豪ランキングで、丁磊はトップに立った[4]。

段永平──多くの有名ブランドを陰で支える中国のバフェット

　段永平（中国語で「永平」は「永遠に安全」の意）は、「中国のウォーレン・バフェット」としても知られる。目立つ行動を控えているため、実際どれほどの富豪なのかは謎に包まれている。1961年、段はごく普通の家庭に生まれた。両親はともに教師だったが、文化大革命（1966〜1976年）の時代に育ったためにまともな教育を受けられなかった[*1]。

　1977年になると中国の大学はすべての人に門戸を開き始めたが、入学試験の競争は熾烈を極めた。1977年から1990年にかけての合格率は、5％から10％前後だ。段永平は大学への進学を目指したが、馬雲と同じくらい結果は悲惨だった。段の合計得点は500点（5科目、各100点満点）中80点。そこで翌年再挑戦すると、今度は5科目の平均が80点で、合計400点だった。こうして段は浙江大学に合格し、無線技術を専攻した。その後、中国人民大学で計量経済学の修士号も取得している。

　卒業後、段永平は、中国の新しい「開放」政策とその経済改革がもたらしたチャンスを肌で感じていた。そこで中国南部の広東省中山市に向かい、佛山の日華電子廠（Rihua Electronics Factory）という電子ゲーム機の量産工場の求人に応募する。1年もしないうちに、段は工場長に昇進した。段は42万ドル以上の赤字が出ている事業で商品の設計を見直し、1991年にゲーム機、SUBOR（中国名は小覇王、シャオバーワン）をリリースする。

　この新商品の宣伝に起用されたのが、カンフー映画の一大スター、ジャッキー・チェンだ。無名の同社には精一杯の高額ギャラでチェンを迎えたが、この賭けは報われる。SUBORはたちまち中国の有名ブランドになった。1995年、段永平はSUBORの株式会社化を提案したが受け入れられず、同社を退職。12カ月間は、SUBORと直接競合する同様の事業を始めないことを約束した。

[*1]　毛沢東が主導した文化大革命の時代には大学入試が廃止され、出身や共産党への忠誠心などを基準に大学進学者が選抜された。

段永平はその後、ゲーム機の新会社「歩歩高（ブーブーガオ／BBK）」を設立。新商品の発売まで1年待つという義理を果たした後に、SUBORのときと同じアプローチをとった。優れた商品設計を有名人に売り込んでもらうのである。今度のスターは、中国国営テレビCCTVで同社のCMにも出演していたアーノルド・シュワルツェネッガーだ。段は2年連続で国営テレビのCM時間枠の最高入札者となり[5]、シュワルツェネッガーは「中国のターミネーター」になった。勝利の方程式は今回も成功した。

　段永平とともにSUBORを去った重要な社員が、もう1人いる。陳明永（トニー・チェン）だ。陳はその後、今や中国の有名スマートフォンブランドの1つとなったOPPO（オッポ）を創業している。別の主要なスマートフォンブランドVivo（ビボ）はBBKの傘下にある。OPPOとVivoは、2019年上半期の中国市場で、販売数がファーウェイ（Huawei／華為技術）、シャオミ（Xiaomi／小米）、アップルを上回り、それぞれ1位と2位にランクされた[6]。どちらのブランドも、三線都市や四線都市、農村地域の若者をターゲットにしている。OPPOとVivoの創業者は2人とも段永平の元部下で、段のマネジメントとマーケティング哲学から深い影響を受けている。段にはもう1人、黄峥（コリン・ホアン）という弟子がいる。革新的なソーシャルECプラットフォーム、ピンドゥオドゥオ（Pinduoduo／拼多多）の創業者である。

黄峥とその師

　黄峥と段永平はどのようにして知り合ったのだろう。2人には一見、共通点がない。黄は浙江大学の学生だった当時、ネットによく記事を投稿しており、名を知られていた。2002年のある日の午後、授業を終えて寮に戻ると、見知らぬ人からMSNの友達リクエストが届いた。ネットイースの創業者・丁磊だ。丁は黄に技術的な問題について助言を求め、黄はそれに応じる。それはちょうど、段永平が200万ドルのネットイース

株を購入した頃のことで、丁はそのやり取りの後、段に黄を紹介する。

　黄峥は、裕福とはいえない普通の家庭で育った。借金をしなければならないほど貧しくはなかったが、家族や友人からのお下がりを着ることが多かった。そうした環境で育った彼は、社会のピラミッドの底辺にいる人々のニーズを理解できた。学業に非常に秀でていた黄は、中国トップ5の総合大学の1つ、浙江大学の竺可楨学院に進学する。竺可楨学院は、特別な才能を持つ学生のために特別に設立された教育機関である。そこでコンピューターサイエンスを専攻し、その後もウィスコンシン大学の大学院で研究を続けた。2004年に大学院を卒業し、マイクロソフトとグーグルのどちらに入社すべきか迷っていたところ、段永平から未上場だったグーグルへの入社を勧められる[7]。3年後、グーグルは上場し、黄は初めて思いがけない大金を手にした[8]。2006年、段はウォーレン・バフェットとのランチ権を62万ドルで落札すると、その席に黄峥を同伴した。

起業家の黄

　2007年にグーグルを退社した黄は、起業家の道を歩み始める。その後、ピンドゥオドゥオ設立にいたったのは偶然ではない。彼がこれまでにやってきたことは、Eコマースと非常に関わりが深かった。起業家精神あふれる黄の才能を見出した段永平は、彼を強力にバックアップした。そして、BBKのEコマース事業Ouku（欧酷）のマネジメントを任せる。しかし3年後、この分野では劉強東率いるJDに勝てないと感じた黄は、Oukuを売却した。そして2010年、ネスレ、中国国有企業の中糧集団（COFCO）、ユニリーバなどの大手ブランドにEコマース代理運営サービスを提供するLeqee（楽其）を設立。2013年には、Leqeeからさらに3つ目のスタートアップ、上海尋夢（尋夢は「夢探し」の意）というゲーム会社を立ち上げ、健全なキャッシュフローを生み出した。ゲーム事業やEコマース事業で利益を上げていた黄だったが、社会に何も有意義

な影響を与えていないと感じていた。そこで2015年、彼にとって4つ目のベンチャーとなる生鮮食品Eコマース、ピンハオフオ（Pinhaohuo／拼好貨）をスタートさせ、9月にピンドゥオドゥオを設立した。ピンドゥオドゥオのエンジェル投資家には、段永平、丁磊、王衛（SFエクスプレス）、孫彤宇（スン・トンユー、タオバオ創業者の1人）が名を連ねた。段は資金面での援助だけでなく、アドバイスも惜しみなく与えた。黄はかつて、「エンジェル投資家の中では、段永平氏から最も影響を受けています」と率直に語っている[9]。段永平もまた、黄をこう称賛する。「黄は賢明な人物で、物事の本質に目を向けています」[10]

中国で最も成長著しいEC新興企業「ピンドゥオドゥオ」

　黄いわく、ピンハオフオとピンドゥオドゥオは「社会により大きなインパクトを与えられることをする」ために設立された[11]。「私たちのチームは、アリババのチームよりも20年遅れているかもしれません。でも、まだチャンスはあると思います。別のアリババを作るのです」[12]。中国のEコマース部門は、アリババやJDのような企業に支配されていた。それでも黄は、業界の巨人が実質的に相手にしていなかった消費者層のニーズに対応できれば、まだ彼らと真っ向から戦えると信じていた。

　2015年9月、黄はピンハオフオをピンドゥオドゥオに統合。ピンドゥオドゥオが目をつけたのは、サービスが十分に行き届かず、価格に敏感な何百万人もの消費者だった。

　ピンドゥオドゥオはシャオ・ハンのような顧客に、どのようにサービスを提供したのか。一例を示そう。タオバオで価格が39元（約800円）の服が、ピンドゥオドゥオではたったの19元（約380円）だった。さらに、友人5人を共同購入に招待できた顧客には、送料込みで9.9元（約200円）まで値下げした。9.9元といえば1.5ドルほどだ。1.5ドルで服を売って、どうやって利益を出せるのだろう。（図表7.1）

　破格の安値を提供するピンドゥオドゥオは、予想どおり、アクティブ

ユーザー基盤が初年度ゼロから1億人に、2年目は2億人になった。2020年3月末には、プラットフォームのアクティブユーザー数が6億2800万人になり、顧客獲得の点ではおそらく世界最速の成長企業になっている[13]。（最新のアニュアルレポートによると、アリババは2019年、中国国内に7億1100万人のアクティブユーザーを持ち[14]、JDには3億6200万のアクティブな顧客アカウントがある[15]）。ピンドゥオドゥオのユーザー基盤が拡大するにつれて、取引量も飛躍的に増えた。ピンドゥオドゥオの報告では、2019年12月までの12カ月間の流通取引総額（GMV）は1446億ドルにのぼった。これは実に前年比213%の増加になる[16]。同期の報告では、アリババのGMVが8232億ドル[17]、JDが2995億ドル[18]だ。立ち上げから5年目を迎えたピンドゥオドゥオは、競争の激しい中国のEコマース市場で、アリババとJDに次ぐ3番手を堅持している（**図表7.2**および**図表7.3**）。

この急成長によって、ピンドゥオドゥオは資本市場から資金を獲得しただけでなく、多くの注目を集めることになった（**図表7.4**）[19]。

2018年7月26日、ピンドゥオドゥオはナスダック市場で新規株式公開を果たす。

オンラインのプラットフォームで販売される激安商品で知られるピンドゥオドゥオは、商品の品質に関して多くの批判を受け、ときに嘲笑の対象とされてきた。賛否両論あり、悪評も立っていたようだが、ピンドゥオドゥオの株価は取引初日に30%以上も急騰し、市場価値が300億ドル近くまで達した。これは、アリババに次ぎ中国Eコマース2番手を行くJDの半分を上回る金額である[20]。

上場当日、黄は渡米しなかった。代わりに彼は、ナスダックでの打鐘に何人かの顧客を招待する。そして自身は上海に残り、まるでいつもと同じ一日のようにリモートで参加した。上場までにアリババは5年、唯品会（VIP.com）は8年、JDは10年を要した。それをピンドゥオドゥオは、たったの3年で実現したのである。

2020年6月、黄は40歳にして中国で2番目の富豪となる。その資産額は454億ドル（世界長者番付22位）にのぼった。同時期、テンセントの

図表 7.1 果物、服、テレビをピンドゥオドゥオ、タオバオ、JD で検索

図表 7.2　ピンドゥオドゥオの基本統計

時期	2016/9	2017	2018	2019	2020/3
アクティブユーザー数（100万人）	100	200（9月）	300（6月）	585	628
GMV（10億ドル）		21.6	68.7	144.6	
収益（100万ドル）		267	1,912	4,329	
利益（100万ドル）		-76	-1,500	-1,000	

図表 7.3　ピンドゥオドゥオ対タオバオ、JD

	アリババ	JD	ピンドゥオドゥオ
2019年のアクティブユーザー数（100万人）	711	362	585
GMV（10億ドル）	823.2	299.5	144.6

図表 7.4　ピンドゥオドゥオの資金調達歴

時期	ラウンド	投資家	金額
2016年3月	A	高榕資本（Gaorong Capital）	数百万ドル
2016年7月	B	高榕資本、新宏遠創基金（New Horizon Fund）、テンセント・インベストメント、順為資本（Shunwei Capital）、シャオミ、IDG など	1.1億ドル
2017年1月	C	セコイア・キャピタル	2.15億ドル
2018年4月	D	テンセント、セコイア・キャピタル	13.69億ドル
2018年7月	IPO		
2019年9月	戦略	転換社債	10億ドル

馬化騰は 515 億ドル（世界 19 位）、馬雲は 439 億ドル（世界 23 位）、JD の劉強東は 127 億ドルだった（**図表 7.5**）。

　興味深いのが、2020 年 4 月の馬雲の資産価値が 388 億ドル、馬化騰が 381 億ドル、黄峥が 165 億ドルだったことだ。黄は 2 カ月で資産を 289 億ドルも増やしている。

　しかし、IPO が常に成功するとは限らない。ピンドゥオドゥオは 5 年

図表 7.5　起業家 3 人の保有資産額

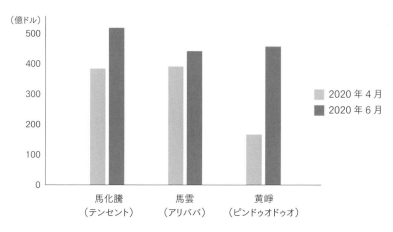

（億ドル）

- 2020 年 4 月
- 2020 年 6 月

馬化騰（テンセント）　馬雲（アリババ）　黄峥（ピンドゥオドゥオ）

競い合う 3 人（イラスト：アスペン・ワン）

経っても利益を上げられなかった。アマゾンも、利益が出るようになったのは創業から20年後の2015年のことだ。つまり、投資家たちは極めて忍耐強く、20年間も確信を持ち続けたのである。アマゾンは最終的に利益を上げるだろうと彼らは信じていた。だがピンドゥオドゥオの場合、問題はただ、いつまで赤字に耐えられるかということである。

「下沈市場」の人々がネットにつながる──タイミングが重要

中国人は、成功には「タイミング、条件、人の力（天の時、地の利、人の和）」の3つが不可欠だと信じている。ピンドゥオドゥオ躍進の機は熟していた。

- 2015年以降、低価格のスマートフォンをシャオミが発売したことで、モバイルインターネットに接続できる三線都市から五線都市のユーザーが一気に増え、地方の人々のインターネット普及率が向上した。
- 2013年、WeChat（ウィーチャット／微信）の月間アクティブユーザー数（MAU）は3億5500万人だった。それが、2015年には6億9700万人、2017年には9億8900万人、そして2019年には11億6500万人になった。この増加の大部分は、三線都市以下の都市と農村地域の住民によるものだ。このおかげでピンドゥオドゥオは、オンラインのソーシャルコミュニケーションを利用できるようになった。
- WeChat Payがリリースされ、モバイルでの支払いが非常に便利になった。
- 物流システムの対象エリアが、一線都市と二線都市からそれ以下の都市へとさらに広がった。
- アリババとテンセントは激しく争っていたため、タオバオはWeChatのソーシャルトラフィックを利用しなかった。また、低所得者層にとってJDの価格は高すぎた。

ピンドゥオドゥオが生まれた当時、ソーシャルEコマースのインフラ全体はすでに下層の都市にも浸透していたが、タオバオとJDはまだ動き出していなかった。タイミングがすべてなのである。

中産階級が知らない市場──ポジショニングが重要

　ピンドゥオドゥオで最もよく売れている商品には、14.9元（約300円）のキッチンペーパー・マルチパック、数十元（数百円）の旅行カバン、9.9元（約200円）で買える重さ約2.25キログラムの果物などがある。プラットフォーム上の商品価格は桁外れに安い。携帯電話などのカテゴリーで最も売れている商品は、高齢者向けのスマートフォンで、平均価格はたったの30元（約600円）である。

　低価格で知られるピンドゥオドゥオは、商品の品質が常に槍玉にあげられてきた。上場申請を提出したというニュースが流れたとき、ネット上はたちまち「まがい物」、「偽造品」、「消費の格下げ」、「低所得者向け」、「下層都市」といった言葉であふれかえった。2016年には、業界全体の苦情件数の13.12%がピンドゥオドゥオに関するもので、不名誉な1位を獲得してしまった[21]。ピンドゥオドゥオが株式公開するわずか1週間前には、おむつメーカーのダディーズ・チョイスが、ニューヨークの連邦裁判所に商標権侵害訴訟を起こしている。起訴内容は、同社が商標権を持つ商品の偽造品に対して、ピンドゥオドゥオがプラットフォームでの販売を許可したとするものだった。

　こうした尋問や批判を受け、黄は次のように述べている。「北京五環路の内側に住む人たちは、これ（ピンドゥオドゥオの利用者）は下沈市場*1（ピラミッドの底辺）の人たちだと言います。でも私たちがターゲットに

＊1　中国の三線都市以下の都市や農村地域に暮らす人々の市場を指す。人口4億人の都市市場に対し、中国の人口の7割以上にあたる10億人がこの市場に該当する。

しているのは、中国の大多数の人々です。五環路の内側の人々に、私たちの本質（哲学）を理解することはできないでしょう」[22]（北京には、「環路」と呼ばれる都心を周回する高速道路がいくつかある。北京五環路は市の中心部から10キロほどのところを通り、その内側には裕福な中産階級が暮らす）。「消費の格上げです」と黄は続ける。「パリジャンのように暮らす上海の人々には関係のないものですが、安徽省安慶市（四線都市）の市民にキッチン用のペーパータオルやおいしい果物を届けることができます」[23]

　ピンドゥオドゥオの低い価格設定のおかげで、多くのユーザーが以前は手の届かなかった商品を買えるようになった。カットフルーツ1パックが28元（約560円）、音声案内機能付き電子血圧計が39元（約780円）、大画面スマートフォンが398元（約8000円）で買えるのである。
　中国国家統計局（NBSC）によると、2019年の中国の1人あたり可処分所得は4405ドル[24]だという。ひと月にして約367ドルの計算になる。中国の豊かな沿岸地域の所得水準は全国平均をはるかに上回るが、広大な内陸部の省、中でも農村部に暮らす人々の水準は、この数字に遠く及ばない。平均月収2万円弱の人々が6億人、小さな都市や町に暮らす中国人がおよそ10億人いるというのが現実である。こうした人々は、一線都市や二線都市のグッチの店で見かける買い物客よりもずっと価格を気にしている。実際にピンドゥオドゥオの顧客の3分の2以上は、一般的なEコマース販売店ではターゲットにならない人々だ[25]。
　中国には明らかに2つの集団がある。五環路の内側の住人と、外側の住人だ。しかしネット上では、この2つの集団に区別はない。北京五環路の内側に住むシャオ・リーは、フーマーフレッシュで89元（約1800円）のボストンロブスターを購入する。五環路の外の住人で、一度もマンゴーを食べたことがなかったシャオ・ハンは、ピンドゥオドゥオで2.25キログラムのマンゴーを9.9元（約200円）で買えたことを喜ぶ。これが中国の現実——実際には、多くの途上国の現実——であり、底辺に膨大な数の人々が存在するピラミッド市場なのである。

低所得者向けのサプライチェーン

　1980年代以降、中国は巨大な製造能力を築いてきた。しかし、2015年になると、外資系企業に供給する製品の製造を中国国内で請け負うOEM（他社ブランド製品の製造）企業の多くが、注文不足に陥り始める。大幅な余剰生産力が生まれ、国内市場にシフトする必要に迫られた。だが、その道のりは容易ではなかった。JDは一貫してライセンス製品を重視していたため、OEM工場とは何の取引もなかった。また、タオバオは「コピー商品の撲滅」に本腰を入れていた。OEM工場は生産力に余裕があり、現金を必要としている。そこに現れたのがピンドゥオドゥオだ。

　ピンドゥオドゥオは、こうした企業にトラフィックを無償で提供し、彼らのマーケティング費用を大幅に削減した。「共同購入」の商品は、価格が安くても注文数が多い。そのため、工場の生産力を活用できるだけでなく、メーカーが消費者の信頼を素早く勝ち取って、ブランドイメージを確立する助けにもなる。売上向上とブランド構築のために、一部の工場は減益や赤字さえもいとわなかった。2018年12月、OEMの立場から脱却したい工場を支援するため、ピンドゥオドゥオは「新ブランド」計画を始動した。

　マツテック（松騰実業）は、深センに拠点を置き、70以上の国際特許を持つメーカーだ。同社が生産するロボット掃除機は、ハネウェル、ワールプール、フィリップスなどの大手欧米ブランド製品として、世界中に出荷されていた[26]。2015年、マツテックは他社ブランド製品の生産を20年間続けた後に、自社ブランドの製品「Jiaweishi（家衛士）」を発売する。だが、技術力と生産力があっても、市場ニーズや消費者の嗜好を理解していたわけではなかった。消費者はJiaweishiを購入するより、4倍払っても有名ブランドのOEM製品を選んだ。そこで2018年、Jiaweishiはピンドゥオドゥオの新ブランド計画に参加。すると6ヵ月で販売台数が10万台を突破したのである。Jiaweishiは、中国の多くの中小メーカーの典型例といえる。

ピンドゥオドゥオで販売されている商品のジャンルでもう1つ人気なのが、2.25キログラム分、送料込み9.9元（約200円）のマンゴーのような農産物だ。河南省中牟県の白にんにくには、有効な販路がなかった。そこで2018年、中牟県人民政府はピンドゥオドゥオに協力を仰ぐ。ピンドゥオドゥオの協力業者は、約3200トンのにんにくを仕入れ、ピンドゥオドゥオの顧客に優遇価格——約2.25キログラムを9.6元（約192円）、あるいは4.5キログラムを18.9元（約396円）——で販売した。このモデルを、過剰生産品を抱える生産者や市場への直接のルートを持たない生産者も真似るようになる。雲南省、広西チワン族自治区、河南省、海南省などの地域で生産されたあらゆる種類の農産物が、ピンドゥオドゥオの消費者に届けられた。農家の人々は、ピンドゥオドゥオに自分で店を開くこともできる。中間業者が不要になり時間が短縮されるため、腐敗率を大幅に下げられる。ピンドゥオドゥオは産地と協力して、Eコマース事業者の養成を支援した。都市で仕事を見つけようと故郷を出ていた10万人以上の出稼ぎ労働者を訓練したのだ。研修を終えた人々は地方の町や村に戻り、ピンドゥオドゥオと提携して地元の農産物を販売した。特定の農産物が旬を迎えると、ビッグデータを使って有望な見込み客を特定し、低コストで大量に出荷した。ピンドゥオドゥオは、2020年11月時点で1200万人の農家とプラットフォームでつながり、2020年末までに370億ドルの農産物の販売を見込んだ[27]。

　日持ちしない農産物を供給するこの新たなサプライチェーンは、こうしたサービスを受けたことがなかった下層都市の住民のニーズを満たした。このようにして、ピンドゥオドゥオはこれまでアリババとJDに独占されていたEコマース市場に風穴を開けたのである。

ソーシャルEコマース──ピンドゥオドゥオの戦法

「ソーシャル」×Eコマース

　ピンドゥオドゥオのビジネスモデルは、その名に表れている。「拼

（ピン）」は「共同購入」、「多多（ドゥオドゥオ）」は「多数」を意味する。ピンドゥオドゥオには、テンセントのメッセージング・プラットフォーム WeChat のグループから多くの人が流れてくる。WeChat で友達を招待するプロセスが非常に簡単だからだ。WeChat のグループを使って、家族や友人同士で「値下げ」──つまり、大幅な割引が得られる同一商品の共同購入──への協力を求めているのである。「値下げ」プロセスを開始したユーザーは、必要な人数を招待して 24 時間以内にリンクをクリックしてもらえれば、送料含め「無料」で商品を手に入れられることさえある。

　このモデルでは、WeChat でリンクを共有したり、共同購入への参加を友人に呼びかけたりするようユーザーを促し、取引を成立させて利益を分かち合えるようにしている。初めての利用者が値下げへの協力や共同購入への参加をしようと、何も疑わずにリンクをクリックすると、ピンドゥオドゥオへの登録プロセスがいつの間にか終わっている。

　ピンドゥオドゥオの買い物プロセスそのものも、仲間とのコミュニ

共同購入（イラスト：アスペン・ワン）

ケーションがとりやすい設計になっている。ピンドゥオドゥオのほぼすべての商品は、無料で配達される。そのため、ユーザーは素早く購入を決定でき、プロセスが単純になる。JDとタオバオにはショッピングカートの機能があるが、ピンドゥオドゥオにはない。基本的に全商品が送料無料なので、ユーザーは送料を節約するために複数の商品の同時購入を検討する必要がないのだ。このように、ユーザーは他の人から送られたリンクを直接クリックすれば、共同購入に参加できる。ピンドゥオドゥオが提供する激安の商品、価格の比較が不要なこと、ショッピングカートがないこと、無料配送といった特長により、スマートフォンでの買い物に対するユーザーのハードルは大幅に下がった。

「ゲーム」×Eコマース

　顧客の利用頻度を上げようと、ピンドゥオドゥオはさまざまな方法を考えた。「デイリーチェックイン」がその1つだ。この機能は、ユーザーがアプリを開くたびに換金できるポイントを付与することで、毎日の利用を促すものである。ユーザーはバウチャーをお金に換えて、商品の購入時に割引を受けられる。

　2018年5月、ピンドゥオドゥオはアプリ内ゲームもリリースした。たとえすぐに購入へとつながらなくても、ユーザーがアプリを使うのを楽しみにしたくなるようにするためだ。ゲームは、「多多牧場」、「多多果園」と名付けられた。ユーザーはニワトリを「飼育」（あるいは、果樹を「植樹」。季節によって選択肢が変わる）でき、餌をあげたり遊んだりできる。さらに、しばらくして採れた卵の数が一定数を超えると、実際の商品と交換できる。お金になるオンラインゲームということで、楽しみが倍増した。ニワトリの餌を手に入れるには、プレーヤーは商品の閲覧、商品の共有、ピンドゥオドゥオへの友達の招待といったさまざまなミッションを実行しなければならない。また、プレーヤーは友人のニワトリの様子も見られる。友人のニワトリの餌やりを助けることも、友人の餌を「盗む」こともできる（**図表7.6**）。

毎日 6000 万人以上のユーザーが多多牧場にログオンし、プレイしている[28]。このゲームは、消費者に頻繁なログオンや閲覧、購入を促すだけのツールではない。ユーザーは友人と買い物を楽しみ、交流することもできるのである。

　ピンドゥオドゥオが E コマースにゲームを取り入れたのは驚くことではない。同社の前身である上海尋夢はゲーム会社で、ピンドゥオドゥオはゲームの魅力とゲームを巧みに利用する方法を熟知していた。ピンドゥオドゥオのゲームで任務を完了することで、顧客は満足感が得られる。なるべく最低価格を利用できるように人数を集めるという仕組みも、社交的なゲームだ。「一番のお買い得品」を知っているという満足感に加え、自分が育てた「めんどり」が商品の実物と交換できる「卵」を産むのを見ることで達成感も感じられる。心理的に満たされることが、アプリに対するスティッキネスを生んでいるのである。

図表 7.6　多多牧場

「おすすめ」×Eコマース

　タオバオやJDと比較すると、ピンドゥオドゥオの作りはかなり異なる。買いたいもの——たとえばトレッキングシューズ、あるいはもっと具体的に、特定のブランドのトレッキングシューズのようなもの——が頭にある場合、消費者はその商品を探しにタオバオに行く。「女性用トレッキングシューズ」と入力すれば、数百から数千の第三者ベンダーが取り扱う、数千ものトレッキングシューズが画面に表示される。検索結果を確認して価格を見比べ、買うものを決めるのは、購入者にとって時間のかかる作業だ。だが、ピンドゥオドゥオを開くとき、消費者の頭に特定のアイテムはない。ピンドゥオドゥオでは、表示履歴や買い物行動、好みの似た人がよく買うものなどをもとに、関連商品をおすすめする。タオバオが検索ベースだとすれば、ピンドゥオドゥオは推奨ベースといえる。買いたいものがはっきりしているときはタオバオに行き、どこよりもお得な商品を見つけにピンドゥオドゥオに行くのである。

ピンドゥオドゥオの成功要因

　黄崢はかつて、消費者に低価格と楽しみを提供するピンドゥオドゥオは、「コストコとディズニーを合体させたもの」と述べている[29]。

　2020年11月時点で、ピンドゥオドゥオのユーザー数は7億3100万人を超えた[30]。ソーシャルコミュニケーションを通じたユーザーの蓄積が完了し、ピンドゥオドゥオはもはや、口コミに頼ってユーザーを獲得する必要がなくなった。価格を下げるためにグループを作って親戚や友人を招待するという手段も変わり、ユーザーは友人に頼らなくても、知らない人とグループを組むこともできるようになった。多多牧場と多多果園は、今も人々に社交とゲームの楽しさを提供している。

　ピンドゥオドゥオが生まれた理由とその成功要因を**図表7.7**に示す。三線都市以下の都市の人々がネットワークにつながり、ECプラット

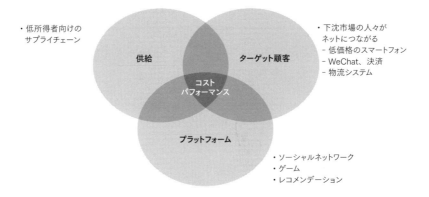

・低所得者向けの
　サプライチェーン

供給

ターゲット顧客

コスト
パフォーマンス

プラットフォーム

・下沈市場の人々が
　ネットにつながる
　- 低価格のスマートフォン
　- WeChat、決済
　- 物流システム

・ソーシャルネットワーク
・ゲーム
・レコメンデーション

フォームを利用できるようになった。また、低コスト、低価格、（価格
に対して）納得感のある品質の商品を供給するサプライチェーンもでき
た。こうした中、ピンドゥオドゥオはどのEコマース企業も手を出し
ていない空白地帯であった、平均月収2万円弱の6億人の人々に目を
つける。そして、コストパフォーマンスを1つの核とする価値提案に、
ソーシャルEコマース、ゲームの娯楽性、おすすめ機能を組み合わせ、
そうした人々を引き付けたのである。

　ピンドゥオドゥオと従来のEコマースの違うところは、顧客セグメ
ントだけではない。顧客との関わり方も異なる。直接販売には、すぐに
満足感が得られるという魅力がある。ピンドゥオドゥオは、バーチャル
なめんどりの飼育や共同購入への友人の招待といった形で、超お買い得
商品を手に入れるワクワク感と達成感を提供している。スティッキネス
を高めるようなユーザー体験を提供していると言えるだろう。

ソーシャル E コマースの多様なモデル

　ピンドゥオドゥオは共同購入を武器に急成長し、極めて短期間で中国
Eコマース企業のトップ3に上り詰めた。だが、共同購入は中国で見ら

れるソーシャルEコマースの1形態にすぎない。

　たとえば、生鮮食品をテーマにした第6章で、「コミュニティ共同購入」について述べた。これも典型的なソーシャルEコマースだ。コミュニティ共同購入のプラットフォームは、商品の選択、倉庫保管、物流、アフターサービスに対応する。共同購入では、コミュニティの住民をとりまとめるグループ代表の知り合い関係を主に利用する。代表がWeChatのグループで商品情報を流し、住民はWeChatのミニプログラムで注文する。個々の注文はその後、1つの大口注文にまとめられる。注文品はサプライヤーからコミュニティに直送され、代表が購入者に配布する。取り扱っているのは主に、生鮮食品や再購入率の高い商品などの生活必需品だ。コミュニティ向けの共同購入サービスは、2020年の終わり頃まで縄張り争いになった。ほぼすべての巨大ネット企業が、この部門にリソースを注ぎ込んでいる。アリババは「十薈団（Nice Tuan）」に出資。ピンドゥオドゥオには「多多買菜（ドゥオドゥオマイツァイ）」があった。美団は「団好貨」を立ち上げ、DiDiは「橙心優選（チャンシンヨウシュエン）」を設立。JDは「京喜拼拼（ジンシーピンピン）」を生み出した。これらの新しいコミュニティ共同購入サービスは、すべてミニプログラムの形をとっている。

　「会員制ソーシャルEコマース」というものもある。このコンセプトでは、商品の選択から配送、アフターサービスまで、サプライチェーンのプロセス全体をプラットフォームが管理する。消費者は会費を払うか、必要な注文金額を満たすと会員になれる。会員は販 売 者になることもでき、リンクを共有して商品を勧めるだけで収入が得られる。会員の多くは、もともとWeChatのモーメント機能を使って商品を販売していた「微商（WeChatを使ってビジネスをする人）」と呼ばれる個人だ。会員制ソーシャルEコマースの1つの例が、ユンジ（雲集）である。2018年の時点で、ユンジのプラットフォームには、すでに610万人の会員と2300万人のアクティブユーザーがいる[31]。

　また、「コンテンツ・ソーシャルEコマース」というモデルもある。これまでのものとは異なり、このモデルでは知り合い関係に頼らず、共

通の関心事を通じてユーザーの購入意欲を刺激するというものだ。プラットフォームに登場する KOL（キー・オピニオン・リーダー）は、画像やテキスト、ショート動画などの形式のコンテンツでユーザーを引き付ける。コンテンツを見たユーザーは、クリックすればその商品を取り扱う EC プラットフォームに直接移動して購入できる。一部のユーザーは購入後にコメントを共有し、コンテンツをさらに充実させてくれる。その代表例が、観光と食にフォーカスした小紅書（シャオホンシュ／RED）だ。

ソーシャル E コマースは E コマースの一種だが、従来の E コマースとは大きく異なる。ピンドゥオドゥオが従来の E コマースと同じ道をたどっていたら、タオバオと JD という 2 大企業が支配する領域に割って入るのは難しかっただろう。ソーシャル E コマースがほかとは違う機会を提供できるのは、特有のメリットがあるからだ。

1. **従来の E コマースにおける顧客獲得の構造は「漏斗（ファネル）」型、ソーシャル E コマースは「核分裂」型である**。従来の E コマースでは、消費者は購入者にすぎない。だがソーシャル E コマースでは、消費者は購入者でありプロモーターでもある。消費者の知り合い関係のネットワークとそこから広がる口コミマーケティングを利用するため、新規顧客を低コストで一気に獲得できる。従来の E コマースでは、消費者は検索、ブラウズ、クリックし、商品を表示して、購入を決定する。そのため、漏斗の作りのように、各層を通過するうちに消えてしまう顧客もいる。一方、ソーシャル E コマースはネットワーク構造で、すべてのノード（ネットワークにつながっている消費者）を複数のノードに分裂させることができる。ピンドゥオドゥオのユーザーは、1 年でゼロから 1 億人に、5 年で 7 億人に増えた。これまでの顧客獲得手段に頼っていたら、考えられない数字である。また、知り合いの関係であれば、一定の信頼をおくことができる。賢い消費者だと思っている知人が購入するものなら、きっとお買い得品のはず——こうした理由づけは、企業が作る公式広告

よりもずっと説得力がある。さらに、割引や手数料といったインセンティブがあれば、積極的に拡散・共有しようという気持ちも強くなり、核分裂をさらに起こせるのである。

2. **「検索結果」の代わりに、「おすすめ」を提供する。複数のブランド品ではなく、1つの商品を宣伝する。「必要なもの」ではなく、「欲しいもの」を売る。** 従来のEコマースでは、ほとんどの消費者がある目的のもとに買い物をする。買いたいものがあり、それをオンラインで検索する。そして、多くの検索結果の中からいくつかの選択肢を品定めし、自分のニーズと希望に最も合う商品を選ぶ。ソーシャルEコマースでは、個人の社会的ネットワークを利用し、そのネットワークの人々に商品を勧める。友人が勧めるお買い得品というところに惹かれて、無計画にする買い物だ。従来のEコマースと比較すると、人々はピンドゥオドゥオで、「必要なもの」というより「欲しいもの」を購入する。必要なものを買うのと欲しいものを買うのではどちらのほうがワクワクするか、甲乙つけがたいことがある。お買い得品が手に入ると、たいてい気分がいい。知り合いが勧める商品だと、ブランド云々も気にならなくなる。販売数が増えるほどコストが下がり、価格競争力が高まる。そして、価格が下がるほど販売数が増えるという、好循環になる。ピンドゥオドゥオは一定の新たな需要、つまり、ピンドゥオドゥオでなければおそらく購入されなかった商品への需要を生んでいるのである。

　ピンドゥオドゥオのビジネスモデルでは、レコメンデーションのアルゴリズムが重要な役割を果たしている。タオバオやJDなどのEコマース企業も、さまざまな形でアルゴリズムを使っていると言う人もいるかもしれない。だが、こうした企業は、どちらかと言うと補助的なツールとして使っている。ピンドゥオドゥオの場合、ビジネスモデルの大部分がレコメンデーションのアルゴリズムの上に成り立っていると言えるほど、重要な差別化要因になっている。そのアルゴリズムで、ユーザーが見たいもの、買いたいものをデータ

から予測している。レコメンデーションの精度が非常に高いため、ユーザーは自分向けのおすすめ商品の中から迷わず購入を決められる。検索機能を使う必要もない。利用すればするほど、自分にぴったりのおすすめ商品が表示されるようになる。ログインするたびにお買い得品が見つかると感じることが増えれば、利用頻度も上がる。好循環が生まれて人々は夢中になり、やがてそれが習慣的な行動になる。マーケティングの教科書にこれまで書かれていたような、ロイヤルティも要らない。そもそもEコマースの空間にロイヤルティと呼べるようなものが存在するのかどうかも疑問である。

3. **ピンドゥオドゥオは、三線都市以下の都市で暮らす消費者を引き寄せるだけでなく、一線都市や二線都市のコスト意識が高い人々にとっても魅力がある。** ピンドゥオドゥオの価値提案は、コストパフォーマンスを気にする人々にサービスを提供することだ。中国には、エルメスのバッグを買い、5つ星ホテルに泊まるような消費者と、2.25キログラムのマンゴーを9.9元（約200円）で購入するような消費者が混在する。これは消費能力というより、消費哲学に関わることだ。黄崢は自分の母親についてこう語っている。「お金は持っていましたが、食品やペーパータオルを買いに出かけると1～2元（数十円）の差でも気にします。その一方で、高級なiPhoneを買ったりもするのです」[32]

国内外での既存企業の反応

　ピンドゥオドゥオの大躍進を受けて、アリババとJDも反撃を開始した。2018年3月、アリババは三線都市と四線都市、高齢者の人々をターゲットにした「タオバオ・スペシャルエディション（淘宝特価版）」アプリを公開する。同月、JDは「京東拼購（ジンドンピンゴウ）」（後に、中国語で「嬉しい驚き」を意味する「惊喜〔ジンシー〕」のように聞こえる

「京喜〔ジンシー〕」に改名）を立ち上げ、JD の商品よりも価格設定を低くした。SNS を通じた共同購入価格の共有もユーザーに奨励した。アリババと JD の進出により、三線都市と四線都市での E コマースの浸透率は飽和状態に近づく。ピンドゥオドゥオは、顧客の獲得から囲い込みへと戦略を切り替えた。

　米国にもピンドゥオドゥオのようなサービスはあるのだろうか？ 2014 年創業のブランドレス（Brandless）は、ピンドゥオドゥオにかなり近い。その名のとおり、ブランドレスが取り扱う商品はノーブランドで、全商品をたったの 3 ドルで販売。ブランドレスも、ソーシャルネットワークでの宣伝をフル活用した。友人にブランドレスを勧めて、その友人が注文すると、勧誘したユーザーは 6 ドルもらえる。年会費 36 ドルの会員制をとり、会員になると送料が無料になった。非会員が無料配送の対象となるには、72 ドル以上購入しなければならない（これはその後、39 ドルに下げられた）。ブランドレスも投資家の間で非常に人気があった。2018 年 7 月には、シリーズ C でソフトバンクグループ傘下のビジョン・ファンドから 2 億 4000 万ドルの出資を受けている。しかし 2020 年 2 月、ブランドレスは経営破綻を発表した[33]。

「タイミング、条件、人の力」という 3 つの要素を基準に、ブランドレスをピンドゥオドゥオと比較すると、ブランドレスがなぜピンドゥオドゥオのように成功しなかったのか仮説を立てられる。米国が持つ人口基盤、E コマースの基盤、サプライチェーンの基盤は、中国とは大きく異なる。第一に、中国では物流インフラが国中を網羅している。第二に、iPhone を買えない低所得者層も中国製のスマートフォンを持っている。第三に、モバイル決済が手元で簡単に使える。第四に、WeChat のようなソーシャルプラットフォームは中国の人々の日常に溶け込んでおり、友人と簡単につながることができる。第五に、世界の工場である中国の製造部門には、大規模生産を行う能力とキャパシティがある。米国には、こうした条件がほとんどそろっていない。

　たとえば、米国では物流コストが高く、ブランドレスはすべての商品をすべての顧客に無料で配送することはできなかった。ブランドレスで

送料を無料にしたければ、消費者は1度の注文で13個の商品を買わなければならず、簡単に買うものを決められない。1商品3ドルという安値で、納得できる品質のものを見つけるのは至難の業だ。ブランドレスのユーザー数は、2019年から減少し始めた。その主な理由が、「品質の低下」だった[34]。

多国籍企業にとっての課題

　多国籍企業が、ピンドゥオドゥオを無視あるいは軽視するのは理解できる。取引ありきで超安売りのため、検討に値しないのだ。しかしピンドゥオドゥオは業界の台風の目となる可能性がかなり高いと著者は見ている。先に紹介した中国企業マツテックは、多国籍ブランドのOEMを20年間続けた後にピンドゥオドゥオの支援を受け、自社ブランドのロボット掃除機「Jiaweishi」を発売した。マツテックは珍しいケースではない。国内メーカーのブランド確立と国内市場の開拓を支援するのが、ピンドゥオドゥオの戦略である。「ジンフイ（Jinhui／金輝）」もまた、ツヴィリングやWMF（ヴェーエムエフ）といったワールドクラスの台所用品ブランドのOEMだ。10年前に自社ブランドの構築を試みるも失敗。ブランドの認知度が低すぎた。しかし今度は、ピンドゥオドゥオから提供された消費者統計を参考に、ジンフイは商品を設計から見直し、自社の立ち位置を変更。「王麻子（Wang Mazi）」というブランド名の包丁をピンドゥオドゥオで売り込んだ。ツヴィリングやWMFと同じ材料を使い、より高い機能を持たせた包丁で、価格はこれらの世界的ブランドの4分の1に設定した。王麻子はピンドゥオドゥオで大ヒットし、6カ月足らずで750万ドルの売上高を達成した[35]。

　ほとんどの企業がプッシュ型（まず製品を製造し、それから販路を通じて製品を市場に供給する）サプライチェーンを実行する中、ピンドゥオドゥオはプル型の理論を試している。プル型では、アルゴリズムを使ってユーザーの需要と許容価格を予測する。次に、国内ブランドとともに

商品を設計・開発する。ピンドゥオドゥオと提携する中国企業はますます増えており、こうした国内企業が多国籍企業に挑む可能性がある。

　ピンドゥオドゥオには7億3100万人のユーザーがいる。そこまでの低価格と消費者への割引サービスで、利益を出せるのだろうか。プラットフォームで発生する取引ごとに一定の割合の手数料を徴収するJDやTmallとは異なり、ピンドゥオドゥオの主な収益源は広告収入だ。そのビジネスモデルと価値提案が、もともと「二束三文」の販売価格から手数料をとることを難しくしている。ピンドゥオドゥオは、テンセントやSFエクスプレスなどの中国の有力企業から強力なバックアップを得ているが、それでも事業を持続可能な形にするためには利益を出す必要がある。ピンドゥオドゥオは、ビジネスのやり方を根本的に変えなくても、その巨大な顧客基盤からそのうち新たな収益源を見出せるはず——投資家にはそんな期待があるのではないか。2020年の第3四半期、ついに良い知らせが入った。ピンドゥオドゥオが約7億ドルの黒字に転じたのである。創業から5年で、ピンドゥオドゥオの収支はトントンになった。とはいえ、これは四半期のみの数字であり、年間ベースの実績ではない。何より重要な問題は、ピンドゥオドゥオがこの上昇軌道を維持できるかということだ。

　ピンドゥオドゥオは、プラットフォーム上で膨大なデータを集めている。黄崢は、そのデータをサプライチェーンの効率向上に役立てられるはずだと信じている。「サプライチェーンの機能向上は、長期にわたり当社戦略の焦点となるでしょう。ピンドゥオドゥオの目指す最終形は、上流でカスタマイズされた量産ができるようにすることです」と黄は語る[36]。この視点に立って製品の改良とコスト削減を進め、利益が生まれる余地を作ることが、同社の次の最重要ステップになるだろう。

　2020年7月1日、黄崢はピンドゥオドゥオのCEOを正式に退任すると発表した。会長として引き続きとどまり、新CEOには、同社の共同創業者でCTOを務めた陳磊（チェン・レイ）が就任した[*1]。陳磊は清

＊1　黄崢は2021年3月に会長の座も退き、現在は陳磊CEOが会長を兼務している。

華大学でコンピューターサイエンスの学士号を、ウィスコンシン大学マディソン校でコンピューターサイエンスの博士号を取得。ピンドゥオドゥオの分散型人工知能（AI）技術の開発をリードした。この革新的技術を使ったシステムは現在、レコメンデーションアルゴリズムの基本骨格となっている。このアルゴリズムは、この先もピンドゥオドゥオの中で極めて大きな役割を果たし続けるだろう。

本章のまとめ──経営者が問うべきこと

1. 自社が属するピラミッド市場の底辺は、潜在的にどのくらいの規模か？　挑戦できそうな新規市場をどのくらい思いつくか？　自社製品のうち、価格に敏感な消費者向けの製品が占める割合は？　ソーシャルEコマースは、下層都市の消費者を引き付けるだけでなく、価格意識が高い一線都市や二線都市の人々にとっても魅力的なものなのだ。

2. 検索結果の代わりにおすすめを提供し、複数のブランド品の代わりに1つの商品を宣伝し、「必要なもの」の代わりに「欲しいもの」を売るソーシャルレコメンデーションの仕組みを、ビジネスの成長にどう活かせるか？

3. 自社の顧客エンゲージメントに、ゲーミフィケーション（ビジネスにゲームの要素を取り入れること）が果たしうる役割とは？

4. 顧客獲得戦略をどのように見直せるか？　従来のEコマースの顧客獲得構造は漏斗型、ソーシャルEコマースは核分裂型である。

5. 自社の物流プロセスと全体的な運用は、ソーシャルEコマースにエンドツーエンドで対応できるか？　どこに弱点があり、どのように強化できるか？

ネットセレブのライブコマース
小売業界に旋風を起こす

　2014年の前半、タオバオ（Taobao ／淘宝網）の運用チームは新たな現象に気づくようになる。プラットフォームのネットショップの中に、ほかと少し違って見える店舗があった。タオバオのトラフィックに頼ったり、宣伝活動に参加したりしている様子はない。それでも、売上は好調どころか絶好調だった。データを見ると月1～2日ほどに売上が集中し、それ以外の日はほとんど動きがない。その独特の営業パターンと成長の速さは、すぐにタオバオの目に留まった。調べたところ、そうした店のオーナーは、ウェイボー（Weibo ／微博）などのSNSプラットフォームで大勢のフォロワーと交流を持つKOL（キー・オピニオン・リーダー）で、その多くをタオバオの自分の店に呼び込んでいることがわかった。

　アリババ学術委員会主席の曽鳴（ミン・ゾン）はかつて、「新しいものが後から出てくるのは必然」だと語っている[1]。曽はタオバオの運用チームに、プラットフォームに目を光らせ、新しい動きがないか注意するよう指示した。ライブ配信プラットフォームでのネットセレブによる販売は、必然的に訪れた「新しいもの」の1つだった。

中国の多様なライブ配信セレブ

　中国には実体のないものが多いが、「ネットセレブ」もその1つであ

る。中国のネットセレブには、さまざまな種類の人がいる。その1つが、「CEO（最高経営責任者）」だ。ライブ配信の力をもはや無視できないと感じ、最近登場するようになったタイプのネットセレブである。また別のタイプに、プロフェッショナルな販売者——このチャンスを逃すまいと、実店舗での販売からオンラインでの販売に転向した「プロ」——がいる。ネットで販売すれば、はるかに幅広い顧客にリーチできると気づいた人たちだ。さらに、新しいタイプのセレブが登場する。販売やライブ配信には何の関心もなかった「マニア」のグループである。彼らはただ、商品について語ったり、紹介したりするのが好きだった。また、「役人」と呼ばれるタイプもいる。地方政府の役人で、ライブ配信を利用して地元の農産物を宣伝し、地域経済のテコ入れをしている人々である。

ライブ配信でビジネスに勢いを与える「CEO」

2020年6月11日、ネットイース（NetEase ／網易）創業者の丁磊（ウィリアム・ディン）は、地球上で最も多忙な人間の1人だったに違いない。午前中、ネットイースは香港証券取引所で2度目の上場[*1]を果たす。慣例となっている打鐘は、「クラウド」を使って杭州の本社から臨んだ。事業を興した創業者にとって、IPOは最も重要なマイルストーンの1つだ。その記念すべき日を、丁はどのように祝ったのだろうか？夕方、彼はイエンシェン（Yanxuan ／網易厳選、ネットイースのEコマース事業）とクアイショウ（Kuaishou ／快手）の2つのアプリで、自身初のライブコマースを行った。Eコマースの空間に有名人として登場するというのは、この特別な日を利用する方法としては最高ではないだろうか。丁はこの新たな任務で売りたい商品にものすごくこだわった。午後8時から11時まで、3時間のライブ配信で彼が紹介したのは、たった

---

*1　ネットイースは2000年に米ナスダックに上場しており、重複上場となる。第7章を参照。

の6商品だった——本当は22品のはずだったのだが。

　丁磊は、ライブコマースに自ら挑戦した最初の中国人起業家というわけではなかった。同国が新型コロナウイルスのパンデミックから立ち直ろうとしていた2020年4月1日、羅永浩（ルオ・ヨンハオ）という別のCEOも、ドウイン（Douyin／抖音）で初のライブ配信を始めた。「老羅（オールド・ルオ）」の名で知られる羅永浩（年をとっているわけではなく、中国人は敬意を表すため、あるいは経験豊富な人を称えるために、姓の前に好んで「老」という字をつける）は、中国人起業家の中でも異色の人物だ。老羅は1972年、吉林省延吉市で生まれた。勉強ができたかどうかはわからないが、15歳か16歳の頃に学校を中退している。学校をやめた後、羅は本を売ったり、シシカバブを焼いたり、肉体労働やトニックウォーターの売り子をしたりと、生活のためになんでもやった。その頃はまだ幸運が味方しておらず、稼ぎは多くなかった。その後、羅はたまたま友人から、新東方学校（ニュー・オリエンタル・スクール）の英語教師は1年で最高100万元（約14万ドル）稼ぐらしいという話を聞き、大きく心を動かされる。そのとき彼はすでに28歳だった。

　羅は新東方学校の英語クラスに入学し、猛勉強した。数カ月もすると、教師になる準備は整ったように感じた。羅は同校創設者の兪敏洪（ユー・ミンホン）に1万字におよぶ手紙を書き、教壇に立つチャンスが欲しいと訴える。しかし、試しにやらせてもらった最初の2回の授業はひどい有様だった。負けを認めたくない羅は兪のオフィスを訪ね、3度目のチャンスを請う。今度は合格をもらえた。2001年、高校を出ておらず留学経験もなかった羅が、新東方学校の英語教師となり、年俸8.4万ドルで高所得者の仲間入りを果たす。羅はその機知に富んだユーモアで、生徒を引き付ける大人気講師になった。

　6年間教師として勤めた後、羅は退職。その後、「Bullog（牛博網）」というブログサイトを立ち上げたが、商業的には成功しなかった。それからは、英語の語学学校を設立し、自伝を書き、全国を講演して回った。そして2012年、羅は全身全霊で打ち込む価値があると思えるものを見つける。それがスマートフォンの開発・販売を行うスマーティザン・テ

ライブ配信セレブには CEO、プロ、役人（Official）、マニア（Underdog）と呼ばれるグループがある。成功の鍵は安値、信頼、ブランド。（イラスト：アスペン・ワン）

クノロジー（錘子科技）だった。羅はスマーティザンの製品が「東半球ナンバーワンのスマートフォン」になることを望み、一時は会社の資産価値が 1 億ドルを超えた。しかし、スマーティザンが「ナンバーワンのスマートフォン」になることはなく、経営に失敗して多額の借金を抱えることになった。2019 年、スマーティザンは、トウティアオ（Toutiao ／今日頭条）とドウインの親会社であるバイトダンス（ByteDance ／字節跳動）に売却された。

　丁磊がイエンシェンの宣伝にライブコマースを使った理由は容易に理解できる。しかし、スマーティザン・テクノロジーをすでに手放している老羅は、いったい何を売り込んだのか？　2019 年 11 月、スマーティザン・テクノロジーが仕入先への支払いを滞納したとして、羅は裁判所から「消費制限令」[*1] を出された。その日、彼は「CEO 債務者の告白」

＊1　中国の裁判所が、負債の返済や資金繰りの改善等が必要な個人や組織に対し、高額な消費を制限するために出す命令。

と題する書簡を出している[2]。そこには、2018年の下半期から、スマーティザン・テクノロジーは仕入先と銀行に8700万ドルの借金をしていると書かれていた。「破産の手続きをすれば財政的な責任はなくなりますが、自分を支えてくれた債権者の方々を失望させることになります」。羅はそれをよしとしなかった。負債のうち、4400万ドルはすでに返している。「残りの借金を返済するため、引き続き全力で働きます」とつづり、「どうか安心してください」と締めくくっている。

　だから羅は、50を前にして初めてライブコマースに挑戦したのである。彼には、彼のこれまでの人生とその奇特なまでの誠実さを称える多くのファンがいる。最初のライブ配信では、羅は合計22点のブランド品を売り込んだ。累計視聴者数は4800万人を超え、売上が2500万ドルを突破[3]。一番初めに紹介したシャオミ（Xiaomi／小米）のペン10本セット、9.9元（約200円）は、数秒で売り切れた。生配信の最後には、かみそりの宣伝のために自分のあごひげまで剃った。老羅の初回配信時には、ブランド各社が配信枠をめぐり激しく争っている。選ばれるのは100商品のうち1点ほどで、商品ごとに約8.5万ドルを支払わなければならない[4]。つまり生配信を始める前から、羅は180万ドル以上の前払いを受けていたことになる。楽観的な見通しでは1年半で借金を完済、その後はスマーティザン・ブランドの買い戻しも検討できると羅は見積もった[5]。

　中国のCEOに多い「真面目」なイメージは、老羅にはない。一方、フォーチュン500に入るグローバル企業、グリー（Gree／格力）の会長兼社長の董明珠（ドン・ミンジュ）は、「鉄の女」のイメージで広く尊敬を集めている女性実業家だ。董は1954年、南京の質素な家庭に生まれた。南京は、さかのぼること3世紀から1949年まで、多くの中国王朝や王国、共和国政府の首都として機能してきた長江沿岸の都市である。専科学校に通い、1975年の卒業後は南京化工研究所で事務職を務めた。1984年、息子が2歳のときに夫を亡くし、シングルマザーになる。それまでは、沿岸都市の1つで育った普通の人々と変わらない暮らしをしていたが、彼女自身は普通とはほど遠かった。

1990年、36歳のときに、董明珠は比較的安定していた暮らしを捨てる決心をし、グリーで働くためマカオに隣接する珠海市に移った。エントリーレベルの仕事からのスタートだったが、すぐに当時のゼネラルマネジャーの目に留まる。純粋な粘り強さを発揮して、8万7800ドルの負債回収に成功したのだ。その頃の同社にとって、これは大きな金額だった。1992年には、会社全体の売上の8分の1にあたる290万ドルもの売上を個人で叩き出した。グリー・エレクトリック（格力電器）が財政難に見舞われた1994年、彼女は全会一致で営業部長に抜擢される。その年、グリーは深セン証券取引所に上場。彼女のリーダーシップのもと、グリーは中国ナンバーワンのエアコン製造会社となり、長年その地位を守ってきた。これだけ優れた業績を挙げてきた彼女が、2007年にグリーのCEOに、2012年には会長職に就任したのも不思議ではない。2015年、董明珠は61歳でグリーを世界のトップ500社にランクインさせ、グリーは世界一の家電メーカーになった。グリーでは、あらゆるタイプのエアコンと小型家電を製造している。2019年の従業員数は8万8846人、収益は280億ドルにのぼった[6]。

　董明珠は、外見も中身も若々しい。オンライン配信に挑戦したとき、彼女は67歳の黄金時代を迎えていた。2020年6月1日には、9億1500万ドル相当の商品を売った。これは、コロナ禍の同社総収益ひと月分に匹敵する金額だ[7]。そのときはすでに、4度目のライブ配信出演だった。4月に初めてドウインと組んだときには、経験不足にネットワーク接続の悪さも重なって大した成果は上がらず、たったの3万2000ドルしか売れなかった[8]。董のほかにも、ライブコマースを試したCEOがいる。電気自動車メーカー「上海蔚来汽車（NIO）」の創業者、李斌（ウィリアム・リー）は5月17日、タオバオでの40分間の生配信中に、車320台の注文と5288件の試乗予約を受け付けている[9]。2020年は、起業家とライブコマースが大きな盛り上がりを見せた1年となった。

　実際問題として、新型コロナのパンデミックによる影響で、多くの中国人起業家が生き残りを賭けてライブコマースに頼らざるを得なくなった。

化粧品会社、林清軒（フォレスト・キャビン）の CEO 孫来春（スン・ライチュン）は、全店舗の閉鎖に追い込まれた。会社の口座の残高ではあと2カ月ともたないことに気づいた孫は、タオバオでライブコマースをやろうと一念発起する。彼の初めての配信には思いがけず 6 万人以上の視聴者が集まり、椿油の販売で 5 万 7000 ドル近い売上が上がった。孫はタオバオにこんな手紙を送っている。「この真っ暗闇の中で、（タオバオライブが）かすかな希望の光を与えてくれました」

揺るぎない売上で他を圧倒する「プロ」

　老羅は、ドウインで食品や日用品を売った。一方、序章で紹介したもう 1 人のセレブでセールスの天才・薇婭（ウェイヤ／ Viya）は、ロケット発射サービス——たとえば、宇宙空間に何かを送る権利やロケットの命名権、打ち上げの観覧権など——をタオバオで販売した。おもちゃのロケットではない。本物のロケットの打ち上げだ。ロケット発射サービスの当初価格は 640 万ドルで、生配信での見積価格は 570 万ドル。サービスを予約したい購入者は、7 万ドルの手付金を支払う必要があった。配信開始後すぐに 800 人以上が手付金を支払い、数分後にはロケット乗車の販売枠が完売した [10]。ライブ配信で売れないものがあるのだろうかと思う。

　薇婭のほかに、2019 年に絶大な人気を誇ったライブ配信のネットセレブが、李佳琦（リー・ジャーチー、"Austin"）だ。李佳琦は中国の口紅トップセラーで、2019 年には 2900 万ドルのコミッションを稼いでいる。それに対し、この年、中国の上場企業の 6 割以上は減益だった [11]。タオバオライブで口紅を売るようになる前、李佳琦はロレアルの化粧品カウンターでビューティーアドバイザー（BA）をしていた。2016 年、ロレアルはマルチチャンネルネットワーク（MCN）組織とともに、「BA か

らネットセレブへの転身」というキャンペーン＊1を開始する。そこに参加した李佳琦は、すべての候補生の中でひときわ目立っていた。2018年の「独身の日」には、馬雲とライブコマースの売上対決をして勝利。こうして、「口紅アニキ」、「口紅王子」の異名をとるようになる。

　薇婭と李佳琦がこれほど成功したのはなぜだろう？　その秘密はどこにあるのか？　まず、彼らは販売する商品カテゴリーや商品を熟知している。ライブコマースを始める以前に、薇婭はアパレル販売で15年の実績があり、李佳琦はロレアルの元ビューティーアドバイザーだ。そのうえ、彼らは顧客のことをよくわかっていて、ターゲットとする視聴者に売る術を心得ている。2人ともネット上での活動を開始する前から、実店舗のビジネスですでに大きな成功を収めていた。彼らはもともと優秀な販売員で、天性の商才を持つ。スタイルはまったく違うが、どちらもフォロワーの信頼を勝ち取っている。薇婭のフォロワーには、自分や家族のためにさまざまな商品を購入する女性が多い。薇婭は、どこよりも安くて良い品を見つけてくれる、優しい姉、妹のような存在といえる。一方、李のフォロワーは、自分をきれいに見せたい女子たちだ。李佳琦はネットでのドラマチックな実演販売で、「普通の女の子から洗練された欧米風のレディーに、あなたを一瞬で変えるシャネル116」と発言し、「買って」と勧める。「買って！　買って！」というその呼び声に、逆らえない人は多い。始まる前から決着がついているのである。ライブ配信を行っているCEOも、売上を伸ばすためにプロのセレブと組むことは多い。

　薇婭と李佳琦は、どちらも全国的な有名人だ。彼らのライブ配信を視聴し、おすすめ商品を購入するフォロワーが、中国全土にいる。だが中国は、2019年時点で672の都市と2万1297の町を持つ大きな国で

＊1　Eコマースの台頭により、百貨店などの実店舗での売上減少に歯止めがかからないことに危機感を募らせたロレアルが、社内でインフルエンサーを育成しようと始めたキャンペーン。

ある[12]。地方の人々が入り込む余地は明らかに残されている。宋超（ソン・チャオ）は、江蘇省の三線都市、徐州にフォーカスしたネットセレブだ。この町に生まれ、現在も暮らしている。ポールフランクの服の処分品を8割引にするなど、激安商品を売る店を15店舗経営する。2011年からは、顧客が来店するたびに、客のWeChat（ウィーチャット／微信）アカウントをスタッフに追加してもらっていた。2020年初めのコロナ危機では、中国のほぼすべての店が閉鎖され、宋超の15店舗もそのあおりを受ける。実店舗からネットでのビジネスに移行せざるを得なくなり、オンライン配信で営業を始めた。

50万人を超えるフォロワーを管理し、サービスを提供するため、宋超は8000のWeChatグループを立ち上げた。1グループの人数は80人以下にした。そして、24人のスタッフで100台以上のスマートフォンを使い、8000のグループを管理。宋超は、生配信で販売する予定の商品とその価格をあらかじめ発表し、配信開始前にWeChatの各グループにライブ配信のリンクを送った。顧客はリンクをクリックして配信を視聴し、スタッフにWeChatで個別に質問ができる。宋超はスタッフに、顧客の質問には1分以内に回答し、徐州訛りの言葉を使うようリクエストした。顧客がつながりを感じられるようにするためだ。宋超は毎月3〜4回の配信を流すようになる。次の配信開始までに、すべての顧客が前回の配信で注文した商品をきちんと受け取り、その後、問題がないことを確認した。あるときのライブ配信では、2時間で58万ドル相当の韓国コスメ「ソルファス（雪花秀）」を売っている。実店舗1軒の150日分の売上にあたる金額だ[13]。

「徐州出身の私には、地元徐州の人々が好きなもの、好きなブランド、よく売れているブランド、好きな商品の種類がよくわかります。徐州の人々に必要なものを熟知しているのです」と宋超は語る[14]。彼は自分の地元だけに特化した、中国の局地的なネットセレブのうちの1人である。

ネットセレブが急速に台頭し、多くの映画スターもオンラインでの商品の販売に参加している。タオバオライブは、劉涛（リウ・タオ、人気の映画・テレビ女優）を「チーフ・セレクション・オフィサー」に任命。

最初の配信では、3時間で2100万ドル相当の商品を販売した[15]。

急増するアマチュアの「マニア」

Mr. Bags（包先生、本名タオ・リアン）は、そのファッションセンスとハンドバッグに関する独自の洞察で知られる。オピニオンリーダーであり、SNSに700万人以上のフォロワーを持つブロガーだ[16]。Mr. Bagsは、ニューヨークのコロンビア大学で国際関係学を学んでいた。薇娅や李佳琦が、オンライン配信で有名になる前から販売員として成功していたのとは対照的だ。カバン好きだった彼は、商品の研究に多くの時間を費やしていた。中国人がエルメスのような高級バッグを買いたいと思っても、自分で詳しく調べられるほどの英語力がある人ばかりではない。単に調べる時間がない人もいる。購入するブランド品を決めるのは、ひと仕事なのだ。Mr. Bagsは、ハンドバッグの各種ブランドやデザイン、最新のトレンドに関する記事を書き始めた。こうして、購入を考えている人々に正しい知識と役立つアドバイスを与えている。

彼はファッションに関する自分の知識を広めようと、ウェイボーとWeChatのアカウントを立ち上げ、続いて小紅書（シャオホンシュ／RED）のアカウントも開設した。やがて彼は、中国で急増する富裕層の消費者向けに、高級ハンドバッグ市場の詳細なトレンド分析とアドバイスを提供する信頼できる情報源となり、熱烈な中国人読者ファンを国内外で一気に獲得した。ルイ・ヴィトンやエルメス、シャネル、ディオール、ヴァレンティノ、グッチなど、多くの高級ブランドが彼の専門知識とフォロワーへの影響力に気づき、彼とコラボレーションを始める。2018年には、トッズとMr. Bagsでハンドバッグの共同ブランドを立ち上げ、「Wave」リュックサックを発売。彼のWeChatミニプログラム「BAOSHOP」では、約1500ドルの限定版バッグ300個が6分で完売した。ストラスベリー（Strathberry、英スコットランドの高級ブランド）やジバンシィ（Givenchy）もMr. Bagsとのコラボで限定版バッグを発売

し、目覚ましい成果を上げた。

　Mr. Bagsと口紅王子では根本的に違うだろうか？　もちろん違いは
ある。Mr. Bagsは高級ブランドと直接仕事をしており、さらにブラン
ド各社と共同設計した独自の準ブランドも持っている。彼のバッグには
1500ドルの値打ちがあるが、口紅王子が売るリップスティックは50
ドルしない。

　このゲームの参加者は、Mr. Bagsだけではない。彼は「最も影響力
のあるファッションブロガー」のランキングで3位につけている。ほ
かにも、Gogoboiの名で知られる葉嗣（イェ・シ）は、700万人のフォ
ロワーを持ち、ルイ・ヴィトンを動かすファッションブロガーだ[17]。ブ
ランド「支援」の趣旨で、キャンペーンのたびに最大10万ドルが彼に
支払われると噂されている。Mr. Bagsと同じく最も影響力のあるファッ
ションブロガーの4位が、Becky Li（黎貝卡／リー・ベイカ）だ。彼女も
ただ興味があること、高じた趣味の延長でやっている。正式なトレーニ
ングを受けたわけではないが、中高所得層の読者にどこにお金をかける
べきかを教えている。グッチやシャネル、ジョーマローンなど、多くの
ブランドが彼女と仕事をしたがっている。お金の話になれば、ファッ

インフルエンサー。Mr. Bags、Becky Li、Gogoboi（イラスト：アスペン・ワン）

ションブランド各社から大きな不満の声が上がるかもしれない。だが、Mr. Bags や Becky Li、Gogoboi は、ファッションブランドの最新作を単に紹介する以上の仕事をしている。彼らは読者に、あなたにはそうしたブランド品を持つ資格があると説いているのだ。

　海外にも、キアラ・フェラーニやカイリー・ジェンナーのようなインフルエンサーは存在する。だが、彼女たちのフォロワーは主にインスタグラムにいて、中国メディアに新たな波を起こしている大物とは異なる。中国のインフルエンサーは、同国のデジタル空間全体に多面的な帝国を築き、ウェイボーや WeChat、ドウインを通じて、人々の心をつかんで離さない物語を届けている。

デジタル業界を知る政府の「役人」

　2020 年に突如発生した新型コロナウイルス感染症は、別のタイプのネットセレブを生むまたとない機会になった。2020 年 2 月 19 日にピンドゥオドゥオ（Pinduoduo ／拼多多）が「農産物販売」のライブ配信活動を開始すると、多くの政府関係者が参加した。浙江省衢州市の湯飛帆（タン・フェイファン）市長は、53 万人の消費者に向けて同市産ポンカンの歴史と郷土料理を解説。中国最大のパイナップル産地である広東省徐聞県の呉康秀（ウー・カンシウ）県長は、パイナップル 25 万個を販売した[18]。3 月 15 日だけでも、100 を超える県や町の指導者がタオバオライブに出演し、地元の特産品を宣伝・販売している[19]。

　山がちで耕地が少ない湖南省安化県は、中国の有名な「黒茶の産地」だ。人口 110 万人のうち約 36 万人が、黒茶に関する仕事で生計を立てている。安化県の副県長で 47 歳の陳燦平（チェン・サンピン）は、2018 年からドウインに短い動画を投稿している。地元農家に代わってお茶を宣伝しており、10 万人以上のフォロワーがいる。コロナ禍では、安化県にお茶の買い付けに来る卸業者がいなくなり、生産農家は業を煮やしていた。そこで陳は、オンラインでの販売を思い立つ。2020 年

3月1日、ライブコマースを始めると、2500人以上の人々が初配信を観てくれた。以来ほぼ毎日、ドウイン、JD（ジンドン／京東）、Tmall（天猫）、ピンドゥオドゥオなど、あらゆるプラットフォームで配信している。ネットセレブにダイレクトメールを送り、黒茶の宣伝に一役買ってほしいと頼んだこともある。4月3日のドウインのライブコマースイベントでは、36万ドル相当の黒茶が売れた。今や陳燦平はネット上の有名人で、安化県の茶農家の「希望」となっている[20]。

　最近では、タオバオやJD、ピンドゥオドゥオのアプリを開くと多くの店がライブコマースをやっていて、多くの農家が自分たちで作った農産物を紹介したり、生配信での宣伝活動を始めたりしている。ライブ配信に取り組む人の数は、どんどん増えている。

Eコマースか、ショート動画か──ライブ配信業界

　大規模ECプラットフォームがライブコマースの出発点となったのは、自然の流れだった。最初にライブ配信と販売を組み合わせたのは、タオバオだ。2016年3月、タオバオは「ホスト」となる人々を招き、新たなモデルの導入を試みる。薇婭がタオバオライブに登録したのはこのときだ。2018年、タオバオは「スーパーIP（知的財産）」プログラムを開始し、ホストに新たなネットトラフィックの呼び込みを促した。2019年には、タオバオライブのアプリが正式にリリースされ、もはやタオバオアプリ内の1機能モジュールではなくなった。2019年の「独身の日」には、タオバオライブの売上が29億ドルに達し、その日に成立したタオバオの全取引の7％を占めた[21]。Tmallの業者の半分以上が、タオバオライブで商品を売っていた[22]。その過熱ぶりを見たピンドゥオドゥオとJDもライブコマースの流れに乗り、JDはネットセレブの育成に1億4000万ドル以上を投じると発表した。

　だが、これはライブ配信業界の一面にすぎない。ドウインでは、口紅王子の李佳琦が2カ月で1400万人のフォロワーを集めている[23]。EC

プラットフォームだけではない。ドウインとクアイショウに代表される
ショート動画プラットフォームも、ライブコマースの分野に進出したの
である。

「クアイショウ」で世界と自分を記録する

　クアイショウの創業者、宿華（スー・ホワ）は、1982年に湖南省の農
村で生まれる。宿華は勉強が得意だった。2000年、中国のMITと称
される清華大学のソフトウェア工学部に入学。学部を修了すると大学院
の博士課程に進み、ソフトウェア工学の研究を続けた。だが、予定どお
りに修了できず、修士号を取得して中退している。噂によると、宿華は
北京での住宅価格の急騰に落胆し、一介の研究者では家も買えないなら、
研究を続けても仕方がないと感じていたようだ。大学をやめた彼はグー
グルに入社し、2年半勤めた後に起業した。

　宿華の最初の起業プロジェクトは、ウェブサイトの動画広告だった。
動画広告は今では珍しくないが、当時はまだ新しい現象だった。2008
年の1度目の挑戦は失敗に終わる。翌年も続けて新規事業を始めたが、
失敗。それが何度か続いた。宿華はついにあきらめ、バイドゥ・フェ
ニックス・ネスト（百度鳳巣、Google広告に似たバイドゥの広告入札システ
ム）のシステム開発者としてバイドゥに就職する。しかし2年後にはバ
イドゥを離れ、再び自分で事業を興した。今度の新規ビジネスは検索エ
ンジンに関するものだった。この事業は後にアリババに買収され、宿華
は経済的自由を手に入れる。住宅購入はもう、ただの夢ではなくなった。
では、その次のインスピレーションはどこから得たのだろう？

　2013年、宿華は「GIF快手」創業者の程一笑（チョン・イーシャオ）
と出会い、新会社「クアイショウ（快手）」を設立する。宿がCEO、程
が顧客獲得の責任者になった。クアイショウは、一般の人々が日々の出
来事を記録して共有するプラットフォームというポジションをとり、そ
のユーザーは短い動画を作って発信できる「小さな町の若者」だ。人
にはえてして、誰かに「見られたい、ほめられたい」という欲求が

ある。だから人々は自分の日常を記録してクアイショウに投稿するのを楽しんだ。クアイショウでは初期の頃から、スマートアルゴリズムを使ってユーザーの好みに合いそうなショート動画を推奨していた。2年もせずに、事業は爆発的な成長期に入る。2015年には、8カ月でユーザーが1億人から3億人に増えた。2020年、クアイショウの1日あたりアクティブユーザー数（DAU）は3億人に達した。

　クアイショウは2017年にライブ配信を開始。ライブコマースと配信中にファンから贈られる大量のプレゼントがホストの収入源になる。クアイショウのポジショニングでは、ほとんどの有名人が一般市民だ。サンダー兄貴（散打哥）、シンバ（辛巴）、二驢的（Erlv）、ベンリャンおじさん（本亮大叔／Uncle Benliang）などの超有名人は、三線都市以下の都市で暮らすブルーカラーの労働者や農民だった。彼らはフォロワーとの結びつきが強く、販売能力が高い。クアイショウで最初に有名になった何人かのライブ配信者（ライバー）は、2019年に1人1400万ドル以上のコミッションを稼いでいる。ほとんどの取引は、タオバオやピンドゥオドゥオなどの第三者ECプラットフォームで行われ、クアイショウはその1件1件に手数料を課している。クアイショウが独自に運営するECプラットフォームで成立した取引は、ごくわずかである。

「ドウイン」で日常の貴重な瞬間を記録する

　ドウインの話をする前に、張一鳴（ジャン・イーミン）と彼が作ったトウティアオを紹介しておく必要がある。張一鳴は、1983年に福建省竜岩市で生まれた。美団（メイトゥアン／Meituan）創業者の王興は、同郷の友人だ。2001年、張は中国の総合大学トップ10の1つに数えられる南開大学に入学。最初はマイクロエレクトロニクスを専攻していたが、後にソフトウェアエンジニアリングに転向した。2005年の卒業後は、起業家の道を歩み始める。最初のスタートアップは企業向けシステムの開発だったが、うまくいかなかった。そこで、2006年に旅行検索

サイトを運営するクーシュン（酷訊）に入社。検索機能の開発を担当した。クーシュンに勤めていた頃、張に大きなひらめきを与える出来事があった。彼は帰省のために列車の切符を予約したいと思っていた。しかし、当時はチケットを検索できるソフトウェアがなく、オンラインで切符を買うのは難しかった。そこで張は、1時間かけて自分の要件に合うチケットを自動検索するプログラムを作成。こうして30分でチケットを手に入れた。そのアルゴリズムを使えば、必要な情報をさっと見つけて顧客に出せる。きっと素晴らしいビジネスになる——彼はそう思った。

　2008年、張はクーシュンを離れ、マイクロソフトに入社。しかし、すぐに辞めて、地元仲間の王興が作った会社ファンフォウ（飯否）に加わっている。ファンフォウでは検索機能の開発を担当した。2009年にファンフォウが閉鎖[*1]されると、張は垂直型の不動産検索エンジン「九九房（99Fang）」を立ち上げた。その頃からすでに、張は情報商品に関心を示しており、九九房には「物件訪問日記」や「不動産情報」などのコンテンツ商品があった。

　2012年、モバイルインターネットの時代が幕を開けようとしていた。張は後任の新CEOを迎えて九九房を託し、バイトダンスを設立。8月、スマートコンテンツ[*2]の配信プラットフォーム、トウティアオのアプリを公開する。トウティアオの機能のユニークな点は、読者に最もパーソナライズされたニュース体験を提供したことだ。その機械学習アルゴリズムでユーザーの閲覧傾向をモニタリングし、カスタマイズされた記事や動画、広告などのフィードを提供した。初めて利用するユーザーには一般的なコンテンツを表示し、それをユーザーが「いいね！」または「よくないね」と評価。コンテンツを読んでコメントを投稿したり、記事を再投稿したりすることもできる。ユーザーが選んだものや閲覧時間などの傾向と関心は、機械学習のアルゴリズムによって記憶される。そのため、ユーザーがトウティアオを見る頻度が増えるほど、機械学習に

＊1　ファンフォウはツイッターを模した短文投稿サイトとして、2008年から2009年にかけて人気を博したが、2009年に当局により突然閉鎖されている。第4章を参照。
＊2　ユーザーの行動から導かれる、ユーザーの興味・関心との関連性が高いコンテンツ。

よる判断がより正確になり、受け取るレコメンデーションが本人に合った内容になる。トゥティアオは人気を博した。公開から90日で、1000万人の登録ユーザーを獲得。2019年6月までに、月間アクティブユーザー数（MAU）が2億6000万人に達している[24]。

　トゥティアオのデータから、ユーザーは短い動画をわりと長い時間観ていることがわかった。そこでバイトダンスは、2016年にショート動画への進出を始める。バイトダンスは自らが「バルクインキュベーション」と呼ぶやり方で、火山ショートビデオ（火山小視頻）、スイカビデオ（西瓜視頻）、ドウインという3つのサービスを同時に立ち上げた。これらのサービスはいずれも、トゥティアオの基本となる「カスタマイズされたレコメンデーション」のロジックを踏襲している。クアイショウとは違い、ドウインは一線都市と二線都市のユーザーをターゲットにした。2019年11月、ショート動画モバイルアプリのランキングで、MAUが5億3000万人のドウインと4億2500万人のクアイショウが1位と2位に入り、スイカビデオと火山ショートビデオは3位と4位だった[25]。上位4つのショート動画プラットフォームのうち、（クアイショウを除く）3つがバイトダンスのものだ。

　2019年まで、バイトダンスは収益の約7割を広告から得ていた。その膨大なトラフィックをマネタイズする強力なビジネスモデルを見つけることが重要課題だった。2018年、ドウインはライブコマースに参入する。しかし、タオバオの薇婭や李佳琦、クアイショウのシンバのようなネットセレブが不在だったため、その歩みは遅々としていた。

　ドウインのライブコマースが注目を集めたのは、2020年に老羅と契約を結んでからのことだ。クアイショウと同様、ほとんどの取引でユーザーはタオバオやJDなどの第三者プラットフォームに切り替えないと、購入を完了できなかった。ところが、老羅のライブコマースで小さな変化が見られる。ユーザーは初めて、ドウイン独自のECプラットフォーム「ドウイン・シャオディエン（抖音小店）」で、取引のプロセスを気にせず完結できるようになったのである。2020年「独身の日」のセールでは、ドウインは2019年1年間の流通取引総額（GMV）の200%にあ

たる 28 億ドルを達成した[26]。

　クアイショウはドウインより 3 年早く設立されたが、トラフィックの点では後者に後れをとっていた。基本的にドウインとクアイショウはよく似ている。人々は忙しい日々の中でふとできた細切れ時間に、短い動画を見る。だが、いくつか違いはある。下層都市の人々をターゲットとするクアイショウには、若干低俗で洗練されていないようなコンテンツがある。生きたヘビを食べている人の動画や、アダルト関連のコンテンツさえある。クアイショウは無教養だととられてもおかしくない。一方のドウインは、初めから一線都市と二線都市の若者をターゲットにしていた。そのショート動画は巧みに作り込まれたような出来栄えで、登場する人の外見は加工されている。クアイショウのユーザーは、コミュニティの場が好きで積極的に関わろうとする。彼らは視聴者であり、参加者でもある。片やドウインのユーザーは、最新のファッショントレンドを追う視聴者だ。この点からすると、クアイショウはドウインよりもスティッキネスが高いため、ライブコマースの良い基盤となる（**図表 8.1**）。

図表 8.1　ライブ配信の戦い

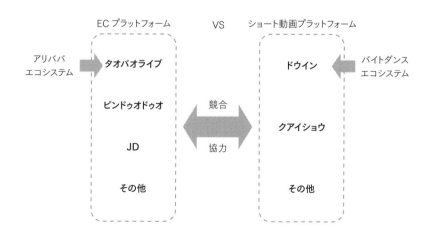

2020年はタオバオが中国のライブコマースを先導し、クアイショウとドウインがそれに追いつこうと健闘した。2019年の流通取引総額（GMV）は、タオバオライブが約360億ドル、クアイショウが60〜70億ドル、ドウインが14億ドルだった。JDとピンドゥオドゥオは、まさに始めたところだ。ショート動画プラットフォームでのライブコマースと、ECプラットフォームでのライブコマースには、それぞれ一長一短ある。ショート動画プラットフォームは、超高頻度で既製品を紹介するライブ配信プラットフォームだ。2019年の1日あたりアクティブユーザー数（DAU）は、ドウインが4億人、クアイショウが3億人、タオバオが2億5000万人、ピンドゥオドゥオが2億人、JDが5000万人だった[27]。李佳琦がドウインから大勢のフォロワーを呼び込んだことは有名で、これは彼の成功に不可欠だった。しかし、ショート動画プラットフォームには、通常、サプライチェーンやアフターサービスなどの後方支援システムがない。その点では、従来のECプラットフォームが有利である。こうした理由から、ショート動画プラットフォームは独自のサプライチェーンシステムを構築しつつ、ライブ配信販売でEコマースとの協業を続けている。2020年には、WeChatもショート動画機能をリリースした。ユーザーは動画アカウントを申請すれば、WeChatにショート動画を投稿して共有できる。テンセント（Tencent／騰訊）はライブコマースに正式に参戦しており、強力な挑戦者になると予想される（**図表8.2**）。

図表8.2　ライブ配信プラットフォーム（2019年）

	タオバオ ライブ	クアイ ショウ	ドウイン	ピンドゥオ ドゥオ	JD
GMV （10億ドル）	36	6〜7	1.4	-	-
DAU （100万人）	250	300	400	200	50

もはや中国だけのゲームではない

　ライブ配信プラットフォームは、米国にもある。たとえば、ユーチューブ、インスタグラム、ツイッター、フェイスブックには、どれもライブ配信機能がついている。だが、その視聴者は（ゲームの生配信を除けば）ごくわずかだ。アマゾンも2019年に「アマゾンライブ」を立ち上げたが、やはり配信数も視聴者の数も少ない。アマゾンの消費者には、従来のEコマース寄りの考え方の人が多い。欲しいものがはっきりしているため、その特定の商品を直接検索して注文すれば終わりだ。プラットフォームでなんとなく時間を過ごしたり、生配信を見たりする暇はないのである。

　米国にはネットセレブもいる。たとえば、旅行や食品、美容などのジャンルには多くの米国人ブロガーがいるが、今もテキストや画像、動画を使ったコンテンツが中心だ。そうした有名人は、ブログサイトから支払われる広告料やコミッションを収入源としている。米国にはネットセレブもライブ配信プラットフォームも存在するが、ライブコマースを行っている有名人はほとんどいない。

「ネットセレブ」は、広義の言葉である。ブロガーもいれば、オンライン配信の有名人もいる。中国では、画像やショート動画を投稿するブロガーは、ライブコマースの有名人とは区別されている。ブロガーは、普通のネットユーザーが夢見ることしかできないようなライフスタイルを発信する。彼らの意見はフォロワーに影響を与え、間接的にブランドの売上に貢献している。一方、オンライン配信の有名人は、超一流のセールスパーソンだ。実世界のトップ営業が、ネット販売でスーパーセレブになったのである。薇娅と李佳琦はどちらも長年、実店舗で営業スキルを磨いた。オンライン配信を利用すれば、より幅広い視聴者にリーチしてはるかに大きなファン基盤を築ける。タオバオとMCNがプラットフォームを提供し、ネット販売のコンセプトを1つの職業に変えたことが彼らを成功に導いた、というのももちろんある。問題は、同じモデルを中国国外でも再現できるのかということだ。

近年、ドウインの海外版、TikTok（ティックトック）の世界的な広がりにより、ネットセレブによるライブコマースの成長に対する他国の人々の考えは変わりつつある。世界中の多くの国や地域で、TikTok は無料アプリの人気トップ 20 に入る[28]。2020 年 5 月、動画配信サービス「ディズニープラス（Disney+）」の立ち上げを統括したディズニー幹部のケビン・メイヤーが、TikTok の親会社であるバイトダンスの最高執行責任者（COO）に就任し、TikTok のグローバル展開を指揮することになった。ところが、中国と米国の摩擦が高まり、事態は急展開。2020 年 7 月に、トランプ大統領（当時）が TikTok 利用禁止の意向を表明する事態となった。これを受け、ケビン・メイヤーは 8 月にバイトダンスを去っている。TikTok はすでにインドでも禁止されていた。同社に希望の兆しが見えたのは、2020 年 12 月にウォルマートが TikTok で初のライブショッピング・イベントを開催したことだ。

セレブが売る商品を誰が買っているのか?

2020 年 3 月までに、中国のネットショッピング利用者数は 7 億 1000 万人に達し、オンラインライブ配信の視聴者数は 5 億 6000 万人になった[29]。このうち、ライブコマースの利用者は 2 億 6500 万人で、ネットショッピング利用者の 37.2%、ライブ配信視聴者の 47.3% を占めた[30]。

- 年齢層に関しては、ライブコマース利用者の 8 割が 1985 年以降の生まれ、5 割が 1990 年以降の生まれだった。
- 居住地に関しては、二線都市のユーザーが 1 位で 4 分の 1 以上、次に三線都市のユーザーが約 20% を占める。北京、上海、広州、深センなどの超一線都市のユーザーが最も少なかった[31]。
- 性別では、ライブコマースの消費者の大半を女性が占める。李佳琦のフォロワーの 91%、薇婭のフォロワーの 61% 以上が女性である[32]。こうしたフォロワーは、「李佳琦のガールフレンド」、「薇婭の女」

図表 8.3　ライブコマースの利用者

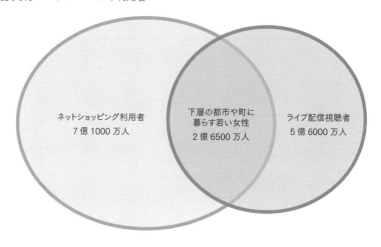

ネットショッピング利用者
7 億 1000 万人

下層の都市や町に
暮らす若い女性
2 億 6500 万人

ライブ配信視聴者
5 億 6000 万人

と呼ばれている（**図表 8.3**）。

　この図から、下層の都市や町に暮らす若い女性が、セレブによる販売活動を推進しているように見えることがわかる。こうした女性たちは価格意識が高いことが多く、ライブ配信の番組を見る時間的余裕があり、何より、この新しい買い物体験を楽しんでいる。収入は高くないかもしれないが、一線都市や超一線都市に住む人々が直面する住宅価格の高騰のようなプレッシャーを抱えておらず、自由に使える収入があるのだ。

セレブはそもそも何を売っているのか？

　薇婭が生配信でロケット発射サービスを販売したことは有名だが、これは宣伝以外の何物でもない。ライブ配信で売られる商品のほとんどは、化粧品や食品、3C（コンピュータ、通信、家電）のデジタル製品、衣料品、宝飾品などの日用品である。オンラインでの販売は、特定のジャンルに非常に集中しているように見える。たとえば、中国のマーケティング

会社 WalktheChat の分析によると、2020 年 6 ～ 7 月期、ドウイン売上トップ 100 の KOL ライブ配信からの GMV（流通取引総額）の 9 割を化粧品、食品、家電が占めた。

ライブ配信を使った場合のコンバージョン率[*1]は、視覚的なデモとわかりやすい説明が求められる商品ジャンルで高くなる傾向がある。ある調査によると、ライブ配信を視聴した消費者のコンバージョン率は 66%もアップした[33]。小さなブランドや無名のブランドでは、ライブ配信が消費者の認知度向上に役立つ。

2020 年 3 月の薇婭と李佳琦の販売実績を見ると、薇婭の売上の平均単価は 78 元（約 1560 円）、李佳琦は 74 元（約 1480 円）だった[34]。老羅がドウインで初のライブコマースを行ったときに販売した商品の中には、4999 元（約 10 万円）のシャオミのスマートフォンも含まれていたが、平均単価は 197 元（約 3940 円）ほどだ[35]。李佳琦は、ロレアルやユニリーバ、P ＆ G といった世界的ブランドから、百雀羚（Pechoin）などの国内ブランド、フローラシス（花西子 Florasis）のような新しいブランドまで、サードパーティ製品を取り扱っている。もう 1 つ忘れてはならないのが、ライブ配信はドウインやクアイショウのような後発プラットフォームで行われることが多いにもかかわらず、購入のほとんどが従来型プラットフォームの Tmall や JD で行われているという点である（**図表 8.4**）。

ブランド各社は、ライブ配信を行うネットセレブに複雑な感情、つまり好感と反感の両方を抱いている。有名人に販売を依頼すれば、結局のところ短期間でブランド露出に一役買ってくれる。2020 年 3 月 5 日、口紅王子の生配信を 5200 万人が視聴し、その多くがターゲット顧客だった。売上の数字は非常に魅力的で、一晩で億円単位になる勢いだ。だが、これはコインの一面にすぎない。その裏には高額な費用負担がある。トップセレブの配信枠は数百万円にのぼることもあり、安い販売価格に 20 ～ 40%という高いコミッションがつく。トップセレブほど

＊1　サイト訪問者のうち実際に商品やサービスを購入した人の割合。顧客転換率、CVR。

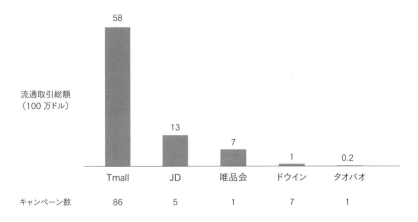

図表 8.4　ドウイン売上トップ 100 の KOL ライブ配信からの市場別 GMV（百万ドル）

58

流通取引総額
（100万ドル）

13

7

1

0.2

	Tmall	JD	唯品会	ドウイン	タオバオ
キャンペーン数	86	5	1	7	1

出所：https://walkthechat.com/what-did-we-learn-studying-douyins-100-top-performing-e-commerce-campaigns/

交渉力があり、通常、何点かの商品に最低価格を要求してくる。つまり、5割引である。さらに、無視できないコストがもう1つある。商品の返品コストだ。特に衣料品のカテゴリーでは、返品率が3割になることもある。こうした費用をすべて合わせると、ブランド各社はネットセレブが生配信で紹介するほとんどの商品について、大して利益を上げられないか、まったく利益を上げられない可能性がある（なお、李佳琦は2022年6月から突如3ヵ月間にわたり活動を休止。理由は説明していないが政府による介入が疑われた。李はその後復帰して活動しているが、中国ネットセレブのビジネスにはこうしたリスクも存在する[2]）。

このように、売られる側のブランドが、ライブコマースで常に利益を上げられるとは限らないのである。では、十分な利ざやをとれなくてもやるのはなぜなのか。ブランド各社のねらいの1つに、ブランドの露出度と影響力を高めてネットショップにトラフィックを引き込むことがある。新規ブランドは、ターゲット顧客に合うネットセレブと組んで

＊2　"Li Jiaqi: China Lipstick King sparks Tiananmen questions," BBC, 7 June 2022. https://www.bbc.com/news/world-asia-china-61715843

商品を 1 〜 2 点宣伝してもらうことで、爆発的な効果が生まれて良い
ブランドイメージを確立できる可能性がある。たとえば、中国の化粧品
ブランド「フローラシス（花西子 Florasis）」は、李佳琦とのタイアップ
により、Tmall の化粧品部門 Tmall ビューティー（天猫美粧）で化粧品ブ
ランドの売上トップ 10 入りを果たした。2019 年の独身の日、李佳琦は
ライブ配信でフローラシスのパウダー 70 万箱以上を売りさばき、1 時
間の売上が 1400 万ドルを超えている[36]。また別のブランド「パーフェ
クトダイアリー（完美日記）」は、プチプラ（低価格）を売りに、KOL が
小紅書で紹介する商品を追う若者の間で人気になった。美容、食品・飲
料、小型家電の分野で、多くの新規国内ブランドがネットセレブと手を
組み、急速に頭角を現している。セレブに依頼するもう 1 つの理由が、
在庫調整だ。ライブ配信イベントを利用して、過剰な在庫品を安値で一
斉処分するのである。

ライブコマースが物流を混乱させる理由

口紅王子とは異なり、薇婭は自身の工場をつくり、彼女の売上の 3
割以上がそこから生まれた。1 つの工場で 1 日 3 万枚のスカートを製造
しても、薇婭のような有名人は一晩ですべてを売りつくしてしまう。だ
から、翌日には別のスタイルを出せるようにする必要があるのだ。タオ
バオライブの台頭により、従来の衣料品サプライチェーンに大きな課題
が突き付けられた。これまでのアパレルメーカーは、年に数パターンを
デザインしていた。世界的ブランドの ZARA（ザラ）は、従来のファッ
ションブランドよりもはるかに効率的で、デザインから製造までの工程
に 2 〜 3 週間しかかからない。それでも、新作を毎日紹介するライブ
配信のモデルと彼らが競うのは無理な話だ。ライブ配信用の工場では、
半日で試作品を作らなければならない。ホストは販売している間に注文
数をカウントする。そして生配信が終わるとすぐに注文を工場に送り、
急ピッチで生産・配送を手配する。「1 人のライバーに、1 回の配信で

だいたい 40 着が必要です。月 20 回の配信で、800 着。ライバーが 10 人いれば、8000 着が必要になります」。タオバオライブで毎月紹介される新商品の数は、16 万点を超える[37]。タオバオライブの責任者、趙元元（チャオ・ユエンユエン）は、「多品種小ロット」というライブコマースの特徴が、サプライチェーンの供給スピードに厳しい要件を課していると語った。

　服のデザインから、製作、選択、ライブ配信、配送、在庫消化まで、ライブコマースには多くの段階がある。しかし、新商品のライフサイクルは 1 カ月と短い。サプライチェーンの安定を確保するため、多くのネットセレブが、選択、配信、販売の全プロセスを 1 カ所で終えられるようにとサプライチェーンに至近の町に移った。杭州から 200 キロ圏内にある江蘇省常熟市は、繊維製品や衣料品の流通拠点として知られる。ライブコマースの波に乗り、同市はタオバオやクアイショウなどの企業から最初に選ばれる衣料品サプライチェーンになった。当初は常熟市の多くの工場が、他社のライバーのサプライヤーだった。その後、工場の上役たちが自らライブコマースを行うようになり、まずまずの成果を上げる。やがて、常熟に全国各地のさまざまなブランドが多くのネットセレブとともに集まり、1 つのエコシステムができあがった。常熟のほか杭州や広州などの都市にも、続々と衣料品サプライチェーンの大規模拠点ができた。工場とライバーが勢ぞろいしたことで、ライブコマースのプロセス全体が 1 拠点で完結するようになる。

　2019 年の終わり、薇姫は杭州のアリババパーク敷地内に独自のサプライチェーン拠点、つまり「自分の城」を建てた。2 階建てのオフィスビルは、総面積およそ 1 万平方メートルで、複数のカウンターと棚のある大規模なセレクション会場になった。値札がないことを除けば、まるでショッピングモールだ。業者を呼んで、ライバーが選ぶ商品を陳列してもらっている。薇姫だけでなく、人気のあるすべてのライバーがサービスを利用する。この拠点では、美容、食品、アパレル、アクセサリー、靴、バッグなど、ライブコマースで取り扱いが多い商品カテゴリーの数千種類のブランドと数万におよぶ SKU（在庫管理の単位、品目）

への対応が求められている。また、ライバーが自分に合う商品を素早く見つけたり、業者が時間をかけずにライバーをマッチングしたりできるようにしている。おかげでライバーは、生配信を含めたプロセス全体を1カ所で終了できるのだ。

そして、ショーは続く──ネットセレブの育成

薇婭が設立した会社は「謙尋文化（Qianxun ／チェンシュン）」という。薇婭の夫が会長を務める。同社には薇婭のほか、30 人以上のネットセレブが所属する。典型的なマルチチャンネルネットワーク（MCN）である。MCN は、ネットセレブと業者、プラットフォームをつなぎ、研修などのリソースを提供する仲介代理組織だ。業者と直接つながる力を持つのは超一流のネットセレブだけで、ほとんどの有名人が MCN の仲介を必要とする。

2019 年以降、中国では MCN が爆発的に増え、7000 社近くが出現した[38]。2015 年設立のルーハン（Ruhnn ／如涵）は、中国で最も早くに立ち上げられ、最初に上場した MCN だ。2019 年 4 月にナスダック上場を果たしている。ルーハンには、張大奕（ジャン・ダーイー）というトップセレブが所属する。だが、上場当日の株価は下落した。人々はルーハンのビジネスモデルを不安視したようだった。同社の事業は、ネットセレブの仲介、E コマース、広告サービスを 3 本柱とする。ルーハンは150 人以上のネットセレブと契約を結んでいるが、今も張大奕 1 人が、同社収益の半分以上に貢献している。新たなネットセレブを育てるのは、簡単ではないのだ。

ネットセレブ、ライブコマースプラットフォーム、ブランド企業、サプライチェーン、MCN が互いに協力し、中国の「セレブコマース」のエコシステムを作り上げた。

セレブなら誰でも売れるというわけではない。中国の有名な司会者、李湘（リー・シャン）は、かつて生配信でミンクのコートを売ろうとした。

業者はその配信枠に11万3000ドルを支払っていたが、コートは1枚も売れなかった。ネットセレブが売っている、あるいはライブコマースを手段にしているというだけで、消費者を獲得できるわけではない。それでも、次のことが言える。

1. 安値、安値、安値——大切なことは、3回繰り返すに値する。ライブコマースの真のコアコンピタンスは、コストパフォーマンスだ。ドウインの売れ筋商品の中で最も人気の価格帯は1〜50元（約20〜1000円）で、次が50〜100元（約1000〜2000円）、100〜200元（約2000〜4000円）と続く。商品価格の85%が、200元を下回る。200元（約4000円）が、衝動買いできるギリギリの金額なのである。販売能力が高いセレブほど、業者から特価を引き出せる。ネット上では商品の価格がすぐにわかるので、消費者はTmallやJDで買うこともできる。セレブから購入するのは、どこにも負けない価格だからだ。ソーシャルEコマースと同じ理屈である。ライブコマースでの購入理由をたずねた調査では、（高いものから低い順に）次の5つが上位に挙がった。

   1. 商品のコストパフォーマンス
   2. 紹介された商品が気に入った
   3. 高い値引き率
   4. タイムセール
   5. ライバーの商品説明がうまかった

   上位5つの理由のうち3つが価格に関するもので、2つは商品そのものに関係している。李佳琦はかつて、ライバルの薇婭が同じ商品を5元（約100円）安く売っていたというだけの理由で、憤慨してフォロワーに返品するよう求めたことがある。セレブコマースの秘訣は、コストパフォーマンスなのである。

2. 信頼、信頼、信頼——ライブストリーマーのおすすめ商品を多くの人が買う理由は、この2人が勧める商品なら間違いないと信じているからだ。「目を閉じてでも注文できる」と言われるほどで、そこにはネットセレブ自身への信頼はもちろん、彼らの目利きと値下げ交渉力に対する信頼がある。商品の選択から配信の計画、支払いの決済、さらに物流、アフターサービスにいたるまで、どこか1点でも対応を誤ると問題になる。ネット上での消費者の批判によって、セレブは一瞬にして高座から引きずり下ろされる可能性があるのだ。

　成功したネットセレブの後ろにはかならず、極めて優秀で効率的な運営チームの存在がある。薇婭は、彼女を支える約500人からなるチームを組織し、商品の選択や業者への呼びかけ、事前の審査、アフターセールスなどを担当させた。厳格な手順とプロセスが設けられた。薇婭のチームは毎日1000点以上の登録用商品を受け取る。チームがまずブランド名を伏せた状態で商品を選び、200〜300点を薇婭にまわす。それから薇婭が自分で商品を試し、生配信で紹介する商品を決める。2019年の365日に、薇婭は1回3〜4時間におよぶ配信を350回行った。当時の彼女の仕事のスケジュールは過酷だ。1日は夕方から始まる。午後4時に起きて食事をとり、それから配信の準備をする。午後7時30分からメイクに入って8時に生配信を開始。終わるのはいつも深夜だ。その後、業者と新商品の打ち合わせをして、朝の6時か7時に仕事を終える。そして朝食をとり、ようやく眠りにつく。この尋常ではないハードワークがあるからこそ、薇婭はフォロワーが最も喜ぶ品質と価格を保証でき、フォロワーの信頼を得て注文を取ることができた。

　フォロワーがネットセレブに寄せる信頼は非常にもろい。ライバーにとっては、薄氷の上でスケートをするようなものだ。彼らはどんなミスも犯さないようにしている。老羅はあるとき、生配信で特定の品種のバラを紹介した。消費者が甘い「5月20日（告白の日）」（520の中国語の発音が「我愛你〔ウォーアイニー、「愛してる」

の意〕」のように聞こえる）を過ごせるようにという趣旨だった。ところが予期せぬことに、消費者が受け取った商品のバラがひどくしおれており、大きな落胆を与えてしまう。羅は直ちに謝罪文を出し、消費者への返金を業者に求めた。さらに彼自身も14万ドル以上の賠償金を支払った。これが信頼というものだ。

3. ブランド企業の自社配信——ネットセレブによる販売は、ブランド各社に大きな課題を突き付けている。顧客がついているのはネットセレブであって、ブランド企業ではない。長期的に、ネットセレブへの依頼はどんどん高額になり、彼らは交渉力を強めていく。そして商品価値——つまり、本来はブランドの付加価値であった部分——の多くを、彼らに持っていかれてしまう。ブランド企業がネットセレブの「工場」になる可能性があるのだ。一部のブランドはすでに、自社でライブコマースを始めている。2012年設立の三只松鼠（サンジーソンシュー／Three Squirrels）は、「タオブランド」（タオバオなどのECプラットフォームで立ち上げられたブランド）の典型である。三只松鼠は、さまざまなナッツのスナック製品を販売している。ネット専売ブランドとして生まれたため、Eコマースやニューリテールの動きにとりわけ敏感だ。2018年から李佳琦、薇娅とのコラボを開始し、その後、自社店舗でのライブコマースも始めた。2020年6月時点で、三只松鼠Tmall旗艦店のフォロワー数は4000万人を超え、Tmall全店の中で1位になった（薇娅の店のフォロワー数は2700万人、シャオミは3100万人、ナイキとアディダスは2800万人だった）[39]。三只松鼠には、TmallやJDなどのプラットフォームで、ほぼ毎日ライブ配信を行う専属ライバーがいる。少なくとも数千人、ときには数万人の人々が、同社の生配信を視聴している。プロの有名人との仕事に比べ、ブランド企業が独自に配信を行うメリットは明らかだ。配信枠に対する支払いやコミッションが発生せず、販売価格を自社で決められるため、全体的なコストがはるかに下がる。自分たちのペースで他の販路と併用しながら、必要なときにいつでも

配信できる。ネットセレブの育成と訓練には長い時間がかかるが、ブランド企業の自社配信も、フォロワーを増やすにはそれ以上の時間が必要になる。それでも自社で配信を行うことには、もう1つの大きなメリットがある。生産者と消費者の距離が、かつてないほど近いということだ。生配信は工場でできる。不要な中間業者をなくすだけでなく、時間と関連費用の節約にもなる。生配信での顧客とのやり取りを通して得られるリアルタイムのフィードバックは、企業が自社のサービスを改善するうえで大いに求める価値がある。

明らかに、ネットセレブのライブコマースというこの現象は、ブランド企業の顧客との関わり方を変えただけでなく、そのビジネスモデルを混乱させている。ブランド企業はもはや、顧客とのタッチポイントを持たない。貴重な配信時間と顧客の注目をますます独り占めにしているのは、ライブ配信を行うセレブたちだ。デジタル革命、あらゆる場所に存在するプラットフォーム、エコシステムによって「仲買人の排除」が進むと思われることが多いが、中国の小売業では今まさに逆のことが起きている。世界中のほぼすべての情報にオンデマンドですぐにアクセスできる情報過多の時代にあって、顧客が信頼できる「フィルター」を探しているというのは驚くことではない。ブランド企業になじみのある従来型バリューチェーンの中間業者よりも、ライブコマースの有名人は、ずっと強力で影響力の大きい仲介者になっている。小売業のビジネスモデルに、新たなエージェントが導入されたのである。

ニューリテールの物語はこれで終わりではない。本章では、小売業のビジネスモデルに新たに登場した薇婭や李佳琦などの重要な人物について分析し、説明した。次章では、中国の小売業がどのようにして、まったくの異次元に到達したのかを追う。最終章では、高度に洗練された暗黙の小売をする新たなタイプの人々がどのように登場し、小売を商取引から職人技へと変えていったのかを明らかにする。

本章のまとめ──経営者が問うべきこと

1. 自社が属する地域や業界で、ライブ配信はどのような役割を果たしているか（または、果たしていないか）？　主要な競合他社にはどんな動きがあるか？　自国をリードしている関連プラットフォームは何か？

2. 自国でライブ配信を試すとしたら、どの商品カテゴリーを選ぶか？　どのような価格設定にするか？　打診する可能性のあるスター配信者は？　どのプラットフォームを利用するか？

3. ライブ配信は、自社と自社の顧客にどのようなメリットをもたらす可能性があるか？

4. 自社には、ライブ配信活動を支えるＥコマース関連のエコシステムがあるか？　または、アクセスできるか？

5. 自社には、ライブ配信活動に使える、Ｅコマースの販路とつながった適切なライブ配信プラットフォームがあるか？　または、アクセスできるか？

「究極の体験」の小売
手仕事とテクノロジーで心を満たす

　美団（メイトゥアン／Meituan）、フーマーフレッシュ（Hema Fresh／盒馬鮮生）、ピンドゥオドゥオ（Pinduoduo／拼多多）、ネットセレブのライブコマースなど、本書でこれまでに紹介した新しい小売形態は、どれも商品にフォーカスしたものだ。李佳琦（リー・ジャーチー）は化粧品業界に精通しているが、やはり商品ありきの売り方である。有名な Mr. Bags もしかりで、結局、彼らは物質的なニーズを満たす商品を売っている。本章では、職人技と E コマースが出会って生まれた別の販売スタイルを紹介する。ここでの主役は、情熱と非凡な才能を持ち合わせた特別な人々だ。自分が熱中していることをネット上で発信することから始め、その後、独自の才能を存分に活かしてさまざまな SNS でフォロワーの心をつかんでいった。表向きは商品を推しているように見えないが、それでもファンは、彼らが描く暮らしの一部を自分も手に入れたいと思っている。

シャングリラへの憧れ

　中国が発展するにつれ、人口密集地の汚染を気に病む人がおのずと増えていった。環境上の懸念に加え、都市の住民、とりわけ一線都市や二線都市に暮らす専門職の人々は、激しい競争やハードな仕事、住宅価格

の上昇などの経済問題によるプレッシャーにさらされている。中国には
そもそも、ワーク・ライフ・バランスなど存在するのだろうか？　馬
雲はかつて、週6日、午前9時から午後9時まで働くことを意味する
「996の職場文化」という物議を醸す持論を展開し、ネット上で大論争
を巻き起こした。ホワイトカラーの労働者が仕事を減らすという選択肢
はあるのか。この厳しい競争社会では、実際のところありえない。

　中間層以上になると、物欲をどれだけ満たしても虚しさがつきまと
い、澄んだ空気や自然食品のような純粋でシンプルなものに憧れるよう
になる。英国人作家ジェイムズ・ヒルトンが1933年に発表した人気小
説『失われた地平線』に登場する地上の楽園、シャングリラを思わせる
牧歌的な暮らしを望むようになるのだ。

　中国の古代文学には、同様の憧れを詠んだ詩が数多くある。陶潜の名
でも知られる陶淵明（365? ～ 427年）は、中国の最も偉大な田園詩人の
1人だ。「古今の隠士詩人」として知られ、田舎暮らしへの回帰を礼賛
した。約1500年後のアメリカ大陸では、作家、博物学者、思想家、哲
学者のヘンリー・デイヴィッド・ソロー（1817 ～ 1862年）が、同じく
田舎暮らしへの深い愛着を表現している。ソローは自然のそばに身を置
こうと、森の中で2年間ひとり暮らした。名著『ウォールデン　森の
生活』は、彼が故郷マサチューセッツ州コンコード郊外の深い森の中、
ウォールデン湖の湖畔で、根源的な生活を送った2年間の記録である。
自然の素材を使って家を建て、自分で作物を育てた。そして、季節の移
ろいや澄みわたる湖水に映し出される自然の美しさを観察した。一言で
いうと、『ウォールデン』は自然と質素な生活に対する崇敬の念を表し
た本である。田舎暮らしへの憧れは、人の心を動かす普遍的なものだ。
それは1つのニーズであり、ニーズがあれば、それを満たそうとする
誰かがどこかに現れる。

　現代にも、ソローが描いたような暮らしを、もっと視覚的・芸術的
に魅せるやり方で送る人がいる。「すべてを一から作る女王」、李子柒
（リー・ズーチー）だ。コロナ禍で暗雲が立ち込めた2020年、彼女は「隔
離期間のクイーン」になった。

牧歌的な夢の中で生きる李子柒

　李子柒は、一見平凡だが内面の穏やかさがにじみ出ていて、もう少し見ていたいと思わせられる。李子柒の大ファンである本書著者の1人は、彼女のチャンネルを1日中見ていられるという。彼女の素朴で幻想的な世界は、現実を忘れて癒しを得られる心の拠り所にもなる。

　中国の食ブロガーである李子柒の動画は、自然に溶け込んでいる。材料は土から掘り出すか、木から摘み取る。それを山の泉で洗い、かまどに薪をくべて調理する（ガスコンロもモダンなキッチン家電もない）。屋根に降り注ぐ雨、咲きほこる花、高らかに鳴くオンドリ、彼女の足元に静かに横たわる犬、木のテーブルに置かれた素朴な道具をカメラが映し出す。

　桃が咲いたら、実を収穫して桃のリキュールを作る。

　タケノコが大きくなったら、辛くて酸味のある柳州螺螄麺（タニシビーフン）をどんぶりに作る。

　トマトが実ったら、おいしい真っ赤なトマトソースと、本格的なトマト料理のごちそうを作る。

　ドラゴンボートフェスティバル（龍船節）*1 には、ちまきを作る。

　旧正月の大晦日には、ベーコンやサラミなどの燻製を作る。

　古い民家の木を刈り払い、小さな橋とブランコを作る。

　カイコを育て、シルクのキルトを縫う。もちろん、カイコの育て方とシルクのキルトの作り方は、彼女が一つひとつ順を追って見せてくれる。

　ブドウの収穫後は、ブドウの皮でドレスを紫色に染め上げた。

　2019年3月、李子柒は、筆・墨・紙・硯を作る12分間の動画を公開した。撮影は2017年の秋に始まり、完成まで2年近くかかった。墨作りでは、桐油を燃やしてできた煤を集めて1年以上寝かせる必要があり、できあがった墨をさらに半年以上乾燥させなければならない。筆

---

* 1　中国の伝統行事の1つで、端午節とも呼ばれる。旧暦の5月5日に、各地で竜の装飾が施されたドラゴンボートの競争が行われる。

李子柒（イラスト：アスペン・ワン）

作りは、竹を切り、羊の毛を刈るところから始まる。紙作りでは、まず木を切って樹皮をはぐ。硯は、彼女が自分で彫った。

　李子柒を形容するのに、炉の女神ヘスティア、豊穣の女神デメテル、職人の神ヘファイストスの弟子という言葉では足りないくらいだ。次から次へと、あらゆるものを一から手作りして、ショーに変えてしまうように見える。

　李子柒は、1990年に四川省綿陽市で生まれた。幼い頃に両親が離婚し、父親と暮らした。6歳のときには父親も亡くなり、冷淡な継母のもとから祖父母に引き取られる。李子柒の祖父は料理人で、何でもできる人だった。いろいろなものを竹から作り、農業もお手のもの。李子柒は祖父母と暮らしながら、祖父の大工仕事、祖母の料理と農作業を手伝った。後の動画は、積み重ねた豊かな経験のたまものだ。彼女が14歳のときに祖父が亡くなり、祖母は厳しい時世に彼女を1人で育てることになる。李子柒は、学校をやめて生活費を稼がなければならなくなった。公園で野宿し、月給40ドルでウェイトレスとして働いた。独学で音楽を学び、バーでDJの仕事もした。しかし2012年、祖母が病に倒れる。

李子柒は故郷に戻り、祖母と暮らすことにした。

綿陽に戻った李子柒はタオバオ（Taobao ／淘宝網）にネットショップを開いたが、うまくいかない。そこで売上を伸ばそうと、彼女は短い動画を作った。2015 年からは、得意とする料理などの映像を撮り始める。李子柒は食に関する短編動画の監督と撮影を自ら行い、画像・動画編集 SNS プラットフォーム「美拍（メイパイ／ Meipai）」のアプリ上を中心に公開した。2016 年には 3 カ月かけて蘭州牛肉麺の調理法を学び、動画を作成。その動画は大評判となり、5000 万回以上も再生された。じわじわと李子柒は知名度をあげ、ファンの基盤を築いていった。

李子柒の才能を見出したのは、マルチチャンネルネットワーク（MCN）のエージェントだった。2016 年、李は杭州微念科技（現・微念品牌管理）に入社。彼女は動画の制作に専念し、同社が動画のプロモーションとオンライン業務を担当した。そして 2017 年、株式の 49%を李子柒、51%を微念科技が保有する会社、四川子柒文化伝播有限公司が設立される。

微念科技からの支援を受け、李子柒のキャリアが始まった。ユーチューブのほか、さまざまなプラットフォームで動画を公開し、2020 年末までにウェイボー（Weibo ／微博）に 2600 万人、ドウイン（Douyin ／抖音）に 3800 万人のフォロワーを獲得した[1]。彼女の動画は英語に翻訳されていない。それでも、ユーチューブに 1000 万人を超えるフォロワーがいる（この数は CNN に匹敵する）。李子柒は、中国国外に 1000 万人以上のファンを持つ最初の中国人「クリエイター」になったのである。彼女のユーチューブチャンネルには、英語、ロシア語、フランス語、スペイン語、韓国語でコメントが書かれていて興味深い。

李子柒はこれほど多くのファンを持ちながら、自分のブランドを除く大手ブランドの宣伝をしておらず、薇婭や他のセレブのように商品の販売もしていない。「購入」という言葉は、彼女の動画に出てこない。彼女の主な収入源は、ユーチューブのコミッションと自身の Tmall（天猫）旗艦店からの売上である。インフルエンサーマーケティング会社 InflueNex の統計によると、李子柒はユーチューブで毎月 73 万ドルを

稼いでいる[2]。また、2018 年 8 月に Tmall に店を立ち上げ、動画に登場する食品を販売している。2020 年には取扱商品が 40 点を超えた。「タニシビーフン（柳州螺螄粉）3 袋」39.7 元（約 800 円）の月間売上高は 150 万ドル、「木犀の実と蓮根のスターチ」59.7 元（約 1200 円）は 20 万ドルを上回る[3]。ざっと見積もって、月の売上が 1400 万ドルを超えている。これは Tmall ショップ単独の売上であり、コミュニティ共同購入などの販路を通じた売上がまた別にある。一部のネットユーザーは、2019 年の李子柒の個人所得を 2300 万ドル以上と見積もっている[4]。

李子柒の商品を買っているのは、中国人だけではない。Tmall の国外売上に関する公式データによれば、1 年で約 50 万袋のタニシビーフンが、世界 100 以上の国と地域に販売された[5]（**図表 9.1**）。

李子柒の商品は、安くはない。彼女の商品の価格は、各商品カテゴリーの上位にランク付けされている。たとえば、Tmall 旗艦店で販売している「ごまとクルミのパウダー（黒芝麻核桃粉）360 グラム」は 59.9 元（約 1200 円、グラム 3.3 円）だが、大手食品企業の中糧集団（COFCO）は同様の商品 500 グラムを 69 元（約 1380 円、グラム 2.8 円）で売っている。つまり、20% の価格プレミアムがついているのである。

李子柒はかつて、インタビューで次のように語っている。「多くの人々が、大きなプレッシャーの中で暮らしています。疲れてストレスを感じたら、私の動画を見てリラックスしてください。私の動画が、皆さんの不安を取り除くお役に立てるとうれしいです」[6]

図表 9.1　李子柒の販売力・知名度を示す指標

李子柒 Liziqi		
	Tmall での月間売上高（推計）	1400 万ドル以上
	YouTube での月間収入	73 万ドル
	YouTube チャンネル登録者	1000 万人（2020 年末時点）
	ドウインのフォロワー	3800 万人（同上）
	Weibo のフォロワー	2600 万人（同上）

※ 2023 年 12 月時点では、ユーチューブチャンネル登録者は 1790 万人、ドウインのフォロワーは 4865 万人、ウェイボーのフォロワーは 2585 万人となっている。

「李子柒」はほかにもいるのか?

　李子柒の人気は偶然というわけではない。隣の雲南省では、董梅花（ドン・メイファ）という若い女性が、同じように成功の道を歩んだ。滇西小哥（ディアンシー・シャオグー）という通称で知られる。小哥は、中国語で「弟」を意味する。滇西小哥も同じく中国国外に多くのファンを持つ食ブロガーだが、李子柒とはかなりタイプが違う。

　滇西小哥は、どこにでもいそうな、心やさしいおしゃべりで気さくな女性だ。その素朴さが、人々を引き付けている。親戚を訪ねると今も目にするような中国の田舎によくあるタイプの家で、まるで友人と一緒に料理をしているような気分になる。李子柒の動画は夢のようで、ほとんど非の打ちどころがない出来栄えに思える。それとは正反対に、滇西小哥の動画は下準備なしで撮られているように見え、背景には日々の作業にいそしむ人々の姿が映る。彼らは撮影に気づいていないようだ。彼女は村でとれた新鮮な食材を使って、シンプルな面白い料理を作る。滇西小哥は、田舎ではどの家庭にもあるブリキのバケツを使っている。一方、李子柒は、凝ったインテリアの家にありそうな「アンティーク」の桶を使う。

　スタイルの違いを除けば、滇西小哥のビジネスモデルは李子柒と変わらない。動画を投稿するウェイボーとユーチューブに500万人のフォロワーを持ち、動画で紹介した食品をタオバオショップで販売する[7]。どちらも穏やかで牧歌的な生活を描き、素晴らしい食材と魅力的な料理を紹介している。2人は私たちのシンプルな暮らしへの憧れを巧みにとらえて成功した起業家であり、高品質の農産物や感覚に訴える体験を求める気持ちも満たしている。特に、中国の人々がおいしい食事に目がない点をうまくキャッチした。彼女たちの才能は、経済的にも開花している。

「李子柒」は北欧にもいる。ジョナ・ジントン（Jonna Jinton）という女性だ。2010年、彼女は学校を中退し、スウェーデンの森の中でひっそり暮らそうと町を出た。その様子を彼女は動画で、まるでおとぎ話のよ

うに詩的に表現している。山と雪原、森と湖、夜空のオーロラ、春の訪れを喜び家畜を呼ぶ古来の歌声、そしてスウェーデンの伝統的な「氷浴」が映し出される。多くの人々がジントンの動画に慰められ、ある視聴者は「あなたの動画は、ただ生きるのではなく、しっかり生きたいと思わせてくれます」と語った[8]。ジントンには現在、ユーチューブに168万人、インスタグラムに64万人のフォロワーがいる。李子柒と同様、彼女も自分のEコマースブランドを持ち、2つのネットショップを開いている。彼女が描いた絵を販売するアートギャラリーと、夫が経営する銀食器の店だ。彼女は動画の中で、彼が作った銀の飾りをよく身に着けている。

　李子柒、滇西小哥、ジントンは、シャングリラに憧れる人々の心を満たした。彼女たちが成功したのは、自然に囲まれた環境での暮らしを心から愛しているのと、自分の才能のありかを知っているからだ。料理と物作りが得意な李子柒は、その優れた美的感覚を活かして自分の所作を表現している。なじみのないことは、まず十分に学ぶ時間をとってから動画の撮影に入る。蘭州牛肉麺の作り方や服の染め方、紙と墨の作り方を学ぶのに、彼女は数カ月を費やした。ジントンには、美しい声と芸術的センスがある。知識、専門性、才能なくして3人の成功はありえず、その情熱と偽りのなさに人は引き寄せられる。

　同じような夢は、いたるところに見られる。2020年のコロナ禍でロックダウンに入り数週間が過ぎた頃、インスタグラム、タンブラー（Tumblr）、ピンタレスト（Pinterest）、フェイスブックで面白いことが起きた。多くの人が、花いっぱいの格子垣で飾られた美しいコテージ、深い緑の間から明るく差し込む木漏れ日、光がまだらな影を落とす森の小道、地面に気ままに生えたきのこの画像などを投稿するようになったのだ。この現象は「コテージコア」と呼ばれ、自給自足の田舎暮らしに牧歌的な装飾を組み合わせたような、ちょっと懐かしさを感じるものに傾倒することをいう。コテージコアの人気は、シャングリラを内に求める気持ちの表れでもある。理想郷への憧れは、世界共通なのだ。

　李子柒は、牧歌的な暮らしを夢見る人々の思いに応えている。だが、

シンプルな田舎暮らしは、万人向きではない。特に自分の夢や想像する世界があるティーンエイジャーなどの若年層には向かないかもしれない。

夢のガールフレンド、洛天依

　大学、高校、さらに中学校の生徒までが自殺したという悲劇的なニュースが毎年流れる。中国の10代の若者はプレッシャーにさらされている。猛勉強して一流大学に入るというプレッシャー、両親の高すぎる期待に応えようとするプレッシャー、仲間内で比較されるプレッシャー、それに加えて10代特有の劇的な生理学的変化の数々と向き合わなければならない。彼らがこの現実から逃れ、自分だけのファンタジーを作る手段はあるのだろうか？

　ニーズがあれば、誰かが解決策を与えてくれる。洛天依（ルォ・テンィ／Luo Tianyi）を紹介しよう。

　2012年かに座生まれの洛天依は、永遠の15歳だ。（中国で今流行の）淡いグレーに染めた髪を翡翠の髪飾りで結んでいる。不釣り合いに大きな目に、緑色の瞳。美しい中国結び*1を腰につけ、愛らしく無邪気なかわいい姿をしている。

　洛天依は、上海禾念信息科技（Shanghai Henian Information Technology）が開発したバーチャルシンガーだ。同社のラボで企画された、歌声合成ソフトの1つである。彼女は、ファンがあらゆる願望を投影できる真っ白な画用紙のようなものでもある。ファンたちは、彼女が歌う曲を作り、彼女の人生を小説にし、彼女が登場する漫画を描く。たとえば、彼女の「食通妃殿下」というキャラクターの背景セットは、彼女の食事をさまざまな形で手書きしたファンが作成したものだ。洛天依の楽曲の99%は、音楽作りの才能があるファンが、自分が書いた曲を洛天依に歌わせようと作ったものである。必要なのはサウンドライブラリのソフトウェ

＊1　中国の組みひも技術を用いた伝統工芸。左右対称で芸術性の高い、緻密な美しさが特徴。

ア購入で、言い換えれば、誰でも洛天依に歌ってもらうことができる。洛天依は「ビリビリ動画（bilibili）」に 1 万曲以上の UGC（ユーザー生成コンテンツ）を持つ[9]。その中の「普通 DISCO」というタイトルの曲は1000 万回以上再生されている[10]。

　洛天依はバーチャルシンガーにすぎないが、それでも非常に人気がある。ウェイボーに 462 万人、ビリビリ動画に 190 万人のフォロワーがいる[11]。2017 年 6 月、洛天依は他のバーチャルシンガーとともに、上海のメルセデス・ベンツアリーナでコンサートを開いた。1280 元（約2.5 万円）の SVIP チケット 500 席の初回発売と、同コンサートの限定版チケットは、どちらも 3 分で完売した。コンサートの様子はビリビリ動画で独占配信され、トップスター並みの 450 万人が視聴した。

　いったいどんな人がバーチャルアイドルのファンになるのかと思うかもしれない。洛天依のフォロワーは、典型的な Z 世代（1995 年から2009 年生まれ）である。1970 年代や 1980 年代生まれの人々に比べ、Z世代は物質的に豊かな時代に生まれた。彼らの多くは音楽や芸術に関する十分な教育を受けており、知識が豊富だ。それぞれに才能を持ち、その才能を誇示したがる。彼らは洛天依につなぐ曲を作り、その曲を彼女に歌ってもらう。

　Z 世代はアニメや漫画に詳しい「デジタルネイティブ」として育ち、バーチャルリアリティに違和感がない。はっきりと意見を述べ、芸術作品の形で積極的に自己表現する。一方通行のコミュニケーションや単純な消費では、彼らには物足りない。参加して、一緒にコンテンツを作る必要があるのだ。実在する映画スターや歌手も好きだが、そうしたスターの創出には積極的に関与できず、受け取るだけになる。だが、洛天依は違う。彼女を生んだのはファンたちだ。ファンが彼女のイメージを定義し、自分たちの美的価値観を彼女に投影した。洛天依は彼らの内面を映す完璧なアイドルなのである。人間のアイドルは、不評を買ってファンを失望させることがある。だが、バーチャルアイドルなら、そうした問題は起こらない。

　デジタルネイティブではない大人が、この新たなトレンドを理解する

のは難しい。多くのファンは、洛天依を「僕の妻」と呼ぶ。彼女のチャンネルには、「妻はいつも素敵だ」といったコメントが並ぶ。普通の男子が、実生活で洛天依のようなガールフレンドを持つのはほぼ不可能だ。普通の女子は、自分が洛天依になったつもりで楽しむ。空想と現実の区別がつかなくなることはなく、洛天依とのバーチャルでの会話が彼らの日常の一部になっている。ネット上のコミュニティでは、多くのファンが自分の思いを言葉にしている。「この気持ちは本当に孤独な人にしかわかりません。欲求不満、誤解、怒り、憤りなどのどんな感情を抱えていても、天使のような洛天依がいつもそこにいて、感動的な歌声で慰めてくれます」。現実のスターに憧れるのも良い。しかし、それは一方通行の関係で、そこに感情表現をともなう相互の交流はない。洛天依は山の上に輝く明るい月のようなもので、まだ想像の手が届く存在なのである。あるファンは洛天依から、長い間失っていた希望をもらったという。「ピュアでシンプルなんです」——彼女はそう一言で表現した[12]。

　洛天依を愛するZ世代は、主要な消費者層に成長している。Z世代

洛天依（イラスト：アスペン・ワン）

は他のどの世代よりも、気に入ったコンテンツにお金を出す傾向がある。洛天依の人気は、すぐに商業的価値へと変わった。ネスレや百雀羚（Pechoin）、ピザハット、ミリンダなど、多くの有名ブランドが彼女を宣伝に起用した。

2020年、洛天依はタオバオライブにも登場する。5月1日、同じくバーチャルアイドルの楽正綾（ユエ・ジェンリン）とともに、初めてライブコマースに出演した。1時間の生配信で、ボシュロムのコンタクトレンズ、ロクシタン（L'OCCITANE）のシャワージェル、美的（マイディア／Midea）の電気加熱式弁当箱など、全部で9商品を紹介。どの商品も若者の好みに合わせて選ばれた。

洛天依は、ライブコマースに挑戦した最初のバーチャルアイドルだ。配信当日のオンライン視聴者数は270万人にのぼり、約200万人が配信中にプレゼントを購入して彼女に贈った。洛天依のタオバオライブコマースは、配信枠が90万元（約1800万円）もすると言われている[13]。洛天依が登場するまでは、老羅の60万元（約1200万円）が過去最高額だった。洛天依の初回配信での売上実績をタオバオは公表していないが、配信枠に関しては、バーチャルセレブが本物のセレブよりも高い金額を要求しているようである。

利益を生んでいるバーチャルアイドルは洛天依のほかにもいる。米国で幅広い人気を集めるリル・ミケーラ（Lil Miquela）もその1人だ。彼女はSNSに280万人のフォロワーを持つ。カルバン・クラインやプラダなどのファッションブランドとプロモーション契約を結び、スポンサー付き投稿1件あたり8500ドルの手数料を請求している[14]。2020年、リル・ミケーラは彼女のクリエイターに約1170万ドルをもたらすと予想されている[15]。

世界初のテクノロジー主導 VOCALOID アイドルが売る！

洛天依は、単独公演も、本物のポップスターと同じステージでの共演

もできる。テクノロジーを使って、実在しない彼女がそこにいるかのように見せるのだ。洛天依のようなバーチャルシンガーを生み出す際に最も重要な要素となるのが、人間の声を再現するデジタルコピー技術である。日本のヤマハグループの「VOCALOID（ボーカロイド）」は、そうした歌声合成技術・ソフトウェアの1つで、サウンドライブラリに人間の声を登録できる。ソフトウェアのユーザーが楽譜と歌詞を入力して完成させた曲を、ソフトウェアの仮想サウンドライブラリが歌う。動作の原理は、音声ナビゲーションマップに似ている。VOCALOID を使った作曲のプロセスで、実際の歌い手はどこにも登場しない。その工程は、サウンドライブラリにある歌声の「データ」をアレンジしているにすぎない。

　洛天依は、VOCALOID の中国語サウンドライブラリとしては世界初のバーチャルアイドルだ。声優の山新（シャン・シン）が音源を提供している。世界初のバーチャルシンガー「初音ミク」は、同じくVOCALOID の技術を使って 2007 年に生まれた。初音ミクの声は、日本人の声優・藤田咲が担当している。VOCALOID ソフトウェアのユーザーは、バーチャルシンガーのために作曲する。バーチャルシンガーの漫画を描いたり、動画を作ったり、小説を書いたりもする。こうして、バーチャルアイドルが生まれるのである。

　もちろん、バーチャルシンガーがコンサートを開いたり、大型テレビ番組に出演したりすることは可能だし、生配信もできる。だが、こうしたことにはどれも、サウンドテクノロジー以上の技術が求められる。バーチャルアイドルの動画を転送してパフォーマンスを実現させるためには、拡張現実、バーチャルリアリティ、人工知能、ホログラフィックプロジェクション、モーションキャプチャ、3D 制作、音声合成などの技術も必要だ。業界関係者によると、バーチャルシンガーのコンサート開催費は莫大な金額にのぼる可能性がある。たとえば、12 曲のコンサートを開けば最大 2000 万元（約 4 億円）[16] かかる可能性があるが、香港の大スター張学友（ジャッキー・チュン）のコンサートの制作費は 600 万〜800 万元（約 1 億 2000 万〜1 億 6000 万円）[17] ほどだという。最先端のテ

クノロジーと新しいビジネスモデルの上に成り立つバーチャルアイドル
は、少なくとも当面、運用費が高額になる。今後、コストは下がるだろ
うか？　技術が成熟すれば、きっと下がるだろう。

「深い癒し」という究極の小売

　李子柒と洛天依を同じ章で紹介したのは、物質的なものを超えた高度
な人間のニーズを満たすという、同じ原理を利用しているからだ。

1. **機能的ニーズか、感情的ニーズか**──薇婭は販路になり、李子柒は
　ブランドになった。薇婭はライブ配信の中で、商品の機能説明に時
　間をさく。彼女は人間の機能的ニーズに訴えるだけでなく、良い買
　い物をしたい、もっといえば、お得な取引を逃したくないという心
　理的ニーズも利用している。シンプルな言葉と商品の最低価格を提
　示して、買おうとしているのは最高のお買い得品だとファンに請け
　合う。一方、李子柒は、教養ある裕福な都市住民の感情的ニーズと
　牧歌的な暮らしに対する憧れを満たそうとしている。

　　薇婭の取引は直接的、瞬間的だ。お買い得品はあっという間に売
　り切れてしまうので、今見ている商品をすぐに買わないといけない。
　李子柒は購入には一切触れず、ただ充実した内容で美しい映像のド
　キュメンタリー短編動画を制作している。李子柒が紹介する田舎暮
　らしを味わってみたい人は、彼女のネットショップで商品を購入で
　きる。

　　李子柒がやっているのは、間接販売だ。積極的に「販売」せずに、
　販売しているのである。人間は基本的ニーズが満たされると、感情
　的ニーズが満たされるかどうかが購入決定の大きな決め手となる。
　今後は李子柒のような売り方、つまり「売らずに売る」方向に、よ
　り魅力を感じるようになるだろう。

2. **スターを共に創るか、スターを追いかけるか**──洛天依は、ユーザー生成コンテンツ（UGC）モデルに従って開発された。彼女のイメージ、彼女の人格、彼女が着る服、そして彼女が歌う曲は、すべてファンが作っている。アイドルを育て、形作るプロセスに、ファンは自由に参加できる。無邪気で愛らしくキュートに見える洛天依に、若者たちは簡単に自分の願望や欲求を投影できる。洛天依は、ファンが望むどんな存在にもなれるのである。心を込めてバーチャルアイドルを描き、彼女のために音楽を作ることで、彼女に対するファンの思いは強まる。彼女が宣伝する商品を買うことは、自分の作品を肯定するようなものだ。それは、感情的なつながりを利用した、また別の種類の間接販売といえる。シャオミ（Xiaomi／小米）の開発と成功も、ユーザー参加と切っても切り離せない。実際のところ、ユーザー参加はシャオミの重要戦略の1つだった。同社はMIUI（シャオミの携帯端末用オペレーティングシステム）のオンラインフォーラムを通じて、10万人の開発チームを編成。MIUIの機能設計の多くを、オンラインフォーラムのユーザーが決定している。ユーザー参加型のメカニズムを採用したことでMIUIは驚くほどの好評を博し、急速に成長した。ウィキペディアも、ユーザー参加型のモデルから生まれている。モバイルインターネットの環境でユーザーが最も魅力を感じるのは、参加意識を持てて心地よい体験を提供してくれる商品なのだ。もはや、商品が自分に何をしてくれるかではなく、自分が商品で何をするかということ。中心にあるのは商品ではなく、「自分」だ。

3. **Z世代の獲得競争**──洛天依などのバーチャルアイドルの台頭は、すでに多すぎるオンラインの小売形態にまた別の手ごわい勢力が加わったことを意味する。中国の調査会社クエストモバイルのデータによると、2018年10月、中国のZ世代インターネットユーザーの数は3億6900万人を超えた。全ユーザーの3割以上をZ世代が占め、モバイルインターネットの伸び率の約半分に貢献している。

では、Z世代の人々にはどんな特徴があるのか？　Z世代は、「インドア文化」を追求する。ゲームやアニメ、漫画などのユーザー生成コンテンツがアイドル文化を形成し、その結果、アイドル経済が生まれた。2018年、Z世代によるアイドル関連消費の規模は400億元（約8000億円）を上回り、その半分近くがアイドルによる宣伝商品やおすすめ商品に関する消費だった[18]。Z世代はスマートフォンでアニメを見るのが好きだ。Z世代のスマートフォン画面への依存度の高さと「2次元（アニメやゲームなどのキャラクター）」への愛の強さが、バーチャルアイドルの人気の基盤を築いたのである。Z世代はスマートフォンで積極的にお金を使う傾向がある。タオバオライブは、Z世代を引き込むという明確な意図のもと、洛天依をプラットフォームに招いた。Z世代を取り逃せば、未来を逃すことになる。

本章のまとめ──経営者が問うべきこと

1. 究極の小売は今日、顧客にどのようなメリットをもたらすことができるか？　自社製品はどのような感情的ニーズを満たすものか？　つまり、自社製品を購入して使用することで、顧客はどのような感情的ニーズを満たすことができるか？

2. 自社内でデジタルコンテンツを作成できるか？　あるいは、デジタルコンテンツの制作会社と協力して、自社が属する業界や地域の──李子柒のような──究極の売り手が作り出すものを、自社製品のカテゴリーに関する話題と注目集めに利用できるようにしているか？

3. 自社は、顧客とともに、あるいは顧客を通じて、これまでにどの程度のコンテンツとデジタル化による影響を生んでいるか？

4. 自社の業界全体で、李子柒のようなインフルエンサーはどの程度の役割を果たしているか？

5. 自社製品・サービスの将来的な消費者像は？　どのような消費者行動から、顧客との現在の関わり方に関して今後変更を迫られそうか？

6. 自国で究極の小売を試すとしたら、どの商品カテゴリーを選び、どのような価格設定にし、どのようなストーリーを伝え、どのセレブの起用を候補として検討し、どのプラットフォームを選択するか？

7. Z世代向けバーチャルアイドルを作る場合は、下絵を描き、そこに個性を吹き込むようにすること。自社製品をZ世代と結びつけるために、そのバーチャルアイドルをどのように利用できるか？

PART 3

MAKING SENSE OF NEW RETAIL

ニューリテールの6つの教訓

3つの王国
エコシステムを動かす見えざる手

　中国のニューリテールに勢いを与えてきたのは、満たされていない新たな消費者ニーズに気づいた革新的な企業である。美団（メイトゥアン／ Meituan）、フーマー（Hema ／盒馬）、ピンドゥオドゥオ（Pinduoduo ／拼多多）などの企業は、アリババや JD（ジンドン／京東）が提供する E コマースの枠を超えて、ニューリテールの限界を広げる力になってきた。さらに、口紅王子（李佳琦）や Mr. Bags、李子柒（リー・ズーチー）のような個々のネットセレブが、小売業に新たなレベルの体験をもたらした。これまでのところ、すべてが順調に進んでいる。たとえば、美団の 2021 年 1 月の評価額は 2350 億ドルを上回り、半年前より約 60％も上がっている[1]。創業わずか 5 年のピンドゥオドゥオも、2021 年 1 月の評価が 2300 億ドルに達したが、半年前の評価額は 1000 億ドルである[2]。口紅王子は、2019 年の「独身の日」1 日で、1 億 4500 万ドルもの売上を叩き出した[3]。化粧品専門の販売員にしては悪くない。多くの上場企業がうらやむ数字だ。中国のニューリテール業界を見ると、多様で非常にダイナミックなことがわかる。多くの新たなベンチャー事業があり、いたるところにチャンスが転がっている。そしてその中心にはいつも、起業家精神がある。

　美団、フーマー、ピンドゥオドゥオの舞台裏、そして口紅王子や李子柒などの個人の背後には、一握りのビジネスエコシステムを動かす見えざる手がある。いや、正確に言うと 3 つのビジネスエコシステムで、

それらはどこか、中国の叙事詩的小説『三国志演義』を彷彿とさせる。古典物語の三国志と小売業界の3つの王国の間にはいくつかの関連を見ることができる。中国史の中でも最も興味深い時代をのぞいてみよう。

三国志の歴史ドラマ

『三国志演義』と題するその本は、14世紀中国の文人、羅貫中が著した歴史小説である。時代設定は、中国史における漢王朝滅亡までの動乱の数年間と三国時代で、西暦169年に始まり西暦280年の国土再統一で終わる。

　一部は史実、一部は伝説、一部は神話に基づく物語で、滅びゆく漢王朝の後釜、はたまた復活をねらう豪族たちの生き様を美しくドラマチックに描いている。小説には何百人もの人物が登場するが、主役となるのは漢王朝の残党から生まれた3つの勢力で、それが後の三国——魏、蜀、呉——になる。物語では、ほぼ100年にわたる支配を続けた三国の策略、各人や軍の戦い、陰謀、闘争を追う。

　この小説には、数え切れないほどの興味をそそる刺激的なストーリーがある。だが、読者に最も強い印象を残すのが、数字の「3」にまつわる話だ。「3」は、中国では特別な意味を持つ数字とされる。古代中国の儒教と並び信奉者の多い哲学の一派である「道教」に、次の有名な言葉がある。

> 「道（タオ）」は比類のないものである。その原初の活動から、陰と陽という本質的に異なる2つの要素が生まれた。その2つの要素が互いに作用し、そこから「3」という調和のとれた状態が生まれた。宇宙の万物が、この状態になる。

　中国語ではそれを、「道生一、一生二、二生三、三生万物（道が一を生み、一が二を生み、二が三を生み、三が万物を生む）」という。

『三国志演義』の物語は、どちらかというと勢力均衡を求めて続く戦いを描いたものだ。比較的安定した状態になるためには、「3」という特別な数が必要なようである。同様にニューリテールの王国も、激動の時を経て特別な「3」へとたどり着いた。

かつての3大王国──アリババ、テンセント、バイドゥ

1990年代の終わり、3人の若者がインターネットの台頭を目の当たりにし、ビジネスアイデアを練り始めた。1人は北京で活気あふれるテクノロジーの現場に、他の2人は東海岸の杭州と南海岸の深センという新興都市にいた。彼らはそれぞれ、ほとんどの中国人がインターネットを知らなかった時代、もっといえば、コンピュータやクレジットカードさえ持っていなかった時代に、3つのインターネットプラットフォームを構築した。20年もせずに、その3つのプラットフォームは、オンラインとオフラインのあらゆるビジネスを包含する中国最大のビジネスエコシステムへと成長する。2020年末、3社の時価総額は合わせて推定1.5兆ドルを超えた。その3人の若者が、アリババ（Alibaba／阿里巴巴）、バイドゥ（Baidu／百度）、テンセント（Tencent／騰訊）をそれぞれ創業した、馬雲（ジャック・マー）、李彦宏（ロビン・リー）、馬化騰（ポニー・マー）だった。

馬雲のビジネスは、貿易とEコマースにルーツがあり、主にグローバル市場での中小企業の支援に力を入れている。李彦宏のコアビジネスは検索技術で、しばしば「中国のグーグル」と呼ばれる。馬化騰のビジネスは、インスタントメッセージングとオンライン・コミュニケーションに端を発する。その始まりにかかわらず、3つのプラットフォームはいずれも、ネット金融、デジタル医療、文化・エンターテインメント、企業向けサービス、位置情報サービス（LBS）などの新しい分野に近年多様化している。さらに彼らは、すべて合わせると1000以上の新規ベンチャーを支援してきた。3つの独立したプラットフォームから3つの

競合するビジネスエコシステムへと、他社に先駆けて事業を転換させた
この 3 社は、BAT（バイドゥ、アリババ、テンセント）の名で広く知られ
ている。

ビジネスエコシステム

　ビジネスエコシステムとは、業界を超えて顧客第一のサービスの提供
を目指す、相互に依存したビジネスからなる境界のない組織の集まりで
ある。エコシステム内の各組織が他の組織と影響を与えあうことで、絶
えず進化する関係が生まれるという考え方だ。その中で生き残るために
は、生物学的生態系と同じく、それぞれの組織が柔軟性と適応力を持た
なければならない。ビジネスエコシステムでは、組織は厳格で考え抜か
れたトップダウンの戦略的指示に従うのではなく、試行錯誤による課題
解決を原則として、データから導かれる洞察をもとに動く [4]。基本的に
ビジネスエコシステムは、指揮をとる企業、一連の補完的ビジネス（補
完企業）、すべてをまとめて部分の合計が全体より大きくなるようにす
るシステム（通常、デジタル化された調整メカニズム）で構成される。つま
りビジネスの観点では、ビジネスエコシステムが提供するものは、個々
の組織が提供するものよりも顧客のニーズや希望を満たすものになると
いうことだ。BAT のビジネスエコシステム、そしてニューリテール革
命を指揮する彼らのやり方を見てみよう。

アリババ

　アリババグループは世界最大の小売企業の 1 つで、200 カ国以上で事
業を展開している。5 万人以上の従業員を抱え、時価総額は 6360 億ド
ル（2021 年 1 月時点）を超えており [5]、企業価値と規模で世界トップ 10
に入る。アリババの成功は、新しい組織形態——ビジネスエコシステム

──によるところが大きい。1999年の創業以来、そのエコシステムが、同社事業の急速な成長と変革を促してきたのだ。

　アリババは、オンライン取引プラットフォームの構築を軸に主力事業を展開する。1999年に立ち上げたAlibaba.comはアリババグループを代表するサービスで、英語での国際貿易の主要な卸売市場である。購入者をはじめ、代理店や卸売業者、中小企業、小売業者、メーカーが200カ国以上にいる。2017年までにこのプラットフォームに、アリババ国際サイト（alibaba.com）とアリババ中国サイト（1688.com、旧china.alibaba.com）の2つの独立した事業ができた。

　2003年5月にアリババは、タオバオ（Taobao／淘宝網）を立ち上げた。タオバオでは、収集品や入手困難なアイテムから、家電製品、衣料品、アクセサリー、スポーツ用品、日用品まで、幅広い商品を取り扱っている。10年を待たずに、タオバオは世界で最も人気のあるC2C（消費者間取引）Eコマース市場の1つになった。2008年4月にはB2C（企業・消費者間取引）のTmall（天猫）を立ち上げ、洗練度を増す中国の消費者のニーズに応えられるような、高品質のブランド品を扱うオンライン・プラットフォームを目指した。

　2004年、アリババのエコシステムで最初の大変革が始まる。その後の10年間で、ビジネスエコシステムが成熟し、主力事業を支えるあらゆるサービスの拡大が見られ、完全に機能するEコマースのエコシステムが形作られた。具体的には、①中小企業のクライアント向けサービスの拡大（アリペイ、マーケティングテクノロジープラットフォームのアリママ、クラウドサービスのアリババクラウド）、②消費者向けサービスの拡大（グローバルオンライン小売市場のアリエクスプレス、オンライン共同購入市場のジュファサン、価格比較サイトのイータオ）、③統合とアップグレード、という3つのフェーズに分かれる。最後のフェーズで特筆すべきは、物流部門をアップグレードし、外部の物流業者に頼るのをやめてスマートロジスティクス・ネットワークCainiao（ツァイニャオ／菜鳥網絡）を立ち上げたこと、そしてアリペイのオンライン決済システムを、本格的なネット金融サービスのサブ・エコシステムへと拡大させたことである。

2013年、アリババは成長中の企業や多様な分野への大型投資を進め、エコシステムに2度目の大変革を起こす。その結果、Eコマースから、ネット関連事業、金融サービス、SNS、デジタル医療、文化・エンターテインメントへと事業が多様化した。アリババはオンラインショッピング市場の運営だけに満足せず、より幅広い商業活動に対応できるようなEコマースのエコシステムを築いた。目指したのは、中国の消費者の日々の買い物にインターネットを溶け込ませることだった。アリペイやタオバオなどのモバイルアプリを使って、ユーザーが実店舗での電子決済、映画のチケットやテイクアウトのヌードルの注文、交通機関の予約、ネットでの商品購入、注文した商品の実店舗での受け取りなどをできるようにしたのである。オンラインとオフラインの小売業者はこれまで競合することが多かったが、中国ではEコマースとモバイルショッピングが急速に成長したことで協業が進んだ。その例として、アリババは家電販売会社の蘇寧（スニン／Suning）に43億ドル、中国最大の百貨店事業会社の1つである銀泰（インタイム／Intime）に7億3600万ドルを出資している。

ニューリテールを前進させたアリババ

　ニューリテールという現象の推進にアリババが重要な役割を果たすようになったのは、同社が本格的なエコシステムに転換したこの最後の段階である。

　馬雲は2016年に、オンラインとオフライン、物流を組み合わせた「ニューリテール」の概念を提唱した[6]。その年、フーマー初の実店舗を上海にオープンし、店から3キロ圏内の住民は、オンラインで注文した商品を30分以内の配達で受け取れるようにした。フーマーは大きな注目を集め、アリババ流のニューリテール改革と解釈される。

　第5章で紹介したとおり、アリババは生活総合・位置情報サービスの主要企業でもある。2011年に美団に投資したが、その後、2015年に

同社をテンセントに奪われている。その埋め合わせとして、2018年にウーラマ（Ele.me／餓了麼）を桁外れの金額で買収（95億ドルは度を越した過大評価とみなされた）。すぐにウーラマをコウベイ（口碑）というアリババが2006年に出資したレストラン評価会社と合併させた。

アリババがニューリテールに残した足跡は上記にとどまらない。

- 2013年に「Tmallフレッシュ（天猫生鮮）」を立ち上げ、易果生鮮（ユイゴー）に出資（第6章）。
- 2018年に「タオバオ・スペシャルエディション（淘宝特価版）」アプリを公開し、ピンドゥオドゥオに対抗（第7章）。
- 2016年に「タオバオライブ」を立ち上げ、薇娅や李佳琦などのセレブを輩出（第8章）。洛天依もタオバオライブで初のライブコマースを実施。李子柒はTmallに旗艦店を持つ（第9章）。
- サンジアン（三江購物）、聯華超市（レンファ・スーパーマーケット）、銀泰、蘇寧など、多くのスーパーのチェーン店やショッピングモールに出資（第6章）。

アリババが中国のニューリテール部門の半分を占めていると言っても過言ではない。

テンセント

テンセントは現在、アジアで最も価値ある企業、世界最大のインターネット企業の1つで、ソーシャルコミュニケーションに重点を置いている。テンセントの一番人気のインスタントメッセージング・サービスWeChat（ウィーチャット／微信）は、2019年12月時点の月間アクティブユーザー数（MAU）が、中国国内外で11億6400万人を超えた[7]。2019年の総収益は540億ドルに達し（前年比20%増）、純利益は140億ドルだった。時価総額は推定7100億ドル（2021年1月時点）とされる[8]。

過去 10 年間で、テンセントは文化・エンターテインメント（ゲーム）、クラウド、デジタル医療、ネット金融へと事業を広げ、非常に積極的に海外投資と買収を行っている。2007 年と 2014 年には、創業者の馬化騰が『タイム』誌の「世界で最も影響力のある 100 人」の 1 人に選ばれた。

　1996 年にイスラエルで設立された、世界初のインターネット・インスタントメッセージングサービス ICQ に触発され、多くの中国企業が「シンラン（新浪）ページャー」や PICQ などの類似製品を開発した。だが、テンセントの OICQ は、競合製品よりもはるかにシンプルで使い勝手が良かった。また、容量が小さかった同製品はダウンロードがしやすく、その意味で当時の限られた通信速度や帯域幅のコストを考えると貴重だった。しかし、ICQ を買収したアメリカ・オンライン（AOL）から 2000 年に訴えられ、テンセントは製品名を OICQ から QQ に変更している。

　2009 年、テンセントはモバイルプラットフォームに製品を移行し始める。2011 年には、2010 年に設立されたスマートフォンメーカーのシャオミ（Xiaomi ／小米）が、「ミーリャオ（米聊）」という名のモバイルインスタントメッセンジャーを立ち上げた（第 4 章参照）。テンセントは、新参者に市場優位性を奪われるピンチを迎える。もちろん、QQ をモバイルプラットフォームに移すこともできただろう。しかし、過去世代の PC 製品の単なる修正版を出すのではなく、代わりにモバイル時代のユーザーの社会的ニーズとコミュニケーションニーズを完全に満たすような、新製品を開発する道を選ぶ。その開発にあたったのが、張小龍（フォックスメールの創業者で、中国で最も有能なプログラマーの 1 人）率いるチームだった。もともと QQ メールボックスの開発に専念するために結成されたチームだったが、そこからイノベーションが起こり、まったく新しい製品「WeChat」が生まれたのである。

　テンセントは、早くからコミュニケーションとチャット以外にも事業のポートフォリオを広げていた。2003 年には、独自のポータル QQ.com を公開している。また収益モデルの幅を広げ、QQ を通じて

バーチャルグッズなどの会員サービスの販売を開始。2016 年には、オンラインゲーム会社として世界最大の収益を誇るようになる[9]。オンラインゲームプラットフォームで仮想武器やフェイスマーク（顔文字）、着信音などのバーチャルグッズの販売を始めた結果、後にそれが同社最大の収益源になった。ゲームのプラットフォームとポータルはすべて QQ と連携しており、テンセントの新たなエコシステムの核をなしている。

テンセントは 2011 年、成長戦略の方針を変えた。これまでの事業と関連を持ちながらも新しい部門に手を広げるため、2 つの仕組みを導入している。まず 1 つ目に、革新的な製品やサービスをいくつか立ち上げた。そのほとんどが自社開発で、新しい製品を作ることに力を注いだ。WeChat の開発（第 4 章）で紹介したように、テンセントでは同じ製品を複数のチームに開発させる社内競争を奨励している。2 つ目の仕組みが、新しい企業やテクノロジーへの多額の投資だ。この投資戦略によって、テンセントは事業の多様化に極めて積極的な企業となり、幅広い部門やフェーズの 200 社を超える企業がそのビジネスエコシステムに加わった。中でも際立っているのが、E コマース、デジタル医療、文化・エンターテインメント、ネット金融、位置情報サービスの 5 つの事業分野である。

ニューリテールを前進させたテンセント

ニューリテールの推進にテンセントが重要な役割を果たすようになったのは、同社が本格的なエコシステムに転換したこの最後の段階である。

テンセントはインスタントメッセージングとゲームの会社だと思われているが、E コマースとニューリテールの波が押し寄せる中、じっとしていたわけではない。早くも 2005 年には、C2C プラットフォームのパイパイ（拍拍）を立ち上げていた。だが結局うまくいかず、最終的に自社で E コマースビジネスを立ち上げる計画を打ち切った。その代わり 2014 年に JD 株の 15％を取得し、2015 年にはミスフレッシュ

（MissFresh ／毎日優鮮）に出資している。だが、それだけではない。

　テンセントが利用頻度の高い生活総合サービスに野心を燃やしていたことは、アリババの手から美団を奪ったやり方を見ても明らかだ（第5章）。2014年に大衆点評（ディエンピン）に出資し、2015年には大衆点評と美団の合併を成功させた。合併してできたその新会社に10億ドルを出資し、2018年の美団のIPO直前には4億ドルを追加投資している。美団の2019年アニュアルレポートによると、テンセントは美団株の20％以上を保有している[10]。アリババはこれに対抗し、先述のとおり、膨らみすぎた買収額でウーラマを獲得した。

「敵の敵は友」ということわざは、ビジネスでは功を奏する。テンセントは2016年、設立から1年たらずのピンドゥオドゥオに出資し（第7章）、2018年にIPO前のピンドゥオドゥオに再び投資した。ピンドゥオドゥオの2019年アニュアルレポートによると、テンセントはピンドゥオドゥオ株の16.5％を保有している[11]。WeChatのSNS効果を利用して巨大な顧客基盤を築いたピンドゥオドゥオにとって、テンセントは不可欠な存在だ。JDがハイエンドの顧客、ピンドゥオドゥオがローエンドの顧客をターゲットにする中、アリババのタオバオはやや中途半端な位置に追いやられているように見える。

バイドゥ

　バイドゥは中国最大のオンライン検索エンジンで、中国語の検索に特化している。2020年第1四半期、バイドゥアプリの1日あたりアクティブユーザー数（DAU）は2200万人で（バイドゥの検索要求の約6割がアプリから出されている）[12]、中国のオンライン検索市場の約65％にあたる[13]。2019年のバイドゥの総収益は、対2018年比5％増の150億ドルだった。だが2019年は、2005年のIPO以来、初めて同社の財務報告に3億2800万ドルの損失が計上された年になった[14]。2021年1月のバイドゥの時価総額は推定700億ドル[15]で、ともに6000億ドルを

超えるアリババやテンセントの水準に及ばない。だが、バイドゥはもはや、単なるオンラインの検索エンジンではない。今では、ネット金融やデジタル医療、オンライン教育、位置情報サービス、自動運転車などの分野でいくつもの事業を成功させている。2016年、『MITテクノロジーレビュー』誌は、バイドゥを「世界で最もスマートな企業トップ50」の1つに選んだ。

バイドゥはグーグルに強く対抗してきたが、それが顕著だったのが2001年と2002年だ。2001年には、バイドゥも有料リスティングをベースとする収益モデルの宣伝を開始した。有料リスティングとは、特定の検索に対する結果の画面上部に広告を表示するために、広告主が支払える金額を入札する仕組みである。また2002年の初めには、「フラッシュプラン」を発表。その目的は、9カ月以内に検索技術でグーグルと肩を並べることだった。この段階ではバイドゥはまだスタートアップだったが、グーグルはすでに強い影響力を持ち、中国に500万人のユーザーがいた。だが最終的に、バイドゥは中国のトップ検索ポータルになる。注目すべきは、それを中国政府によるネット統制とグーグルのサービスのブロックが始まるずっと前に達成していたという点である。

バイドゥのエコシステムの中核にあるのは検索サービスだ。だが、同社は最初の10年間で、それを補完する幅広い消費者・企業向けサービスを開発している。その1つがコミュニティベースのサービスで、2003年に公開されヒットしたコミュニケーションプラットフォームの「バイドゥ・ティエバ(百度貼吧)」や、オンライン検索を利用したインタラクティブなQ&Aプラットフォーム「バイドゥ・ジーダオ(百度知道／Baidu Knows)」などがある。消費者向けのサービスのほかにも、ウェブサイトの安全性を監視する「バイドゥ・クラウドオブザベーション(百度雲観測)」や、キーワードデータの分析を行う「バイドゥ・インデックス(百度指数)」、開発者などにAPIサービスを提供する「バイドゥAPIストア(百度API商城)」といったウェブサイトや開発者向けのビジネスサービスも開発した。

既存事業に関連しつつも異なる分野にバイドゥが手を広げ始めたのは、

2011 年のことだ。2007 年に「バイドゥ・ゲームズ（百度遊戯）」、2008年にバイドゥの EC プラットフォーム「You'a」を立ち上げていたが、どちらもさしたるインパクトを残せずに失敗した。バイドゥの成長の原動力になったのは、1 つがアリババとテンセントという他社からのプレッシャー、もう 1 つが検索ビジネスという主力事業を超えて多様化し、新たな収益源を見つける戦略的必要性である。バイドゥはデジタル医療、オンライン教育、ネット金融、位置情報サービスという 4 つの事業分野に大きく多様化したと評者は見ている。だが、その取り組みのすべてが順調に進んだわけではない。たとえば、ブラウザや中国語の入力システム、ウイルススキャナー、メディアプレーヤーなどのネットユーザー向けに開発したツールキットの中には、市場であまり成功しなかったものもある。

　バイドゥは近年、人工知能（AI）技術の研究開発にかなりのリソースを投入し、AI 技術の商業化で著しい進歩を遂げている。そうして生まれたのが AI を利用した音声支援プラットフォーム「DuerOS（デュアオーエス）」や自動運転プラットフォーム「Apollo（アポロ）」などである。

　ニューリテールの推進にバイドゥが重要な役割を果たせるようになったのは、本格的なエコシステムに転換したこの最後の段階である。だが、その取り組みの結果はまちまちで、成果は限られている。たとえば、2014 年設立のフードデリバリー子会社バイドゥ・ワイマイ（百度外売）は、一時は美団、ウーラマと三つどもえの争いになっていた。だが、結局遅れをとり、2017 年にウーラマに買収されて「ウーラマ・スターセレクト（Star.Ele.me）」に社名を変更している（第 5 章）。振り返れば、バイドゥ・ワイマイが失敗した理由として考えられることの 1 つに、その決済システムが WeChat Pay やアリペイほど成功しなかったというのがある。もう 1 つ大きな契機となったのが、バイドゥは AI に集中するという 2016 年の李彦宏の発表だ。バイドゥ・ワイマイは、AI に軸足を移している会社とはかけ離れて見えた。

かつての3大王国の終焉？

　私たちは長いこと、BATの布陣は安定しており、事実上、中国の独占企業の集まりだと考えていた。また、多様化と拡大が進み、すべてがあまりに巨大で盤石なように見えた。しかし、私たちは間違っていたことを歴史が証明する。2020年、バイドゥが評価額、影響、企業の評判の点で、3社の「弟分」になっていることが明らかになった。では、何がいけなかったのだろうか？

　著者の分析、BAT幹部との議論、投資と成長の詳細なトラッキングを通じて、アリババとテンセントは、バイドゥとは異なる成長路線をたどり始めたことがわかった。

　まず、アリババとテンセントは、生活総合サービスや生鮮食品のニューリテールなど、同じ分野の企業に互いに投資し始めた。美団とウーラマの例を出すと、「美団点評（メイトゥアン・ディエンピン）」は、ケータリングに特化した位置情報サービスプラットフォームである。2010年設立の美団は、アリババから2ラウンドの出資を受けた。一方、中国でいち早く登場した消費者レビュープラットフォームの大衆点評（ディエンピン）は、テンセントが2ラウンドの投資で支援している。2015年にこの2つの会社が合併して美団点評になると、2016年までにテンセントなど数社が33億ドルを出資した。このようにテンセントとアリババの両社は、それぞれの土俵で他社の成長を支援している。美団は2018年2月にタクシー配車サービスを追加してDiDi（ディディ／滴滴出行）との直接対決に挑み、2018年4月にはモバイク（Mobike／摩拝単車）を買収してモビリティ部門の主要企業になった。直近の評価額は2350億ドルを超え、美団は中国ニューリテール業界のトップの座を争う本命企業になっている（なお2020年に社名から「点評」を消して「美団」になった）。

　テンセントはLBS企業に積極投資しており、その多くがトップユニコーン企業である。たとえば2015年、上海交通大学の数人の学生が立ち上げたフードデリバリーベンチャー、ウーラマに対する3億5000万

ドルの共同投資に参加。DiDi には 2013 年以降、数ラウンドの投資を行っている。2014 年には、人気のレストラン評価・位置情報サービスプラットフォームである大衆点評の株式の 20％を取得した。これらをすべて合わせると、テンセントは若い世代のチェンジメーカーが牽引する位置情報サービス部門 25 社に投資している。テンセントは、こうしたベンチャー企業に必要な資金を提供するという重要な役目を果たしているのである。

　印象的なのは、ウーラマの例だ。彼らは、タオバオのような市場を本格的な物流システムと組み合わせた。2017 年末時点で、ウーラマは自社に 1 万 5000 人の強力な配達要員を持ち、中国の 2000 都市以上にプレゼンスを拡大し、20 万軒のレストランと提携し、1 日 1600 万件の注文を配達している[16]。アリババはただ手をこまねいて、位置情報サービス部門でテンセントの勝ちを許すわけにはいかなかった。そこで 2018 年 4 月、95 億ドルという評価額でウーラマを買収したのである。

　バイドゥが取り残されているように映るかもしれないが、これはおそらくある意味、彼らが望んだことである。バイドゥは 2014 年のアンドリュー・エン博士[*1]の採用を皮切りに、AI の未来に積極的に賭けてきた。だが現時点では、そのイノベーションの大半を収益化できていない。バイドゥが世界で最も革新的な企業の 1 つであるという評価は変わらないが、ビジネスに成長をもたらす拡張性と適用性があることを証明するにはいたっていない。バイドゥの焦点は、今も明らかに、アリババやテンセントではなく、グーグルやマイクロソフトと勝負する先駆的技術の開発に向けられている。おそらく、この戦略的選択によってバイドゥは国内の競争から抜け、アリババとテンセントが前進することになった。

　最後に、バイドゥの競争力が落ちた理由の 1 つは、競争の欠如にあると著者は考えている。実際のところ、中国の規制に従うことをよしとしなかったグーグルは中国で事実上ブロックされており、バイドゥに

---

*1　人工知能（AI）の世界的権威。「DeepLearning.AI」と「Landing AI」の創業者兼 CEO。スタンフォード大学コンピューターサイエンス学部の非常勤教授も務める。

代わる中国語の検索エンジンはほかに存在しない。この状況にバイドゥが甘んじていた可能性がある。中国で競争力のある企業を生むためには、競争力のある環境が必要だということである。

新たな3大王国──アリババ、テンセント、バイトダンス

　ネットセレブに力を与えたものは何だったのかと考えると、バイトダンス（ByteDance ／字節跳動）という会社が重要な役割を果たしてきたことは明らかだ。特に、バイトダンスの事業の1つ「ドウイン（Douyin ／抖音、中国国外では TikTok）」は、ニューリテールの概念を広げて口紅王子と李子柒がライブ配信できるようにしたという点で、なくてはならないものだった。バイトダンスの 2020 年の収益は 370 億ドルに達すると言われ[17]、2020 年 12 月のプライベートバリュエーション（非上場時の評価額）は 1800 億ドルを超えた[18]。一方、バイドゥの評価額は約 700 億ドルに急落し、さらに 2021 年 1 月、同社は評価額を上げる別の手段を見つけるためにナスダックからの上場廃止を検討している[19]。もはやバイドゥは 3 つの王国の 1 つではなく、バイトダンスがそれに代わる有力候補になっているようである。

　では、新参者はどうすれば早く、2 大ネット企業の競争相手になれるのか。

　そのカギは、著者の考えでは、アリババとテンセントの規模をライバル企業が利用することにある。この 2 大企業──今や巨大企業──は、成長とともにその成功の基盤になっていた 2 つの重要な要素を確実に失っている。第一に、従業員が 5 万人もいれば、たとえば従業員5000 人の企業よりもアジリティ（俊敏さ）を持ち続けることは困難になり、動きが遅くなる。第二に、会社の規模と守備範囲が拡大するにつれ、ニッチな消費者層を理解して対応する能力が落ちる。

　バイトダンスは、新たな「スーパーアプリ」に急速になりつつある。創業者の張一鳴が最初に作った製品「トウティアオ（Toutiao ／今日頭条）」

アリババ、テンセント、美団、バイドゥ、バイトダンス（TikTok）……勝者は誰か（イラスト：アスペン・ワン）

は、またたく間に中国最大のニュースアグリゲーションサービスとなり、立ち上げから5年で既存のメディアや巨大ネット企業をしのぐまでになった。バイトダンスのまた別のベンチャー事業であるショート動画共有サービスTikTokは、現在、世界で最も評価が高いスタートアップで、2018年の時点で5億人のユーザーのうち2割が中国国外の人々だった。バイトダンスは2018年に「多閃（ドゥオシャン）」、「GoGoKid」、「悟空（Wukong）」などのサービスを開始しているが、どれもアリババやテンセントと直接競合する。

　とはいえ、やせたラクダでも馬よりは大きい（中国語で「瘦死的駱駝比馬大」という。日本語の「腐っても鯛」に近い意味）。アリババとテンセントは、依然としてバイトダンスの3倍から4倍の規模がある。ではなぜ、バイトダンスをこれらの企業と並べて考える必要があるのか。その答えは、バイトダンスの創業以来、脈々と受け継がれてきたアルゴリズムにある。BATはすべてをユーザーの前に出し、検索あるいは選択できるようにする。他方、バイトダンスがやっているのはその逆だ。アルゴリズムに基づき、ユーザーの好みや希望に合うものを理解して、推奨して

いるように見える。だからユーザーは商品の検索や選択に頭を悩ませる必要がない。張小龍はかつて、「ユーザーが怠け者になるほど、推奨したものが世界を変えていく」と語った[20]。アルゴリズムに基づく推奨は、人の性質に沿ったものになる。その意味で、バイトダンスの遺伝子は、アリババやテンセントよりも進化しているといえる。バイトダンスはこのアルゴリズムで、3社対決の構図の一角をなすことになるだろう。

バイトダンスか、美団か

　新しい均衡が安定するかどうかはわからない。現実には、美団が2350億ドルを超える評価額と多数のユーザーを獲得。巨大なエコシステムを築いて、ますます注目と人気を集めている。また、バイドゥが三大王国から離脱した理由は、アリババやテンセントとは関係なく、（まだ商業化されていない）新たなテクノロジーに集中するためだった。これはどこかで聞いたような話だ——バイトダンスは、アリババやテンセントと関係のないところで創業し、積極的に彼らと戦っている。さらにバイトダンスには、AIに基づくレコメンデーションアルゴリズムに重点を置く独自のテクノロジーもある。しかし、世界的な政治監視の高まりと、バイトダンスのTikTokに対する中国国外での圧力が強まっていることを考えると、美団にチャンスの風が吹いているかもしれない。（**図表10.1、図表10.2**）

　中国では、「絶対」なことは絶対にない。

図表10.1 アリババ、テンセントほか各社の市場価値（2019年）

	市場価値[i] （10億ドル）	収益 （100万ドル）	利益 （100万ドル）
テンセント	710	54,082	16,724
アリババ	636	56,152	13,053
美団	235	13,980	419
ピンドゥオドゥオ	230	4,329	-1,000
JD	137[ii]	82,867	1,750
バイトダンス	180	N/A	N/A
バイドゥ	70	15,429	-328

i 2020年7月21日　ii 2021年1月

図表10.2 新たな3大王国

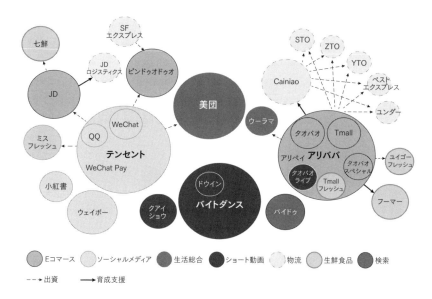

第10章　3つの王国　　**249**

結論
中国ニューリテールからの教訓

要するに、ニューリテールとは何か

　馬雲はかつて、「過去200年は知識と技術の時代であり、今後100年はスマートさ、体験、サービスの時代になるだろう」と語った[1]。「スマートさ」とは、ビッグデータとIoT（モノのインターネット）が果たす重要な役割のことをいう。スマートさは、ニューリテール企業の根幹に関わっている。たとえば、TikTokに私たちが夢中になる大きな要因となっているのが、「スマート」なレコメンデーションだ。Tmall（天猫）が独身の日に処理する大量の取引や、美団（メイトゥアン／Meituan）の「スーパーブレイン」が調整する30分以内の迅速配送、フーマー（Hema／盒馬）のデジタル値札に含まれるさまざまな商品情報——こうしたさまざまな目に見える体験の背後に目を向けると、ビッグデータやIoTといった目に見えない技術が使われていることに気づく。ニューリテールの有力企業は、どこもトップクラスで最先端のデータ処理・分析能力を備えている。

　では、このニューリテールの世界でユーザーが「体験」することに、スマートさがもたらす影響とは具体的にどのようなものだろうか。1つ目が「迅速配送」、2つ目が「ワンストップショッピングの利便性」、3つ目が「商品の正確なレコメンデーション」、4つ目が「オンラインとオフラインのシームレスな融合」、5つ目が「楽しみ」、6つ目が「自分

図表 11.1 「スマートさ」+「体験」+「サービス」=「ニューリテール」

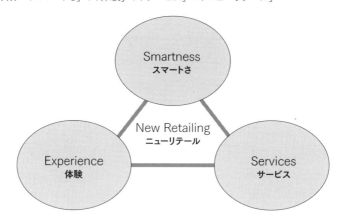

と似た考えの人々が集う大きなコミュニティに属している感覚」である。人々は美団のアプリを使って、フードデリバリーの注文や映画チケットの予約、タクシーの呼び出しができる。また、消費者はフーマーの実店舗に行くか、フーマーのアプリを開いて商品を注文し、家まで配達してもらうかを選択できる。ピンドゥオドゥオ（Pinduoduo ／拼多多）は、ゲームをプレイする楽しさをショッピングに取り入れている。薇娅（ウェイヤ／ Viya）のファンはお買い得品を手に入れていると感じ、李子柒（リー・ズーチー）は自然と美に対する人々の内なる憧れを満たし、洛天依（ルォ・テンイ）は人々が彼女を創る活動に参加できるようにしている。ニューリテールに関わる企業は、驚くようなユーザー体験を提供することに成功している（**図表 11.1**）。

　かつて小売業と「サービス」業は 2 つの別の業種だった。だが、ニューリテールの時代には、この 2 つが深く融合している。言うまでもなく、ニューリテールの最も典型的なサービスは、物流、宅配便、フードデリバリーだ。しかし、それだけではない。薇娅と李佳琦（リー・ジャーチー）が労を惜しまずブランド各社と交渉し、紹介する商品がフォロワーにとって最高のお買い得品になるようにしていること、また李子柒が最長 2 年を費やして 14 分間の動画を作っていることも、私たちは知っている。たとえ消費者の目に映らなくても、こうした努力が究極の

サービスを生んでいるのだ。

ニューリテールという言葉は、ビッグデータと人工知能を利用して特定の顧客セグメントのニーズを満たす、体験にフォーカスしたサービス指向の小売を表すものとして生まれた。小売に関する3つの要素（商品、場所、人）の関係性は、以前の「商品＞場所＞人（プロダクト・イズ・キング*1）」から、「場所＞商品＞人（チャネル・イズ・キング）」、そして最近では「人＞商品＞場所（ユーザー・イズ・キング）」へと進化している。技術が進歩し、インターネットが広く普及したこと、また経済発展により物質的に豊かになったことから、このような軌跡をたどったのは当然の結果といえる。今後、世界中のニューリテールが、中国で現在見られるのと同じモデルや形態に続くとは限らない。それでも、経済と技術の発展に導かれ「ユーザーが王様」になる傾向は、変わらない可能性が高い。

ニューリテール──すべての始まりは顧客のニーズと問題から

Eコマース、高速配送、第三者決済、ソーシャルメディアという4つの基盤が、ニューリテールの成立を支えた（**図表11.2**）。この4つがなければ、ニューリテールはまだ発展途上にあった可能性があり、これほど急速に拡大することはなかったかもしれない。

第1章から第4章では、1999年のアリババ（Alibaba／阿里巴巴）設立に始まる中国のECプラットフォームの発展と、高速配送、オンラインでの第三者決済、ソーシャルメディア（SNS）プラットフォームというその他の柱が築かれた過程について概説した。1999年から2009年にかけては、従来型Eコマースの時代だった。この10年間で、中国ではEコマースが急速に発展した。ネットで物を買うという考えが広く受け

＊1　マイクロソフト創業者ビル・ゲイツ氏の言葉、「Content is King（コンテンツ・イズ・キング、コンテンツこそがネット上での利益の源泉）」になぞらえている。

図表 11.2 「ユーザーが王様」になるまでの中国における E コマースとニューリテールの発展

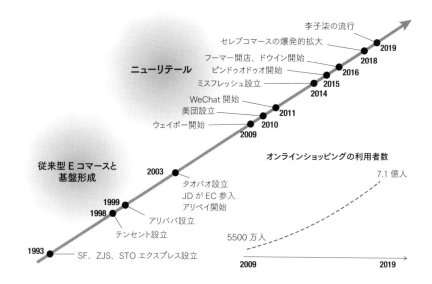

入れられ、実際に行われるようになった。2010年頃にはスマートフォンがますます普及し、WeChat（ウィーチャット／微信）を中心とした SNS プラットフォームが人々の日常に大きな影響を及ぼすようになる。土が耕され、種がまかれた。そして色とりどりの形で、ニューリテールが芽生え始めた。

　第5章から第9章までは、中国ニューリテールの5つの段階（ステージ）について学んだ。1つ目が「生活総合 E コマースと位置情報を利用した E コマース」、2つ目が「生鮮食品のオンライン・オフライン販売」、3つ目が「ソーシャル E コマース」、4つ目が「ネットセレブのライブコマース」、そして5つ目が「究極の小売」である。5つの段階はそれぞれ多くの点で異なっているが、次の2つの共通点がある。

・EC プラットフォーム、第三者決済、高速配送、SNS プラットフォームという4つの基盤を利用している。
・特定の顧客セグメントのニーズを満たす試みとして存在する。

第１段階　生活総合Ｅコマースと位置情報を利用したＥコマース

——可処分所得を増やした中産階級層がますます広がったことで、外食や娯楽、人付き合い、旅行を楽しむ人が増えた。この傾向は、専門職につき、比較的お金のあるホワイトカラーの若者で特に強かった。彼らは親世代とはまったく異なる新しいライフスタイルを築いている。従来のＥコマースは、さまざまな商品を販売するだけで、新しいライフスタイルを提案するものではなかった。顧客のそうした暮らしのニーズを満たすために登場したのが、美団とコウベイ（口碑）だ。彼らはレストラン評価やテイクアウトのデリバリー、旅行の予約、映画のチケット購入、自転車のレンタルなど、あらゆる種類の生活総合サービスとエンターテインメントを提供するスーパープラットフォームへと進化した。

第２段階　生鮮食品のオンライン・オフライン販売

——タオバオ（Taobao／淘宝網）、JD（ジンドン／京東）、美団はすでに、すべてをオンラインに移行しているように見える。例外は、非常に高頻度で発生する基本的需要に分類される「生鮮食品」だ。野菜や果物、肉、卵、魚介類などの生鮮食品は、中国の庶民の生活になくてはならないものである。しかし商品としては物流コストが高く、価格は安く、腐りやすい。そのため、生鮮食品のオンライン販売はなかなか浸透しなかった。その生鮮食品のＥコマースに、さまざまな新しいモデルが登場し始めている。フーマーは、オフラインの店舗と倉庫をオンラインでの購入と結びつけた。ミスフレッシュ（MissFresh／毎日優鮮）は、「フロント倉庫」というコンセプトを導入し、１時間以内の配達を実現した。京東到家（ジンドンダオジャー）は「O2Oモデル」を立ち上げ、スーパーと連携して生鮮食品を１〜２時間で届けられるようにした。物流は、生鮮食品販売における最大の難問だ。この市場の主要な企業は、どこも物流効率の改善に多大な労力を費やしている。だが面白いことに、誰も次の疑問を投げかけなかったようだ。「収支がトントンになり、採算がとれるようになるのはいつだろうか？」

第1段階と第2段階では、ネット販売の商品カテゴリーを「ライフスタイル（生活全般）」と「生鮮食品」に広げた。これらは従来のEコマースでは対応できなかったものだ。

第3段階　ソーシャルEコマース——一線都市や二線都市の中産階級の人々は、美団やフーマーのような企業が提供するニューリテールの便利さを享受している。だが中国には、小さな都市や町、農村地域で暮らす人々がさらに10億人もいる。こうした人々は価格にずっと敏感だ。約6億人の月収が1000元（約2万円）をわずかに超える程度と報告されており、Eコマースのサービスも広がっていなかった。ピンドゥオドゥオは、WeChatのソーシャルネットワークを利用してこのセグメントにアプローチした。地域のまとめ役の人々のネットワークを利用した、コミュニティ共同購入の企業も登場した。ソーシャルEコマースでは、サービスが行き届いていなかった6億人の消費者に手頃な価格の商品を届けることに重点を置いた。その実現を支えたのが、「世界の工場」になるという中国の40年来の使命だった。

第4段階　ネットセレブのライブコマース——ネットセレブのライブコマースとソーシャルEコマースには、共通点が1つある。競争力のある価格設定だ。ピンドゥオドゥオは、WeChatなどのソーシャルネットワークを利用して、消費者を共同購入に呼び込んだ。一方、ネットセレブのライブコマースでは、注目を集める有名人の名を利用して、特定の商品の購入に顧客を呼び込んでいる。これは偶然ではない。評判が良くてファンとの距離が近いセレブは、タオバオなどのサイトの検索バーよりも信用できる。中国では人々の間に不信感が強く、その隙間を一部の著名人が埋めているのだ。注目すべきは、プロのネットセレブだけでなく、企業のCEOや政府の役人もライブ配信に参加して商品を売っていることだ。今の時代、ファンやフォロワーがいる人なら、誰でもライブコマースを行うネットセレブの候補になれる。

第3段階と第4段階では、Eコマースの対象を一線都市と二線都市だけでなく、三線都市から六線都市にいたる都市にまで広げ、所得の少ない消費者がニューリテールに参加できる場を提供した。

第5段階　究極の小売――この段階で注目すべきは、才能ある人々がその情熱をオンラインで共有し始めた点である。ある意味、それは単なる情熱の共有を超えていた。彼らは特定の物事に対する思い入れを、一般の人々が感心あるいは切望するような芸術的な形に変えて見せた。フォロワーは彼らの紛れもない才能と深い知識に魅了され、その一部を自分も手に入れたいと思った。

下のイラストは、ニューリテールを支える4つの基盤と5つの段階を示したものだ。

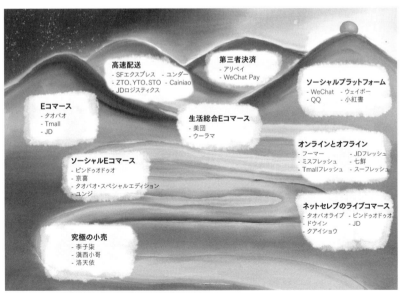

ニューリテールの4つの基盤と5つの段階（イラスト：アスペン・ワン）

ニューリテールがグローバル企業に与える影響──ロレアル

美団からフーマーやJD、口紅王子から李子柒や洛天依まで、すべてが中国で生まれている。このニューリテールは中国市場のグローバル企業にどのような影響を与えているのだろうか？

ロレアル中国は2018年、前年比33%増の過去最高益を達成した[2]。2019年にはさらに、35%以上という過去15年間で最も大きな成長を遂げた[3]。現在、ロレアルグループの売上の35%を中国が占め、中国はロレアルにとって米国に次ぐ2番目に大きな市場となっている[4]。近年、中国では国内美容ブランドが急成長していることを考えると、ロレアルの業績は傑出している。2019年には、中国の高級化粧品部門で、15.2%の市場シェアを獲得してトップに立った。また、大衆化粧品部門では7.5%のシェアを占め、首位のP&G（プロクター＆ギャンブル）に次ぐ2位につけている[5]。

ロレアル中国の力強い業績の裏には何があるのだろうか？　2018年はオンラインの売上高が全体の35%以上に貢献し、2017年の25%からさらに増加した。ロレアルの世界全体の売上高で見ると、2018年は11%がオンライン経由だった。ロレアル中国のステファン・リンダーネック前CEOは、Eコマースが2018年のロレアル中国の成長全体の原動力になったと述べている。「消費の悪化はまったく見られません。三線都市や四線都市が消費を底上げしています」と語り、下層都市の消費者がEコマースを利用するようになったことが大きいとした[6]。ロレアルの高級美容ブランド「イヴ・サンローラン（YSL）」を例にとると、YSLの美容製品の売上の48%が実店舗を置いていない都市で発生している。つまり、売上の大部分が、ネット上のECプラットフォームで完結しているということだ[7]。

ロレアルがどのようにして中国市場でこの離れ業を成し遂げたのか理解するため、同社が「独身の日」にやったことを見てみよう。

独身の日は、間違いなく中国で最も重要なショッピングフェスティバルだ。始まりは2009年にさかのぼる。世界中で多くの先進国が深刻な

金融危機に巻き込まれていた当時、中国も経済的な打撃を少なからず受けていた。こうした状況を背景に、そのオンラインショッピングの祭典の開催記念イベントが行われた。数十人のスタッフで東部の都市・杭州に小さな本社を構えていたアリババは、11月11日をイベントの開催日に選んだ。11.11という数字は中国の若者の間で独身のステータスを意味する。そこで、アリババはこのセグメントの人々に照準を合わせることにした。

それは一種のマーケティング戦略で、どの程度の成功を収められるかは誰にもわからなかった。ところが、正午には多くのTmall業者が在庫切れを報告。その最初の独身の日、総売上高は7500万ドルにのぼった。アリババのタオバオ・プラットフォームで、それまで有名ブランドの1日の売上が1000ドル以下だったことに比べると、信じられないほど大きな額だった。

2度目の独身の日が巡ってきたとき、それはアリババにとって明らかに1年で最も重要な日になっていた。その年の売上は1億3500万ドル[8]という記録的な数字で、2009年の18倍になった。

2019年の独身の日も、アリババは引き続き中国の人々の暮らしに手を広げた。Tmallのこの日の取引高の最終集計は12億9000万個、380億ドルで、2018年に記録された310億ドルから25%も増えた。2020年には、アリババは1日限りだったショッピングフェスティバルを11日間に延長し、11月1日の開始とした。Tmallの11日間の総取引高は22億5000万個、750億ドル[9]で、2019年の同期比で25%増加した。ショッピングの祭典はもはやTmallとタオバオでのオンライン購入にとどまらず、JDやピンドゥオドゥオなどのプラットフォームでも行われている。

独身の日は、中国のブランド各社にとっても重要なイベントだ。

2019年の独身の日は、ロレアル中国が引き続き、Tmall美容部門ナンバーワンのタイトルを守った。同社ブランドのロレアルパリとランコムがそれぞれ1位と2位につけ、どちらもたった1日で10億元（1億4300万ドル）以上の売上を達成している[10]。ロレアルは2020年まで4

年連続で Tmall 美容部門トップの座を譲らず、2000 万個以上の荷物を発送した。「2020 年 Tmall 独身の日」の売上上位 15 ブランドのうち 5 つがロレアル傘下で[11]、ランコムとロレアルパリはそれぞれ 3 億ドル以上の売上を上げた[12]。

　2020 年独身の日のキャンペーンに向けて、ロレアル中国がどのように準備したかを調べてみよう。

- 9 月にロレアルはウェイボー（Weibo ／微博）の同社アカウントに告知を投稿し、独身の日に向けてウォーミングアップを開始した。
- 映画スターの王源（ワン・ユエン）、鄧倫（ダン・ルン）、朱一龍（チュー・イーロン）などをスポークスパーソンとして迎える。彼らが各自のウェイボーアカウントで共有した告知は、100 万回以上も転送された。
- 10 月 21 日深夜から、Tmall をはじめとする主要なすべての EC プラットフォームが、独身の日の先行販売活動を開始。ロレアルは薇婭・李佳琦と密に連携し、薇婭 1 人でランコムの売上の 2 割以上（6600 万ドル）、薇婭と李佳琦でロレアルパリ製品の売上の 5 割近く（1 億 4900 万ドル）に貢献した[13]。
- 2019 年 11 月 1 日、杭州城西銀泰城ショッピングモールに、独身の日の期間限定でオフラインのポップアップストア「ロレアル・メゾンゲート」を開設。2020 年の独身の日にも「メゾンゲート」を再びオープンし、オフラインのポップアップストアとオンラインのロレアル旗艦店が相互に誘客できるようにした。
- ロレアルは 10 月から独身の日まで、ドウイン、小紅書（シャオホンシュ／ RED）、ウェイボー、WeChat、トウティァオなどのプラットフォームでプロモーション活動を実施。消費者の購入意欲を高めるため、多くの KOL（キー・オピニオン・リーダー）がさまざまなプラットフォームでコンテンツを公開した。
- 10 月 21 日から独身の日当日まで、ロレアルは Tmall 旗艦店に多くのセレブを招き、生配信を行った。抽選会やクーポン配布などの

プロモーションイベントを行うなど、さまざまな活動を通じて消費者の注目を集めた。

　独身の日に向けたキャンペーンから、ロレアル中国がニューリテールを巧みに利用し、レッドオーシャン（競争の激しい）市場で成長をつかんだことがわかる。従来型 EC プラットフォーム、オンラインとオフラインの融合モデル、セレブによるライブコマース、旗艦店での自社配信販売、SNS のコンテンツマーケティングを活用したのである。実際には、ロレアル中国はかなり独特のやり方でライブ配信の制作を始めている。李佳琦は、ロレアル化粧品カウンターのビューティーアドバイザー（BA）からネットセレブになった。きっかけは、ロレアル中国とマルチチャンネルネットワーク（MCN）組織の「美 ONE（メイワン）」が始めた「BA からネットセレブへの転身」というキャンペーンだ。ロレアルは外資系企業でありながら、中国のニューリテールというトレンドの草分けだったと言える。

　2018 年 9 月、ロレアル中国と Tmall イノベーションセンターは戦略的提携契約を結び、アリババが提供するビッグデータをもとに製品を共同開発することで合意した。2019 年発売の「リバイタリフト・フィラー」は、この協力関係から生まれた初の C2B（消費者・企業間取引）製品である。

ニューリテールが世界中のグローバル企業に与える影響

　中国のニューリテールは、グローバル企業と密接なつながりを持つ。これは中国で事業を展開していない企業にも当てはまる。中国ニューリテールの発展に目を向けると、広く一般に適用できる興味深い教訓が得られる。

教訓 1——顧客の問題を超える

　中国におけるニューリテールの現象の各段階は、顧客の問題を明らか
にするところから始まった。過酷な競争を生き残る企業は、問題への解
決策を見つけている。これは今に始まったことではない。欧米の企業は
長きにわたり、問題を探してきた。違うのは、中国のニューリテール企
業が「問題」を見つけた後に2つ目の重要なポイント——すなわち、顧
客の支払意思額と支払能力——について議論していることである。誰も
が iPhone を欲しいと思っているが、ほとんどの中国人には買う余裕が
ない。顧客重視の欧米型モデルでは、問題を見つけ、解決策を生み出し、
それから価値を引き出すビジネスモデルを作るという筋道をたどる。一
方、中国のロジックでは、問題から始め、解決策を見つけ、顧客が購入
できそうなものを考え、顧客の支払意思額というパラメーターの範囲内
で機能するビジネスモデルを組み立てる。しかし、この中国のやり方で、
企業は果たして利益を見込めるのだろうか？　初めのうち、彼らは期待
していない。十分な集客ができれば、製品やサービスを拡大して利益を
出せると踏んでいるのだ。タオバオと JD はこの道を選び、美団、フー
マー、ピンドゥオドゥオの各社もそれに続いた。「ライブ配信の女王」
薇姫は、ファンの支払意思額がいかに重要かを明確に理解している。
「顧客の財布のサイズ」というこの最初の関門をクリアしてからも、成
功した中国の小売企業は努力を惜しまない。オンライン購入にともなう物理的・心理的なあらゆる障壁を取り除き、（衝動買いでも、そうでな
くても）購入を楽に実行できるようにしている。そのために各社がやっ
ているのが、最適な製品化である。ここでの製品化とは、物理的な製品
の提供や配送だけを指すのではない。調査、検索、顧客の好みや買い物
行動に基づく適切な商品の推奨、アプリでのやり取り、信頼関係の構築、
決済、配送、そしてアフターサービスにいたる、消費者体験のすべてを
製品化するのだ。最適な製品化によって、見込み客が注文を完了する際
に妨げとなる物理的な不便さが解消される。オンラインでの注文が簡単
になれば、心理的な自信につながる。そして最終的に、最適な形で製品

化されたすべてのコンポーネントが、スーパーアプリ（美団、ピンドゥ
オドゥオ、WeChat、アリペイ）として１つになる。

教訓 2──ショッピングの境界を越える

　従来の小売は、金銭と商品の交換で成り立つ。ニューリテールが登場
する前の時代、顧客は買いたいものがあるから JD やタオバオにアクセ
スした。昨今の三線都市や四線都市の若者がスマートフォンで李佳琦の
ライブ配信を見るとき、彼らの頭に特定の商品はない。ただ、お買い得
品を絶対に逃したくないのだ。彼らがピンドゥオドゥオのアプリを（１
日に何回も）チェックするのは、具体的な買い物目的ではない。実際の
商品と交換できるクレジットが貯まる、ミニゲームをプレイするために
ログオンするのである。ドウインや TikTok のショート動画を見るとき
も、買い物のことは考えていない。それでもドウインで何か面白いもの
を見つければ、気軽にリンクをクリックして購入する。ショッピングと
娯楽の区別はつきにくい。ショッピングは娯楽の一部なのだ。
　ニューリテールは、人との関係と信頼で成り立っている。従来の小売
では、私たちはブランドを信じた。しかし、ニューリテールでは、信
用できる友人を頼りにする。ピンドゥオドゥオは、WeChat で知人同士
のつながりが持つ力を利用したからこそ、５年間で７億人を超えるアク
ティブユーザーを獲得できた。ネットセレブが影響力を持ち続けている
のは、ファンの信頼に支えられているからだ。ファンは、セレブたちが
最高の取引を引き出して最高のサービスを提供するために力を尽くして
くれていると信じている。ネットセレブには、彼らが紹介するとってお
きの取引と同じくらい価値があるのである。
　ニューリテールは、共同の創作で成り立っている。これに特に関わっ
ているのが Z 世代で、彼らは自己表現に自信があり、一方通行のコミュ
ニケーションしかできないことには不満を感じる。ただ受け取るだけの
存在になりたくない、サービスを生み出す活動に自分も参加したいと
思っているのだ。たとえば洛天依の場合、彼女に関するあらゆるものを

ファンが作っている。ファンは自分の願望や欲求を、とらえどころのない複合的な人格に投影する。そう、創造的なことをするためなら、人は喜んでお金を出す。もはや、商品が自分に何をしてくれるかではなく、自分が商品で何をするかということなのだ。

教訓3——成功したアップルとアマゾンのビジネスモデルを超える

　成功したビジネスモデルの話をするときに思い浮かべるのが、製品で勝利したアップルと、規模で勝利したアマゾンだ。アップルとアマゾンから学び、手本にするのは素晴らしいが、すべての企業がアップルやアマゾンになれるわけではない。この2社に限らず、参考にできるデジタル・ビジネスモデルはたくさんある。勝者となったビジネスモデルを他に5つ紹介する。

- 美団は、ほぼすべての生活総合サービスを網羅するスーパーアプリを構築して成功。
- フーマーは、オンラインとオフライン、物流をつないで生鮮食品セグメントで成功。このセグメントには、さまざまなコミュニティにサービスを提供する、さまざまな小売形態がある。
- ピンドゥオドゥオは、ソーシャルネットワークを利用して顧客基盤を拡大し、顧客とメーカーをつないで成功。
- 薇娅と李佳琦は、最高の価値を提供することで個人としての信頼を築いて成功。
- 李子柒は、内なる理想郷を求める人々の夢をかなえて成功。

　今日の世界に、万能なモデルは存在しない。中国市場を味方につけたいと思う企業は、販路のポートフォリオとビジネスモデルを検討することが重要だ。

教訓 4——社内実験を超える

　ロレアルが新製品の試験台として、どのように中国を利用したのか紹介しよう。まず、前年に Tmall かタオバオでフェイスクリームを購入した、18 〜 35 歳の年齢層の女性消費者を 1000 人ほど募集した。一線都市から五線都市の消費者を対象とし、ロレアルは「理想的なフェイスクリーム」について意見を求めた。最終製品は夜更かしのニーズから生まれたクリームで、「リバイタリフト・フィラー」と名付けられる（中国語では「午前零時のクリーム」という）。消費者調査から製品の発売まで、わずか 59 日だった。企業の一般的なイノベーション・プロセスに従っていたら、1 年から 2 年はかかっていただろう [14]。発売初日、リバイタリフト・フィラーは 10 万個以上も売れた。

　序章で紹介したネスレの事例を覚えているだろうか。ネスレは Tmall イノベーションセンターと協力し、同社初のフルーツ風味ネスカフェを開発した。ほとんどの多国籍企業は、社内で新製品を開発し、完成したものを発売する。そうしたこれまでのイノベーションとは、やり方がまったく異なる。

　今日、中国のニューリテール業界では、ブランド企業と顧客の距離が縮まっている。リバイタリフト・フィラーを 59 日で発売したロレアルにせよ、3 種のフレーバーティーを 4 カ月で発売したネスレにせよ、中国には低コストでスピーディーに試行錯誤できる土壌がある。正式な、社内の、厳密な調査に基づくイノベーションと実験を通じて実現できることやメリットがある一方で、拙速に動きながら学び、試していくというのも 1 つのやり方だ。まさにそれを、多くの中国企業は実践しているのである。

教訓 5——小売のフロントエンドを超える

　こうしたニューリテールのモデルは、表向きはフロントエンドが革新的で、幅広い消費者の基盤にリーチできる新しいデジタル販路のように

見える。だが、実質的にフロントエンドの変化を支えているのはバックエンド、つまりサプライチェーンの大変革だ。

スマートルート検索のアルゴリズムを備えた数十万人の配達員の存在なくして、美団はありえない。生鮮食品のサプライチェーンを構築していなければ、フーマーはありえない。余剰生産力を活かせる手段が必要だった町工場や農家との関係を築いていなければ、ピンドゥオドゥオはありえない。デザインから市場までのサイクルが日数で測られるほどスピードの速いサプライチェーンがなければ、セレブによるライブコマースは成り立たない。ニューリテールは、間違いなくデジタル販路の域を超越している。工場からエンドユーザーまでのバリューチェーン全体を統合したものだ。ニューリテールに参加したい企業は、バリューチェーン全体を見直し、自社のビジネスを変革する勇気と決意を持つ必要がある。

教訓 6——B2C を超える

小売のフロントエンドを超えるというのが、フロントエンドからバックエンドまでのバリューチェーンを統合することだとすれば、B2C を超えるというのは、B2C を C2B とうまく融合させることをいう。私たちにとって、B2C、C2C、B2B はなじみ深い。アマゾン、Tmall、JD は典型的な B2C ビジネスで、タオバオと eBay は C2C、アリババは B2B だ。これら 3 つのモデルは E コマースのごく初期段階から共存していたが、ついに C2B が登場した。C2B の主な特長は、「ユーザー主導」であることだ。アリババはすでに、C2B を実践に移し始めている。2014 年、Tmall の電子機器販売部門は、美的（マイディア／ Midea）や九陽（ジョヤング／ Joyoung）、蘇泊（スポル／ Supor）、エアメイト（艾美特）などの 10 大ブランドの 12 の生産ラインと契約を結んだと発表した。対象となるのは、キッチン家電、掃除機、扇風機などの主要なカテゴリーの製品だ。Tmall が集めたデータの分析結果をもとに、これらの製品の研究開発、設計、生産、価格設定が行われる。たとえば、美的の

炊飯器について、汚れやすいという消費者のフィードバックがあった。そこで、Tmall と提携する生産ラインは、オールステンレスの設計に改良。見た目が丈夫なだけでなく耐久性が向上し、より衛生的になっている。九陽の豆乳メーカーは、「ラグジュアリーゴールド」が人気だった。そこで、生産ラインはそのカラーを残しつつ、ユーザーの時間と労力の節約になるフィルター不要の高速グラインド機能を追加。この製品は、ネット上で主流を占める「面倒くさがり」な 25 〜 35 歳の消費者をターゲットに売り出された。

ピンドゥオドゥオは 2018 年、各業界の 1000 のファクトリーブランドの支援を目指す「新ブランド計画」をスタートさせた。この計画でピンドゥオドゥオがメーカー各社に提供する支援は、消費者のトラフィック向上にとどまらない。それ以上に重要なのが、ピンドゥオドゥオのプラットフォームで得たビッグデータから需要情報を引き出し、そのビッグデータを利用して研究開発や生産設計に提案や指示を与えることだった。

上記の 6 つの教訓が、「Beyond（超える）」バリューチェーンモデルのベースとなる。このモデルによって、自社の顧客、サービス、ビジネスモデル、イノベーション、サプライチェーン、そしてエコシステムを別の角度から見られるようになる。それは従来どおりのビジネスではない。過去の成功体験は、未来には通用しない可能性がある。未来は、過去を「超える」変革によって手に入れるものなのだ（**図表 11.4**）。

未来に備える──重要な動き

「下沈市場」は大躍進の見込み──下沈市場とは、最下位層のセグメント（マス市場、またはピラミッドの底辺を指すこともある）へのリーチに関する中国語独特の表現である。中国人はそれを、下に降りて、その場所に移り、手を伸ばすことと考えている。この表現は、三線都市以下の都

図表 11.4 「Beyond（超える）」バリューチェーンモデル

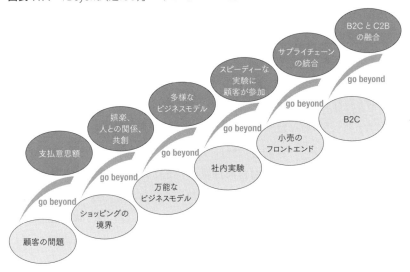

市や広大な農村地域にうまく事業を広げた、ピンドゥオドゥオとクアイショウ（快手）から生まれた。下沈市場の消費者は、一般に十分な教育を受けておらず、収入が少なく自由に使える時間が多いという特徴がある。20年にわたるEコマースの発展を経て、一線都市と二線都市のユーザーをめぐる争いが激化し、こうした都市の市場浸透は飽和状態になった。その一方で、三線都市以下の都市に暮らす未開拓の人々が10億人以上もいる。中国のどのニューリテール企業も、この圧倒的規模の下沈市場を見逃すわけにはいかない。

中国市場をめぐる競争のさらなる激化──地球環境や米中関係が目まぐるしく変化する昨今の状況では、グローバル化のペースが遅れる可能性がある。その1つの予兆が、TikTokが米国から追放される可能性があることだ[*1]。すでにインドで禁止されている。バイトダンス（ByteDance／字節跳動）のグローバル展開は、最も重要な2つの市場で完全に止まって

---

*1　2023年2月に連邦政府職員の公用端末での使用が禁止された。

いるのだ。そのため同社は、国内市場にリソースを再び集中させる可能性がある。バイトダンスの急速な拡大は、すでにアリババとテンセントに挑戦を突き付けている。バイトダンスが中国に目を向けなおすとなれば、アリババ・テンセントにとっては面倒なことになるかもしれない。だが、これはバイトダンスに限った話ではない。米中関係が途絶すれば、中国企業は国内で新たな成長源を見つけようと、決意をさらに強める可能性がある。

ローカルブランドの登場と急成長──2019年の「Tmallゴールデンメイクアップ大賞」の受賞者は、創業わずか2年の新しい中国コスメブランド「パーフェクトダイアリー（完美日記）」だった。老舗ブランドのロレアルとエスティローダーを2位と3位に抑えての勝利だ。10年前は多くの中国ブランドが、国内の顧客の目を引くために外国製品のように見せようと努力した。今や状況は変わり、中国の伝統とスタイルをベースに取り入れたブランドがどんどん増えている。2019年に大きな人気を集めた靴の1つに、中国のシューズメーカー李寧（リーニン）の「悟道（ウーダオ）」がある。ニューヨークファッションウィークで発表されたこの靴のコンセプトは、中国の道教に深く根ざすものだ。こうした例のほかにも、ピンドゥオドゥオなどのニューリテール・プラットフォームが、国内のメーカーと協力して「メイド・イン・チャイナ」の評価を上げてきている。

第二、第三の李子柒のような職人の登場──ウェイボーや小紅書などのSNSプラットフォームの出現、そしてドウインやクアイショウなどのショート動画プラットフォームの出現が、李子柒のような職人にチャンスをもたらした。63歳の大工の「アムおじいちゃん（阿木爺爺）」は、トウティァオとスイカビデオ（西瓜視頻）で有名になった。その人気はユーチューブでも勢いを増しており、「21世紀の魯班（ろはん）」と呼ばれている。魯班は、現代では建築家の神と仰がれている古代中国の伝説の工匠だ（奇術師のようにも思われていた）。アムおじいちゃんは、古代

中国のほぞとほぞ穴*¹の技術を使って構造物や家具を作る。その工程で、釘や接着剤は一切使わない。私たちの中には、まだ見つけられていない多くの才能が眠っている。この先、ますます多くの「李子柒」が現れるだろう。

　　重要さを増す食料安全保障——2020年の新型コロナの大流行で、中国では食品の安全性にかつてないほど注目が集まり、国中で食品のトレーサビリティ管理が強化された。食品の安全性は中国で長年問題となっており、コロナ禍の前から、鳥インフルエンザや口蹄疫などの家畜病・家禽病、農薬残留物による食中毒が発生していた。最近ではIoT技術が成熟したことで、食品のトレーサビリティシステムが生まれている。その1つが、2020年6月にアリババの医療関連サービス「阿里健康（アリヘルス）」が公開した「碼上放心（マーシャンファンシン）」だ。このシステムでは、IoTやクラウドコンピューティングなどのテクノロジーを駆使して、生鮮食品に固有の「IDカード」（バーコードまたはQRコード）を付けている。

　　今後10年で急速に伸びるビジネスは「余剰食品の販売店」——余剰食品の販売店で取り扱うのは、賞味期限が近い商品だ。まだ食べられる商品、安全に消費できる商品でも、スーパーは通常、賞味期限が切れそうな商品を保管するリスクをとりたがらない。余剰食品を扱う店の価格が有利なのは明らかだ。北京で輸入品を販売するディスカウントストアでは、普通の店で1箱169元（約3400円）する輸入ミネラルウォーターを、2箱99元（約2000円）で購入できる。近年、小売の実店舗は低迷しているが、余剰食品の販売店は中国だけでなく全世界で人気を集めている。2016年、米国の地域に密着したディスカウントスーパーチェーン「ダラー・ゼネラル」は、ウォルマートのコミュニティスーパー

---

*1　「ほぞ」とは、木材や石材などの2つの部材を接合するために、片方の部材の端に作る凸型の突起のこと。これを他方の部材に作った凹型の「ほぞ穴」に差し込んで固定する。

41店舗を買収した[15]。中国では、余剰食品を販売する実店舗が続々とオープンしている。それと同時に、多くのモバイルアプリやタオバオのオンラインストアでも余剰品を販売している。興味深いのが、こうした店で買い物をする顧客には、お金を節約したい上の世代だけでなく、ブランド（特に海外ブランド）の余剰品を期待する若者もいるということだ。彼らは余剰品の販売店を、食品廃棄物を削減し、環境に配慮した低炭素社会に貢献する新しい手段と考えている。中国で発生する食品廃棄物は、年間で数兆円規模にのぼると推定されている。余剰品の販売店は、賞味期限が近い商品の過剰在庫を抱える各ブランドのメーカーが検討すべき、もう1つのニューリテールの場になるだろう。

ニューリテールはスマートな小売——ニューリテールでは、ビッグデータ、機械学習、高度なアルゴリズムが重要な役目を果たす。何も疑わないユーザーに「関連する」ニュースやショート動画を推奨するキラー・アルゴリズムは、トウティアオやピンドゥオドゥオ、ドウイン、クアイショウの大きな成功要因となっている。レコメンデーションのアルゴリズムは、人々ができるだけ短い検索時間でより良い意思決定をするのに役立つ。データが増えてユーザーの好みに対する理解が深まるほど、より正確なレコメンデーションを次々と出せるようになり、スティッキネスを高められる。

ニューリテールのさまざまなモデルを支える自動配送——2020年の初めに新型コロナのパンデミックが起きたことで、自動配送の開発が加速した。流行期には、自動配送車やドローン、ロボットが非接触型配送のソリューションとなり、北京、武漢、長沙、四川などの都市でサービスを提供している。無人車両が配達を開始すると、荷受人にメッセージが送信される。そして車が配達場所に到着すると、荷受人に音声通話かテキストメッセージが届く。車の画面に注文番号を入力するだけで対応するコンテナの扉が開き、荷受人が扉を閉めると、車は続けて次の停車地へと移動する。「最後の100メートル」の配達問題を解決するため、

アリババ、JD、SFエクスプレス（順豊速運）、美団のすべてが自動配送車を導入している。自動配送車は容量がかなり大きく、一度により多くの注文を配送できる。また、食品の鮮度維持や保温にも向いている。今後3〜5年で、自動配送は広く利用されるようになるものと予想される。

こうしたニューリテールのモデルの多くが、中国の土壌で生まれた。中国特有の条件と文化がなければ、発展しなかった可能性はある。これらのモデルを適用できるところが限定的だとしても、研究する価値があるだろうか？　中国でビジネスを行っていて、中国からの売上収益が大きい企業なら、答えは間違いなく「イエス」だ。中国でビジネスをしていない場合はどうだろう？　それでも答えはイエスだと思う。ニューリテールの実践では中国が群を抜いていると筆者は考える。ニューリテールの進化、そして中国の消費者市場の階層の多さと複雑さは、世界の他の地域での発展とつながっている。

原注

序章

1 https://www.askci.com/news/chanye/20200629/1754341162727.shtml 2019 年 6 月、カルフールが事業の大半をオンライン小売企業蘇寧（スニン）に 14 億ドル（約 1600 億円）で売却（https://www.ft.com/content/87530eaa-95a5-11e9-8cfb-30c211dcd229）。
2 https://www.thepaper.cn/newsDetail_forward_7289248
3 https://finance.ifeng.com/c/81IEquKmpFl, https://baijiahao.baidu.com/s?id=16831556064281 32960&wfr=spider&for=pc
4 https://www.sohu.com/a/383555130_120632139
5 https://finance.ifeng.com/c/81IEquKmpFl, https://baijiahao.baidu.com/s?id=16831556064281 32960&wfr=spider&for=pc
6 https://www.sohu.com/a/353664358_162818
7 三只松鼠、2019 年アニュアルレポート
8 http://stock.eastmoney.com/a/201907261189558875.html
9 http://www.iheima.com/article-229974.html
10 https://www.economist.com/business/2021/01/02/the-next-big-thing-in-retail-comes-with-chinese-characteristics
11 https://www.linkedin.com/pulse/nokia-ceo-cries-we-did-do-anything-wrong-somehow-lost-floreta/
12 https://finance.sina.com.cn/stock/hkstock/hkstocknews/2020-04-28/doc-iirczymi8828744.shtml
13 https://new.qq.com/rain/a/20200617A0NHDV00
14 https://mp.weixin.qq.com/s/v4Qd1WvlEZ7lhQu6jQqPuA
15 https://mp.weixin.qq.com/s/Ngb0UMeNHAu1K_ARXctJyw
16 http://finance.sina.com.cn/roll/2020-04-20/doc-iircuyvh8889327.shtml

第 1 章

1 Shuxia Liu. *Jack Ma* 馬雲伝 (Chinese Edition). Harbin Publishing House.
2 同上
3 同上
4 特に指定のない限り、同一時点の為替レートで換算した。
5 https://www.alibabagroup.com/cn/about/history?year=1999
6 https://www.alibabagroup.com/cn/about/history?year=2000
7 https://www.alibabagroup.com/cn/about/history?year=2001
8 Shuxia Liu. *Jack Ma* 馬雲伝 (Chinese Edition). Harbin Publishing House.
9 http://www.people.com.cn/wsrmlt/jbzl/2000/05/tanhy/0403.html.（2023 年 12 月 1 日現在、アクセス不可）
10 http://www.techwalker.com/2000/1013/13759.shtml
11 http://www.people.com.cn/GB/it/1067/1913012.html.（2023 年 12 月 1 日現在アクセス不可）
12 http://www.100ec.cn/detail--6184688.html.（2023 年 12 月 1 日現在アクセス不可）
13 Minghua Tang. *China Private Economy*（中国民営経済 40 年）Shandong People Publishing House.
14 https://www.antfin.com/newsDetail.html?id=590a99df70cfc66a14177b6a（2023 年 12 月 1 日現在アクセス不可）
15 https://tech.sina.com.cn/i/w/2004-02-05/1601288529.shtml
16 http://t.dangdang.com/oursHistory

17 Xingdong Fang. *My Entrepreneurial History* (Chinese Edition).

18 同上

19 https://newseed.pedaily.cn/data/invest/26683

20 https://tech.sina.com.cn/csj/2018-09-10/doc-ihivtsym1048264.shtml

21 https://newseed.pedaily.cn/data/invest/27327

22 http://stock.10jqka.com.cn/20101222/c521533692.shtml

23 https://www.163.com/tech/article/6VC09BEG000915BF.html

24 https://www.sohu.com/a/390499854_116132

25 劉強東、ウェイボー、2012 年 8 月 14 日投稿

26 Xingdong Fang. *My Entrepreneurial History* (Chinese Edition).

27 JD、2019 年アニュアルレポート

28 http://news.sina.com.cn/c/2009-11-10/032116580033s.shtml

29 http://www.199it.com/archives/200124.html

30 https://xueqiu.com/1175857472/136197874?refer=status

31 https://m.huxiu.com/article/34305.html

32 http://www.100ec.cn/detail--6539162.html

33 https://www.sohu.com/a/125648388_115514

第 2 章

1 Ubiquity. China Post and Express News Publishing House.

2 http://economy.caixin.com/2019-01-24/101373750.html

3 http://finance.people.com.cn/n/2015/0101/c1004-26310867.html

4 https://mp.weixin.qq.com/s?__biz=MzIxNjY1NzI4NQ==&mid=2247492163&idx=1&sn=888e31409320d307e662e19b4cb14973 2019 年郵便業発展統計速報

5 特に指定のない限り、同一時点の為替レートで換算した。

6 Wang Wei: SF Express Going Forward. Beijing Time-Chinese Publishing House.

7 https://tech.sina.com.cn/it/2017-02-28/doc-ifyavvsh7032231.shtml

8 Wang Wei: SF Express Going Forward. Beijing Time-Chinese Publishing House.

9 SF エクスプレス、2019 年アニュアルレポート

10 同上

11 http://www.chyxx.com/industry/202005/863239.html

12 http://www.21xie.com/new_view.asp?id=1540

13 https://www.cn-healthcare.com/article/20141125/content-464358.html（2023 年 12 月 1 日現在アクセス不可）

14 http://hunan.sina.com.cn/news/2016-08-23/detail-ifxvcsrn8978297.shtml

15 Ubiquity. China Post and Express News Publishing House.

16 http://www.chyxx.com/industry/201908/768632.html

17 https://finance.sina.com.cn/360desktop/stock/s/2016-10-21/doc-ifxwz-tru6736042.shtml（2023 年 12 月 1 日現在アクセス不可）

18 https://finance.sina.com.cn/stock/usstock/c/2016-10-27/us-ifxxfysn7887659.shtml（2023 年 12 月 1 日現在アクセス不可）

19 https://m.chinaz.com/mip/article/636315.shtml

20 https://baijiahao.baidu.com/s?id=1568310630162625&wfr=spider&for=pc

21 https://finance.sina.com.cn/roll/2017-02-24/doc-ifyavwcv8744182.shtml

22 Ubiquity. China Post and Express News Publishing House.

23 同上

24 http://www.chinairn.com/hyzx/20190413/14165837.shtml（2023 年 12 月 1 日現在アクセス不可）

25 https://www.sohu.com/a/391455538_115503?scm=1002.590044.0.2743-a9

26 JD、2019 年アニュアルレポート

27 同上
28 同上
29 同上
30 https://www.sohu.com/a/359174447_250147
31 https://mp.weixin.qq.com/s/ZlZR1w1d-5YJYe55oxVLmQ
32 http://field.10jqka.com.cn/20170601/c598748412.shtml.（2023年12月1日現在アクセス不可）
33 https://tech.sina.com.cn/i/2018-05-29/doc-ihcffhsu8144410.shtml
34 https://www.cainiao.com/markets/cnwww/aboutus?spm=a21da.148512.0.0.0.25f0304530C1j
35 https://www.cainiao.com/markets/cnwww/cn-news-detail?spm=a21da.144546.0.0.1ce43045uU BAvb&id=71.（2023年12月1日現在アクセス不可）
36 https://baijiahao.baidu.com/s?id=1649978611166388024&wfr=spider&for=pc
37 他の通貨と同一時点の為替レート（1香港ドル＝15円）で換算した。
38 https://m.huxiu.com/article/24537.html
39 https://www.cainiao.com/markets/cnwww/aboutus-milestone-new?spm=a21da.7827996.0.0.5f1 045c0uZGtGr
40 https://tech.qq.com/a/20170318/000054.htm.（2023年12月1日現在アクセス不可）
41 https://baijiahao.baidu.com/s?id=1601946360412886890&wfr=spider&for=pc
42 Ubiquity. China Post and Express News Publishing House.
43 https://tech.sina.com.cn/i/2018-05-29/doc-ihcffhsu8144410.shtml
44 https://www.cainiao.com/markets/cnwww/aboutus-milestone-new?spm=a21da.148509.0.0.60e 63045FxF7IS
45 https://mp.weixin.qq.com/s/9W67TmVq2ISlIdHQctyn2A.
46 方興東「我的創業史」東方出版社、2017年
47 SFエクスプレス、2019年アニュアルレポート
48 https://www.sohu.com/a/325455113_343156

第3章

1 特に指定のない限り、同一時点の為替レートで換算した。
2 You Xi, *Ant Finance: The Rise of a Technological and Financial Unicorn*, CITIC Press.
3 同上
4 https://site.douban.com/186720/widget/notes/11049613/note/251005100/
5 Mark Greeven, Wei Wei, *Business ecosystems in China*.
6 https://www.iimedia.cn/c1061/67391.html
7 https://3g.163.com/dy/article/FCBSLIEQ0519811T.html
8 https://kuaibao.qq.com/s/20200401AZP0BX00?refer=spider（2023年12月1日現在アクセス不可）
9 Mark Greeven, Wei Wei, *Business ecosystems in China*.
10 http://www.southmoney.com/lilv/dingqicunkuanlilv/201311/36329.html
11 You Xi, *Ant Finance: The Rise of a Technological and Financial Unicorn*, CITIC Press.
12 https://m.yicai.com/news/785795.html
13 https://xueqiu.com/8508206045/138305822
14 https://www.mybank.cn/
15 https://www.forbes.com/sites/sarahhansen/2020/10/26/ant-group-will-raise-345-billion-in-biggest-ipo-ever/?sh=43718ee76072

第4章

1 もう1人、1988年に平安保険（ピンアン・インシュアランス）を創設した馬明哲（ピーター・マー）という有名な「馬」がいる。平安保険は現在、時価総額が世界最大の保険グループだ。人々は3人の創業者を「トロイカ」と呼んでいる。本書では馬明哲について取り上げないが、

彼は中国で最も成功した起業家の1人である（2019年末の平安保険の評価額は2200億ドル（約25兆9000億円）だった）。2019年の「フォーチュン中国500」によれば、平安保険は中国のすべての民間企業（非国有企業）の中で、財務実績（収益性）1位にランク付けされている。収益性に関しては、テンセントやアリババよりも高く評価されているということだ。さらに、保険だけでなく銀行や信託などの金融サービスも守備範囲とし、フィンテックやAI、自動車、ヘルスケア、不動産、スマートシティ・ソリューションなどの分野にも進出している。

2　Wu Xiaobo. *Tencent 1998–2016*. Zhejiang University Publishing House.『テンセント──知られざる中国デジタル革命トップランナーの全貌』呉暁波著、箭子喜美江訳、プレジデント社、2019年
3　同上
4　https://www.sohu.com/a/281851614_100038287
5　同上
6　Wu Xiaobo. *Tencent 1998–2016*. Zhejiang University Publishing House. 前掲書『テンセント』
7　同上
8　https://xw.qq.com/cmsid/20200307A0KWVG00
9　https://pcedu.pconline.com.cn/1355/13557685.html
10　Wu Xiaobo. *Tencent 1998–2016*. Zhejiang University Publishing House. 前掲書『テンセント』
11　同上
12　https://zhuanlan.zhihu.com/p/55961764
13　https://www.weibo.com/p/1003061549362863?is_all=1
14　https://baijiahao.baidu.com/s?id=1670265829620461660&wfr=spider&for=pc
15　Li Kaifu. *Weibo: Change Everything*. Shanghai University of Finance And Economics Publishing House.
16　http://www.woshipm.com/evaluating/1931606.html
17　同上
18　http://www.linkshop.com/news/2020445126.shtml
19　https://www.sohu.com/a/348384520_730804
20　Wu Xiaobo. *Tencent 1998–2016*. Zhejiang University Publishing House. 前掲書『テンセント』
21　https://www.bbc.com/future/article/20201117-how-china-social-media-apps-are-changing-technology

第5章

1　https://www.mckinsey.com.cn/mapping-chinasmiddle/
2　http://www.chyxx.com/industry/202005/866720.html
3　特に指定のない限り、同一時点の為替レートで換算した。
4　https://tech.sina.com.cn/zt_d/meituandianpingipo/
5　https://www.laohu8.com/stock/
6　https://tech.sina.com.cn/csj/2018-11-19/doc-ihnvukff4523950.shtml
7　https://finance.ifeng.com/c/7hqVWCosXnk
8　https://www.sohu.com/a/273459330_136682
9　https://www.ssffx.com/xinqingsuibi/10709.html（2023年12月1日現在アクセス不可）
10　https://www.sino-manager.com/106681.html
11　http://finance.sina.com.cn/stock/zldx/2018-09-20/doc-ifxeuwwr6290990.shtml
12　http://finance.sina.com.cn/leadership/mroll/20110510/16159819286.shtml
13　https://tech.sina.com.cn/i/2011-04-26/14325451916.shtml
14　http://www.sino-manager.com/106681.html
15　https://36kr.com/p/5298517
16　https://tech.sina.com.cn/i/2014-10-24/10029730026.shtml
17　https://www.sino-manager.com/106681.html
18　http://www.100ec.cn/home/detail--6221916.html

19 https://tech.qq.com/a/20150403/030725.htm（2023 年 12 月 1 日現在アクセス不可）
20 https://finance.sina.com.cn/chanjing/gsnews/20151014/074223468835.shtml
21 http://finance.ifeng.com/a/20151103/14053637_0.shtml（2023 年 12 月 1 日現在アクセス不可）
22 https://www.sohu.com/a/218528576_664480
23 http://dy.163.com/v2/article/detail/E326G2RL0519H58O.html
24 同上
25 https://finance.qq.com/a/20180402/014932.htm
26 https://www.sohu.com/a/244400394_403354
27 https://www.sohu.com/a/225237774_350699
28 https://finance.qq.com/a/20180402/014932.htm
29 https://baike.baidu.com/item/ 口碑网 /2753722
30 https://www.sohu.com/a/238430136_100109332
31 https://www.sohu.com/a/288517597_173488
32 https://tech.sina.com.cn/zl/post/detail/i/2016-11-01/pid_8508859.htm
33 同上
34 同上
35 美団点評、目論見書
36 http://www.199it.com/archives/761254.html
37 https://www.huxiu.com/article/240057.html
38 美団点評、2019 年アニュアルレポート
39 https://www.ironge.com.cn/cj/72539.html
40 https://about.meituan.com/en/detail/92
41 https://about.meituan.com/en/detail/92
42 https://about.meituan.com/en/detail/92
43 https://www.huxiu.com/article/356594.html
44 https://www.huxiu.com/article/342016.html
45 https://i.meituan.com/awp/hfe/block/272d02889936ff2b9f5b/94001/index.html
46 美団点評、2019 年アニュアルレポート
47 同上
48 同上
49 https://gu.qq.com/resources/shy/news/detail-v2/index.html#/index?id=SN2020052522111179dee780
50 美団点評、2019 年アニュアルレポート
51 https://gu.qq.com/resources/shy/news/detail-v2/index.html#/index?id=SN2020052522111179dee780
52 美団点評、2019 年アニュアルレポート
53 https://www.thoughtco.com/biggest-u-s-cities-4158615
54 2019 Meituan Riders Poverty Alleviation レポート
55 美団点評、目論見書
56 美団点評、2019 年アニュアルレポート
57 同上
58 https://mp.weixin.qq.com/s/3czQCMlepHCLVgqNkhueAw
59 同上

第 6 章
1 特に指定のない限り、同一時点の為替レートで換算した。
2 https://www.freshhema.com
3 https://www.retailnews.asia/hema-fresh-eyes-2000-stores-by-2022/
4 2020 年 6 月 4 日時点のフーマーアプリおよび JD.com での価格。
5 http://www.ebrun.com/20200525/386993.shtml（2023 年 12 月 1 日現在アクセス不可）

6　同上

7　http://news.winshang.com/html/067/6744.html

8　http://finance.eastmoney.com/a/202006171524962330.html

9　https://finance.sina.com.cn/stock/usstock/c/2018-09-17/doc-ifxeuwwr5264124.shtml

10　特に指定のない限り、同一時点の為替レートで換算した。

11　https://baijiahao.baidu.com/s?id=1640536811507012613&wfr=spider&for=pc

12　https://wenku.baidu.com/view/44022a44571252d380eb6294dd88d0d232d43c4b.html

13　https://www.askci.com/news/chanye/20190119/1804431140552.shtml

14　http://report.iresearch.cn/report_pdf.aspx?id=3123

15　http://finance.sina.com.cn/stock/relnews/us/2019-12-24/doc-iihnzhfz8079253.shtml

16　https://www.huxiu.com/article/328165.html

17　同上

18　https://tech.sina.com.cn/roll/2020-07-27/doc-iivhvpwx7676551.shtml

19　https://www.sohu.com/a/253147571_343156

20　https://www.huxiu.com/article/200260.html

21　https://www.sohu.com/a/116110863_468951

22　http://www.linkshop.com.cn/web/archives/2018/403267.shtml?sf=wd_search

23　Huxiu Selection. *5 Cases help to Understand New Retail*. Zhejiang Publishing Group Digital Media Co., Ltd.

24　http://report.iresearch.cn/report_pdf.aspx?id=3123

25　同上

26　https://www.thisismoney.co.uk/money/markets/article-7990289/BritainsOcado-counts-cost-fire-flagship-warehouse.html

27　http://finance.sina.com.cn/zt_d/snygsgjlf/

28　シンジェンタグループ CEO、エリック・フライワルドへのインタビュー（2021 年 3 月 8 日）。

第 7 章

1　特に指定のない限り、同一時点の為替レートで換算した。

2　http://www.forbeschina.com/business/49295

3　https://mp.weixin.qq.com/s/4nA7RYU7YHq19cYxYZ8bug（2023 年 12 月 1 日現在アクセス不可）

4　https://baijiahao.baidu.com/s?id=1669204608834318338&wfr=spider&-for=pc

5　https://baijiahao.baidu.com/s?id=1634487486618755294&wfr=spider&-for=pc

6　https://www.sohu.com/a/329498620_126540

7　http://finance.sina.com.cn/chanjing/gsnews/2018-10-25/doc-ihmxrkzw3550516.shtml

8　https://baijiahao.baidu.com/s?id=1665639260996080706&wfr=spider&for=pc

9　https://tech.qq.com/a/20190605/001019.htm

10　https://www.sohu.com/a/257712592_618348

11　黄峥の WeChat アカウントへの投稿記事「新たなビジネスをまた始める理由」

12　同上

13　https://www.pinduoduo.com/home/about/

14　https://tech.sina.cn/i/gn/2020-02-13/detail-iimxxstf1186815.d.html

15　JD、2019 年アニュアルレポート

16　ピンドゥオドゥオ、2019 年アニュアルレポート

17　アリババ、2019 年アニュアルレポート

18　JD、2019 年アニュアルレポート

19　http://finance.sina.com.cn/stock/s/2018-07-26/doc-ihfvkitx3344110.shtml

20　http://finance.sina.com.cn/stock/usstock/c/2018-07-27/doc-ihfvkitx4267904.shtml

21　http://finance.sina.com.cn/chanjing/gsnews/2018-07-31/doc-ihhacrcc9002088.shtml

22　http://tech.chinadaily.com.cn/a/2018 04/13/WS5 b88e -27ca310030f813e7493.html

23　https://www.huxiu.com/article/272900.html

24　http://www.stats.gov.cn/tjsj/zxfb/202002/t20200228_1728913.html
25　https://baijiahao.baidu.com/s?id=1649514985942945700&wfr=spider&-for=pc
26　同上
27　https://finance.sina.com.cn/stock/relnews/us/2020-10-17/doc-iiznctkc6107685.shtml
28　https://pinduoduo.gcs-web.com/static-files/afa5ca3e-247c-44a9-b05d-8e9e191f3119
29　https://www.sohu.com/a/236956321_116903
30　https://new.qq.com/omn/20201115/20201115A0AAHV00.html
31　http://report.iresearch.cn/report_pdf.aspx?id=3402
32　https://mp.weixin.qq.com/s/GTV9Owz0KjvWjgGwRACbhA
33　http://finance.sina.com.cn/stock/relnews/us/2020-02-22/doc-iimxyqvz5051822.shtml
34　同上
35　https://k.sina.com.cn/article_1652484947_627eeb530200121jn.html?subch=onews
36　https://baijiahao.baidu.com/s?id=1621172647339605726&wfr=spider&-for=pc

第 8 章
1　Zeng Ming, Intelligent Business, CITIC Press Corporation, 2018.
2　https://baijiahao.baidu.com/s?id=1649189979274197844
3　https://xw.qq.com/cmsid/20200417A0JKL000
4　https://xw.qq.com/partner/gdtadf/20200327A06XKS/
5　https://t.cj.sina.com.cn/articles/view/2023016805/7894c96505500nalv
6　グリー、2019 年アニュアルレポート
7　https://www.thepaper.cn/newsDetail_forward_7787468
8　https://www.sohu.com/a/399308024_120576742
9　https://mp.weixin.qq.com/s/842c1Le73p0wvqPIv2O1Rw
10　https://baijiahao.baidu.com/s?id=1662889577041163658
11　https://www.sohu.com/a/365436522_114941
12　https://www.sohu.com/a/334079098_115423
13　https://mp.weixin.qq.com/s/kUgIGl1-13SW1UHXBmlKzA
14　同上
15　http://column.iresearch.cn/b/202006/890561.shtml（2023 年 12 月 1 日現在アクセス不可）
16　https://www.businessoffashion.com/community/people/tao-liang
17　https://www.ft.com/content/dfa1c90e-f82f-11e6-bd4e-68d53499ed71
18　https://baijiahao.baidu.com/s?id=1659681518538452047
19　https://new.qq.com/omn/20200316/20200316A0HOT500.html
20　http://k.sina.com.cn/article_2072969551_7b8f014f00100o29m.html
21　https://www.thepaper.cn/newsDetail_forward_9956631
22　https://baijiahao.baidu.com/s?id=1683123305982411111
23　https://view.inews.qq.com/a/20200514A0S6D500
24　https://www.csdn.net/article/a/2018-04-04/15944820（2023 年 12 月 1 日現在アクセス不可）
25　http://column.iresearch.cn/b/202006/891611.shtml
26　https://baijiahao.baidu.com/s?id=1683155606428132960
27　https://finance.sina.com.cn/stock/relnews/hk/2020-03-26/doc-iimxxsth1943581.shtml
28　http://column.iresearch.cn/b/202006/891611.shtml
29　https://mp.weixin.qq.com/s/842c1Le73p0wvqPIv2O1Rw
30　https://36kr.com/p/708721070938120
31　新しい定義では、北京、上海、広州、深センが超一線都市、杭州、成都などが一線都市、
　　ほとんどの省都は二線都市とされている。
32　https://www.sohu.com/a/365924119_100252997
33　https://mp.weixin.qq.com/s/Aub2az2uieVhcxl5XA92-g
34　http://finance.ifeng.com/c/7vdT0QzS0kT（2023 年 12 月 1 日現在アクセス不可）

35 http://www.xker.com/a/32435.html
36 https://www.douban.com/note/767055845/
37 http://finance.sina.com.cn/stock/relnews/us/2019-03-26/doc-ihtxyzsm0581068.shtml
38 http://news.iresearch.cn/yx/2020/04/321159.shtml
39 Tmall のリアルタイムデータ

第 9 章
1 2020 年 6 月末時点。
2 https://www.sohu.com/a/363607796_120142809
3 2020 年 6 月、タオバオのリアルタイムデータ。
4 https://xueqiu.com/3780544971/137603751（2023 年 12 月 1 日現在アクセス不可）
5 http://www.cnr.cn/rdzx/cxxhl/zxxx/20200605/t20200605-525118027.shtml（2023 年 12 月 1 日現在アクセス不可）
6 http://www.nbd.com.cn/articles/2020-01-18/1401421.html
7 2020 年 9 月、ウェイボーのリアルタイムデータ。
8 https://mp.weixin.qq.com/s/bQ0ikNYDwR8tvgtiwWIPpg
9 ビリビリ動画といえば、中国の若い世代向けオンラインエンターテインメントを象徴するブランドだ。ビリビリ動画は、ウェブサイトを基盤とするコンテンツコミュニティとして2009 年に開設された。アニメ、コミック、ゲーム（ACG）に始まり、動画、生放送、モバイルゲームを含むエンターテインメントプラットフォームへと進化した。ビリビリ動画で有名なのが、PUGC（プロフェッショナルユーザー生成コンテンツ）だ。2019 年には、プロのユーザーが作った動画の視聴が全動画視聴の 9 割を占めた（2019 年アニュアルレポートより）。ドウインやクアイショウ（快手）は 15 秒や 60 秒の短い動画がほとんどだが、それに比べてビリビリ動画は投稿動画の長さの指定がなく、クリエイターが質の高いコンテンツを作りやすい場を提供している。質の高いコンテンツにはロイヤルユーザーが集まる。クエストモバイルによると、ビリビリ動画は中国で 24 歳未満の若者に「最も人気」のアプリである。2020 年第 2 四半期、ビリビリ動画の月間アクティブユーザー数は、平均 1 億 7200 万人だった（ビリビリ動画ウェブサイトより）。
10 https://kknews.cc/entertainment/a2bl68x.html
11 2020 年 6 月、ウェイボー、ビリビリ動画のリアルタイムデータ。
12 https://weibo.com/p/2313474371927232869263/
13 https://baijiahao.baidu.com/s?id=1665730051889191418
14 https://www.onbuy.com/gb/blog/the-highest-earning-robot-influencerson-instagram-a243/
15 同上
16 https://baijiahao.baidu.com/s?id=1599780213086051084
17 https://zhidao.baidu.com/question/1381684017287669380.html
18 https://baijiahao.baidu.com/s?id=1620346459153081360

第 10 章
1 https://new.qq.com/omn/20200708/20200708A0QR1I00.html
2 http://finance.eastmoney.com/a/202006161523836628.html（2023 年 12 月 1 日現在アクセス不可）
3 https://www.scmp.com/magazines/style/news-trends/article/3074253/who-millionaire-li-jiaqi-chinas-lipstick-king-who
4 Mark J. Greeven/Wei Wei, Business Ecosystems in China, 2017.
5 http://quote.eastmoney.com/us/BABA.html?from=BaiduAladdin（2020 年 8 月 16 日時点）
6 https://www.sohu.com/a/116110863_468951
7 テンセント、2019 年アニュアルレポート
8 https://www.laohu8.com/stock/00700?f=baidu&utm_source=-baidu&utm_medium=aladingpc（2020 年 8 月 19 日時点）

9　http://www.chinadaily.com.cn/interface/zaker/1142841/2017-03-24/cd_28668367.html（2023年 12 月 1 日現在アクセス不可）

10　美団点評、2019 年アニュアルレポート

11　ピンドゥオドゥオ、2019 年アニュアルレポート

12　https://m.chinaz.com/2020/0708/1155307.shtml

13　https://zhuanlan.zhihu.com/p/77228887

14　https://xw.qq.com/cmsid/20200320A0FFUR00

15　https://www.laohu8.com/stock/BIDU?f=baidu&utm_source=-baidu&utm_medium=aladingpc

16　http://news.iresearch.cn/content/2018/04/274127.shtml.

17　https://mp.weixin.qq.com/s/IwlUKw76Xg3CN17v7cv-cg

18　https://36kr.com/p/955199108576902

19　https://markets.businessinsider.com/news/stocks/baidu-stock-nasdaqdelisting-boost-valuation-amid-congress-pressure-2020-5-1029224027

20　http://money.163.com/20/0109/11/F2ER8TOV00259DLP.html

第 11 章

1　https://v.qq.com/x/page/o0799iae4n8.html

2　http://www.360doc.com/content/19/0714/09/55092353_848589102.shtml

3　http://finance.ifeng.com/c/7ubV7a0plYj

4　http://www.chinairn.com/hyzx/20190713/100414260.shtml（2023 年 12 月 1 日現在アクセス不可）

5　https://zhuanlan.zhihu.com/p/150490724?from_voters_page=true

6　https://www.sohu.com/a/297678193_260616

7　同上

8　https://qz.com/1450338/10-years-of-singles-day-in-china-the-shopping-festival-alibaba-invented

9　https://baijiahao.baidu.com/s?id=1683119309670836897&wfr=spider&-for=pc

10　https://dy.163.com/article/FR8LTN5J0518L346.html.（2023 年 12 月 1 日現在アクセス不可）

11　https://dy.163.com/article/FRA8FME205373KVM.html.（2023 年 12 月 1 日現在アクセス不可）

12　https://dy.163.com/article/FR8LTN5J0518L346.html.（2023 年 12 月 1 日現在アクセス不可）

13　同上

14　http://www.pinguan.com/article/content/17355

15　https://mp.weixin.qq.com/s/EK2CynZ-Vl3MSiWmNyGAXw

索引

＊本文中で漢字表記した中国の人名・企業名
は日本語読みの語順で掲載。括弧内に別の
表記を併記した語句は適宜その表記でも掲
載し、主たる表記を参照する扱いとした。

（例）美団（メイトゥアン）
　「ひ」欄に「美団」
　「め」欄に「メイトゥアン → 美団」

アルファベット

A
AI　19, 33, 37, 67, 72, 109, 117, 122, 181,
　231, 243, 245, 248, 275
Amazon Go　143

B
Baidu → バイドゥ
BAT　155, 235, 244, 247
Becky Li　192-193
Beyond バリューチェーンモデル　24, 266-
　267

C
C2B　260, 265
Cainiao　50, 66-73, 236
Ctrip → シートリップ

D
DHL　57
DiDi　23, 44, 51, 120, 174, 244-245

E
EachNet → イーチネット
eBay　23, 34, 37-43, 54, 75, 104, 265

F
FruitDay → 天天果園

G
Gogoboi　192-193

J
JD　18, 23-24, 34-35, 37, 44-54, 64-66, 70-
　73, 99, 104-105, 112, 131-132, 134, 139-
　144, 146, 149, 154, 158-165, 167-168,
　170, 172, 174-178, 180, 194, 198, 200,
　204, 209, 211, 232, 240-241, 249, 254,
　257-258, 261-262, 265, 271, 277-278
Jiaweishi　167, 179

K
KOL　101, 103-104, 175, 182, 204-206, 259

L
LBS → 位置情報サービス

M
MAP（近代農業プラットフォーム）150-151
MCN　188, 201, 208, 218, 260
Mr. Bags　191-193, 214, 232

N
NetEase → ネットイース

O
O2O（オンライン・トゥ・オフライン）
　124, 140, 142-143, 145, 147, 254
OMO　142-143, 147
OPPO　157
OTA（オンライン旅行業）118-119, 124-129

Q
QQ ショー　94-95
Q コイン　94

R
RED → 小紅書

S
SF エクスプレス　23, 57, 58-61, 63-64, 66,
　70-72, 159, 180, 271, 274
Sina → シンラン
SNS　27, 84, 88-89, 104-105, 107, 113, 178,
　182, 191, 214, 218, 225, 237, 241, 252-
　253, 260, 268
STO エクスプレス　57, 60-61, 64, 67
SUBOR　156-157

T
Taobao → タオバオ
Three Squirrels → 三只松鼠
TikTok　27-28, 202, 246-248, 250, 262, 267

[著者]

ウィンター・ニー（聶東平）Winter Nie
スイスの IMD ビジネススクール教授。専門はリーダーシップと組織改革。共著に *Made in China: Secrets of China's Dynamic Entrepreneurs*（Wiley, 2009）、*In the Shadow of the Dragon: The Global Expansion of Chinese Companies*（Amacom, 2012）。本研究プロジェクトは 2016 年から始まった。

マーク・J・グリーヴェン　Mark J. Greeven
IMD ビジネススクール教授。中国語を話すオランダ人で、専門はイノベーションと戦略。中国有数のイノベーション研究所である浙江大学の元教授。著書に *Pioneers, Hidden Champions, Changemakers, and Underdogs*（MIT Press, 2019）、*Business Ecosystems in China*（Routledge, 2017）。

ユンフェイ・フェン　Yunfei Feng
IMD ビジネススクール研究員。中国人の経営者と数多くのインタビューや議論を行った。中国の E コマースとデジタル空間の最新動向に詳しい。自身もオンラインビジネス教育の分野でベンチャー企業を興した。

ジェームズ・ワン（王景東）James Wang
エコノミスト、香港城市大学金融学教授。米中関係、中国の第 5 世代リーダーの流儀と本質、国有企業改革の見通しなどの最近の話題について、ヘッジファンドマネジャー向けに執筆した論評が、*Early Innings of a Long Game* という本にまとめられている。

[監訳者]

高津尚志　Naoshi Takatsu
IMD 北東アジア代表。日本興業銀行、ボストンコンサルティンググループ、リクルートを経て現職。主に日本企業のグローバル経営幹部育成に取り組む。著書に『ふたたび世界で勝つために――グローバルリーダーの条件』（共著、日本経済新聞出版社）、訳書に『企業内学習入門――戦略なき人材育成を超えて』（英治出版）など。

[訳者]

前田真砂子　Masako Maeda
米国留学、外資系企業でのシステム開発等を経て、フリーランス翻訳者。『一橋ビジネスレビュー』（東洋経済新報社）特集論文、東洋経済オンライン対談記事の翻訳などがある。

[英治出版からのお知らせ]

本書に関するご意見・ご感想を E-mail (editor@eijipress.co.jp) で受け付けています。
また、英治出版ではメールマガジン、Web メディア、SNS で新刊情報や書籍に関する記事、
イベント情報などを配信しております。ぜひ一度、アクセスしてみてください。

メールマガジン：会員登録はホームページにて
Web メディア「英治出版オンライン」：eijionline.com
X / Facebook / Instagram：eijipress

ニューリテール進化論

中国デジタル小売革命の軌跡に学ぶ新たな価値のつくり方

発行日	2024 年 2 月 20 日　第 1 版　第 1 刷
著者	ウィンター・ニー、マーク・J・グリーヴェン、 ユンフェイ・フェン、ジェームズ・ワン
監訳者	高津尚志（たかつ・なおし）
訳者	前田真砂子（まえだ・まさこ）
発行人	原田英治
発行	英治出版株式会社 〒150-0022 東京都渋谷区恵比寿南 1-9-12 ピトレスクビル 4F 電話　03-5773-0193　　FAX　03-5773-0194 www.eijipress.co.jp
プロデューサー	高野達成
スタッフ	藤竹賢一郎　山下智也　鈴木美穂　下田理　田中三枝　平野貴裕 上村悠也　桑江リリー　石﨑優木　渡邉吏佐子　中西さおり 関紀子　齋藤さくら　荒金真美　廣畑達也　木本桜子
翻訳協力	株式会社トランネット（www.trannet.co.jp）
校正	株式会社聚珍社
装丁	英治出版デザイン室
印刷・製本	中央精版印刷株式会社